LA TURQUIE OTTOMANE ET L'EUROPE

Ouvrages récents
du même auteur

Histoire

De Gengis Khan à Qoubilaï Khan, la grande chevauchée mongole, Economica, Paris, 2003

La bataille des monts Nementcha, Algérie, 1954-1962, un cas concret de guerre subversive et contre-subversive, Economica, Paris, 2004

Mystérieuse Légion étrangère, de 1831 à nos jours, une épopée combattante et humanitaire, D.I.E., Paris, 2005

Les batailles de la région du Talas et l'expansion musulmane en Asie centrale, islam et Chine, un choc multiséculaire, Economica, Paris, 2006

La Russie et les Turco-Mongols, 15 siècles de guerre, Economica, Paris, 2007

Les Turcs face à l'Occident, des origines aux Seldjoukides, Economica,Paris, 2008

Contes et souvenirs

Les étonnantes aventures du lieutenant Pic, dit Boit-de-l'eau, Italiques, Triel-sur-Seine, 2003 (primé par l'Académie littéraire de Provence)

Roman historique

Les déportés d'Algérie, une saga familiale, 1848-1962, LBM, Paris, 2009

Collection CAMPAGNES & STRATÉGIES
dirigée par
Philippe RICALENS

Les Grandes Batailles

Dominique FARALE

LA TURQUIE OTTOMANE ET L'EUROPE

Du XIVe siècle à nos jours

ECONOMICA
49, rue Héricart, 75015 Paris

Tableau de la couverture : *Scène des massacres de Scio : familles grecques attendant la mort ou l'esclavage*, de Eugène Delacroix. Musée du Louvre, Paris. © RMN/Thierry Le Mage.

AVERTISSEMENT

En attendant que les linguistes se mettent d'accord pour orthographier les noms propres en alphabet phonétique international, les noms turcs et autres sont transcrits de façons diverses.

Pour ne pas désorienter les lecteurs, j'ai suivi les transcriptions les plus usuelles, même si elles ne sont pas toujours les meilleures.

Je n'ai généralement pas mis le « s » français au pluriel, sauf dans les cas où cet usage s'est imposé.

En raison de transcriptions graphiques ou phonétiques, on peut rencontrer pour le même nom les orthographes Muhammad et Mohammed, Omar, Umar et Omer, Osman et Uthman, Mustafa et Mostefa, Abbas et Abbès, Malik et Mélik, etc. J'ai suivi l'usage le plus usité pour ces divers personnages, ce qui débouche sur des contradictions que je n'ai pas harmonisées.

Je n'ai pas utilisé les transcriptions de noms turcs dans l'alphabet latin institué par Mustafa Kemal, afin de ne pas dérouter les lecteurs habitués aux transcriptions françaises précédemment usitées.

INTRODUCTION

La demande d'adhésion de la Turquie à l'Europe incite à avoir le plus possible d'informations sur les Turcs.

Les Turcs ont envahi l'Anatolie (à laquelle fut donné leur nom) au XIIe siècle. Une de leurs peuplades, les Ottomans, y arriva au XIIIe siècle et prit aux XIVe et XVe la direction des Turcs qui s'y trouvaient déjà.

L'actuelle Turquie était peuplée par des Aryens, donc de race blanche, depuis l'Antiquité : Grecs sur le littoral, Arméniens et Kurdes à l'est, populations hellénisées au centre. Les Grecs en furent chassés en 1921 après la prise du pouvoir par Mustafa Kemal et la guerre gréco-turque gagnée par les Turcs. Les derniers Arméniens furent turquisés ou s'expatrièrent ensuite. Les Kurdes se sont maintenus dans la partie du Kurdistan incluse dans la Turquie.

Les Turcs sont de race jaune, comme on peut le constater au Turkestan. Ceux de Turquie ont en grande partie perdu leurs caractéristiques physiques asiatiques en raison de leur métissage avec des Arméniennes, Kurdes, Grecques et esclaves européennes pendant des siècles.

Le mot « Turc », qui signifie « fort », apparut au VIe siècle de notre ère pour désigner des nomades de race jaune établis entre le lac Balkhach et le Syr-daria, dans la partie orientale de l'actuel Kazakhstan.

Leurs ancêtres étaient originaires du nord-est de la Sibérie et chassèrent probablement les phoques sur les bords de l'Arctique. Ceux qui s'établirent en Sibérie orientale devinrent des forestiers. Lorsqu'ils atteignirent la steppe de l'actuelle Mongolie, ils devinrent des cavaliers et des éleveurs de bétail.

La différenciation entre Proto-Turcs et Proto-Mongols s'effectua lentement. Ils se disputèrent longtemps la Mongolie, que les Proto-Turcs dominèrent souvent. Les Mongols l'emportèrent définitivement dans cette région avec Gengis Khan, au XIIIe siècle[1]. Les uns et les autres étaient de religion chamaniste, avec croyance en un Dieu céleste.

Les Proto-Turcs les plus connus furent les Huns, dont les descriptions chinoises et européennes sont impressionnantes : petits, trapus, avec de grosses têtes rondes, des pommettes saillantes, des nez épatés, des yeux obliques, des prunelles ardentes. Ils se déplaçaient pour faire paître leurs troupeaux, étaient d'extraordinaires cavaliers et archers. Ils lançaient leurs flèches avec une puissance et une précision remarquables. Ils ravagèrent la Chine du Nord à diverses reprises. À l'inverse, les colons chinois empiétaient sur la steppe pour la cultiver lorsqu'ils le pouvaient.

La Mongolie est une plaque tournante d'où on peut aller non seulement vers la Chine, à l'est, mais aussi vers l'ouest et le sud.

Vers l'ouest, la steppe mongole se prolonge, entre la forêt sibérienne et russe au nord, le désert de Gobi, la vallée du Tarim, le Syr-daria, le nord de la mer d'Aral et de la Caspienne, le Caucase, la mer Noire et les Balkans au sud. Cette steppe s'étend jusqu'à la Hongrie, par le Kazakhstan, l'Ukraine méridionale et la Valachie.

Vers le sud, en traversant le désert de Gobi, on peut atteindre depuis la Mongolie les steppes du Gansu occidental et les oasis de la route de la Soie.

Dans ces deux directions, les Huns rencontrèrent de rudes nomades aryens, les Scythes et Sarmates de l'actuel Kazakhstan, et leurs compatriotes du Gansu actuel, appelés Yue-tche par les Chinois. Les oasis de la route de la Soie étaient également peuplées d'Aryens proches des Iraniens, car le territoire des Aryens s'étendait alors de l'Irlande aux confins chinois.

Dès le IIe siècle avant notre ère, les Huns refoulèrent les Yue-tche aryens hors du désert de Gobi et du Gansu. Ils soutinrent les sédentaires aryens des oasis d'Asie centrale contre la Chine.

Au début de notre ère, ils chassèrent les nomades aryens hors du Kazakhstan et atteignirent la Volga, qu'ils traversèrent à la fin du IVe siècle. Ils progressèrent le long du Danube vers la Hongrie, en refoulant des peuples germaniques vers les provinces occidentales de l'empire romain, qui se disloqua.

1. Pour plus de détails à ce sujet, je me permets de renvoyer à mon livre *De Gengis Khan à Qoubilaï Khan, la grande épopée mongole*, Economica, Paris.

Les Huns envahirent la Gaule au Ve siècle, approchèrent de Paris, furent vaincus par une coalition de Gallo-Romains et de Germains, envahirent l'Italie et menacèrent Rome. Ils se divisèrent après la mort de leur chef Attila en 453. Certains se fondirent dans l'empire byzantin, survivance grecque des provinces orientales de l'empire romain. D'autres envahisseurs turcs venus d'Asie centrale se succédèrent pendant des siècles en direction de l'Ukraine et du Danube, dont les Bulgares, Khazars, Petchénègues, Oghouz et Polovtses qui se christianisèrent pour la plupart et se fondirent dans les peuples européens[1].

Les Turcs du Turkestan attaquèrent au VIe siècle l'empire byzantin et l'Iran. Certains se sédentarisèrent en Transoxiane, se mêlèrent aux Aryens qui y habitaient, les assimilèrent peu à peu sauf dans la partie orientale de la Transoxiane (actuel Tadjikistan) où un peuplement aryen subsista. Ces Turcs de Transoxiane se convertirent au mazdéisme iranien, au christianisme nestorien[2], au manichéisme, compromis entre le mazdéisme et le christianisme, ou au bouddhisme. Ils furent confrontés à une double poussée chinoise et arabo-musulmane, à laquelle ils résistèrent.

Les Arabes vainquirent les Chinois lors de la bataille du Talas en 751[3] et se heurtèrent à une résistance turque jusqu'au début du IXe siècle. Les Turcs Ouigour, d'abord chamanistes, puis manichéistes, puis pour la plupart chrétiens nestoriens, se sédentarisèrent dans les oasis de la route de la Soie et assimilèrent les Aryens qui y vivaient. D'autres Turcs assimilèrent peu à peu les Aryens du Khwarezm, la région de Khiva[4].

Une partie des Turcs se convertit à l'islam au Xe siècle et islamisa la Kachgarie, l'Afghanistan, la Transoxiane et le Khwarezm.

Les Turcs Kirghiz de Sibérie méridionale et Qanqli de la région du lac Balkhach demeurèrent chamanistes, ainsi que beaucoup de Turcs de l'actuel Kazakhstan. Les Turcs Ouigour de

1. Sur ce sujet, je me permets de renvoyer à mon livre *La Russie et les Turco-Mongols, 15 siècles de guerre*, Economica.
2. Le christianisme nestorien avait pour origine le patriarche de Constantinople Nestorius qui considéra que Jésus était un homme dans lequel le Verbe de Dieu avait habité comme dans un temple. Jésus était donc Porteur de Dieu, avec en lui deux natures et deux personnes, humaine et divine. Le concile d'Éphèse, en 431, refusa cette interprétation et définit que les deux natures, divine et humaine, de Jésus, étaient unies en une seule personne. Le nestorianisme se répandit en Syrie et Irak, s'implanta en Iran et se diffusa parmi des Turcs du Turkestan, du désert de Gobi et des oasis de la route de la Soie, parmi des Turco-Mongols de Mongolie occidentale et centrale et jusqu'en Chine.
3. J'ai traité ce sujet en détail dans mon livre *Les batailles de la région du Talas et l'expansion musulmane en Asie centrale,* Economica.
4. L'orthographe Kharezm est souvent utilisée. J'ai employé l'orthographe proposée par le grand orientaliste René Grousset.

l'actuel Xinjiang (Turkestan oriental dit chinois) et Oengut du désert de Gobi demeurèrent chrétiens nestoriens, avec une pénétration bouddhiste et musulmane parmi les Ouigour.

Des Turcs Oghouz (Turkmènes) des environs de la mer d'Aral se déplacèrent au Xe siècle le long du Syr-daria. C'étaient des chamanistes parmi lesquels s'étaient exercées des influences chrétiennes et judaïques, probablement par l'intermédiaire des Turcs Khazars du nord du Caucase dont beaucoup se convertirent à l'une ou l'autre de ces deux religions.

Ces Turcs Oghouz furent appelés Seldjoukides, du nom de leur chef Seldjouk. Ils se convertirent à l'islam sunnite, se déplacèrent au XIe siècle vers l'Iran, le Khwarezm, l'Azerbaïdjan et le nord de l'Irak. Ils imposèrent leur pouvoir temporel au calife arabe de Bagdad, qu'ils réduisirent à un rôle spirituel.

Les sultans seldjoukides eurent des contacts avec l'Iran parvenu à un haut degré de culture et de civilisation, mais les humbles Turcs qui dépendaient d'eux étaient encore primitifs. Ils furent sensibles aux versets coraniques d'une haute spiritualité mais s'intéressèrent aussi aux versets, proches de leurs mœurs qui autorisaient la polygamie et l'usage des captives de guerre (Coran 4, 3), le butin (8, 1), l'esclavage (24, 32), la violence envers les impies (48, 29), l'espoir d'un paradis où les accueilleraient des vierges aimantes (56, 22-37), entre autres s'ils étaient tués en combattant pour la religion musulmane (traduction Masson).

Ils s'étaient comportés avec retenue dans les régions musulmanes qu'ils avaient traversées mais furent moins modérés quand ils envahirent la Géorgie et l'Arménie chrétiennes en 1064. Ils ne procédèrent pas à une extermination mais eurent parfois tendance à considérer que les femmes et les biens des vaincus leur revenaient, et à appliquer des versets peu tolérants du Coran plutôt que les versets tolérants, ce qui déboucha sur des meurtres, des viols, du pillage, des destructions d'églises. Ils vainquirent en 1071 l'armée byzantine près du lac de Van et occupèrent une partie de l'Anatolie. Suleïman ibn-Qoutoulmich, un cousin du sultan seldjoukide Malik-chah, se constitua en 1081 un fief en pratique indépendant autour de Nicée, en Anatolie ; il laissa les serfs hellénisés d'Anatolie cultiver les grands domaines dont les propriétaires avaient fui. Ces serfs devinrent plus ou moins propriétaires en échange d'un impôt, et leur sort devint initialement meilleur que sous domination byzantine, mais ils durent ensuite se réfugier vers la côte ou dans les villes parce que des bandes turkmènes les attaquèrent.

Les Turcs Seldjoukides occupèrent la Syrie et la Palestine, rançonnèrent, tuèrent ou réduisirent en esclavage des pèlerins européens. L'Europe se lança dans les croisades à la fin du XIe siècle pour protéger Constantinople, libérer une partie des chrétiens orientaux sous domination musulmane et retarder l'irruption des Turcs en Europe, prévisible s'ils prenaient Constantinople.

Divisés depuis la mort de Malik-chah en 1092, les Seldjoukides firent face de leur mieux aux croisés. Ceux d'Anatolie subirent le choc principal. Ils ne purent pas empêcher les croisés de traverser l'Anatolie en 1097, vers Jérusalem.

Par contre, ils arrêtèrent une seconde vague de croisés qui voulurent se diriger vers la Palestine au début du XIIe siècle. Ils tuèrent ou capturèrent environ 250 000 Européens, dont une majorité de femmes et d'enfants désarmés qu'escortaient des combattants, empêchèrent ainsi l'établissement d'une population européenne importante en Palestine, et déterminèrent l'échec ultérieur des croisades. La guerre se poursuivit entre Francs d'Orient et Turcs d'Anatolie, Irak et Syrie qui furent renforcés continuellement par des peuplades de Turcs d'Asie centrale venus les rejoindre.

Une seconde croisade, qui rassembla environ 140 000 combattants surtout allemand et français, eut lieu en 1147. Les Turcs d'Anatolie se montrèrent de nouveau très pugnaces et tuèrent ou capturèrent plus de 100 000 croisés, ce qui entraîna l'échec de la seconde croisade car les survivants parvenus en Palestine furent trop peu nombreux pour obtenir des résultats significatifs contre les Turcs de Syrie.

Le gouverneur turc d'Alep, Nour ed-Dinn, maître de la Syrie, prit également le contrôle de l'Égypte en 1169 grâce à son général kurde Chirkouh. Mais Chirkouh mourut sur ces entrefaites et son neveu Saladin se dégagea de l'autorité de Nour ed-Dinn et occupa la Syrie après la mort de ce dernier.

Saladin vainquit les croisés avec l'aide de Turcs mais fut confronté à une troisième croisade. L'empereur Frédéric Barberousse et 100 000 Allemands traversèrent l'Anatolie en 1190 mais il se noya en Cilicie et son armée reflua. Les Turcs d'Anatolie n'avaient pas pu les arrêter mais exploitèrent leur retraite et tuèrent ou capturèrent la plupart de ces Allemands. Saladin, aidé par des Turcs, empêcha les croisés anglais et français débarqués en Palestine de reprendre Jérusalem, mais ils réoccupèrent le littoral.

Le sultanat turc du Khwarezm, qui avait étendu son autorité sur le Turkestan occidental, l'Iran et l'Afghanistan, s'attira une guerre avec l'empire mongol de Gengis Khan en 1219 et fut ravagé et dépeuplé.

Les Turcs d'Anatolie durent à leur tour se soumettre aux Mongols en 1243. La milice égyptienne des mamelouk en grande partie turcs repoussa Saint Louis en 1250, renversa le sultan kurde de la famille de Saladin, prit le pouvoir en Égypte et occupa la Syrie.

L'empire mongol se dissocia sur ces entrefaites après la mort en 1259 de Mongka Khan, petit-fils de Gengis Khan. Ses frères Ariq et Qoubilaï se disputèrent le pouvoir. Qoubilaï, chef de l'armée mongole de Chine, l'emporta mais ses cousins du Turkestan et de Russie se rendirent indépendants de lui.

Hulägu, autre frère de Qoubilaï, commandait l'armée mongole d'Iran et son autorité s'étendait sur l'Afghanistan, l'Azerbaïdjan, l'Irak et l'Anatolie. Il était favorable au christianisme et au bouddhisme, tout en étant tolérant envers l'islam.

Il affronta les mamelouk, qu'il tenta de chasser de Syrie et de Palestine, mais fut pris à revers par les Turco-Mongols qui occupaient la Russie depuis 1240 et s'étaient convertis à l'islam. Les mamelouk vainquirent en 1260 à Aïn Djaloud, en Galilée, les Mongols de Kitbouqa, un chrétien nestorien, et ils réoccupèrent la Syrie.

Après la mort de Hulägu en 1265, son fils Abaqa et son petit-fils Arghoun continuèrent sa politique mais les souverains européens se désintéressèrent des Francs d'Orient, que les mamelouk écrasèrent de 1265 à 1291, réoccupant le littoral palestinien et libanais, et mettant fin aux croisades.

Les Turcs Ottomans, venus d'Asie centrale, rejoignirent, au milieu du XIIIe siècle semble-t-il, les Turcs Seldjoukides déjà installés en Anatolie[1].

1. Ce qui est résumé ci-dessus est traité en détail dans mon livre *Les Turcs face à l'Occident, des origines aux Seldjoukides*, Economica.

Carte 1. – **La Turquie**

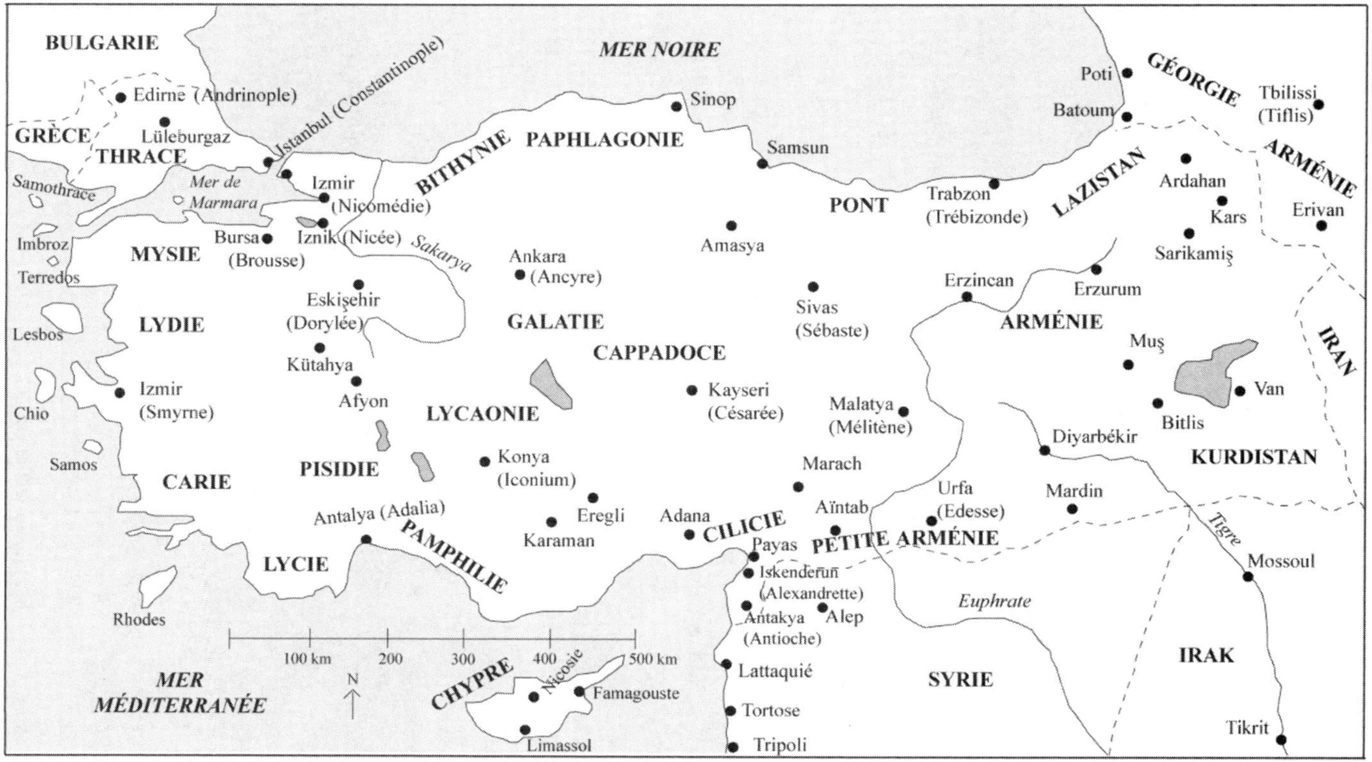

Les noms de villes sont orthographiés en turc moderne. c se prononce dj ; ç : tch ; e : é ; g toujours dur ; ö : eu ; s : ss ; ş : ch ; u : ou ; ü : u – les noms anciens sont entre parenthèses.

La dynastie seldjoukide d'Anatolie
(Nicée puis Konya)

Suleïman ibn-Qoutoulmich, mort en 1086, cousin du sultan seldjoukide Malik-chah

Qilidj Arslan, mort en 1107

Mahsoud, mort en 1155

Qilidj Arslan II, mort en 1192

Suleïman II, mort en 1204 — Kai Khosrau, mort vers 1210

Kai Kaous, mort en 1219 — Kai Kobad, mort en 1236

Kai Khosrau II, mort en 1245

Kai Kaous II, réfugié en 1261 à Constantinople — Kai Kobad II, mort en 1257

Suleïman III, mort en 1266

Kai Kobad III, réfugié vers 1300 à Constantinople

Mahsoud II, mort en 1304

La dynastie osmanlie

Soliman mort vers 1253
Ertogrul mort en 1282
Osman " 1326
Orkhan " 1360
Mourad " 1389
Bayazid " 1403
Méhémed " 1421
Mourad II " 1451
Méhémed II " 1481
Bayazid II " 1512
Sélim " 1520
Soliman II " 1566
Sélim II " 1574
Mourad III " 1596
Méhémed III " 1603

Ahmed, mort en 1617 — Mustafa, renversé en 1618

Osman II, mort en 1622 — Mourad IV, mort en 1640 — Ibrahim, renversé en 1648

Méhémed IV, renversé en 1687 — Soliman III, mort en 1691 — Ahmed II, mort en 1695

Mustafa II, renversé en 1703 — Ahmed III, renversé en 1730

Mahmoud, mort en 1754

Osman III, mort en 1757 — Mustafa III, mort en 1773 — Abd ul-Hamid, mort en 1789

Sélim III, mort en 1808 — Mustafa IV, mort en 1808 — Mahmoud Khan II, mort en 1839

Abd ul-Medjid, mort en 1861 — Abd ul-Aziz, renversé en 1876

Mourad V renversé en 1876 — Abd ul-Hamid II renversé en 1909 — Méhémed V mort en 1918 — Méhéméd VI renversé en 1922

CHAPITRE 1

Les Turcs Ottomans

1. LEURS ORIGINES

Comme je l'ai indiqué dans l'introduction, les Ottomans sont des Turcs et les Turcs étaient des nomades de race jaune qui, depuis le nord-est de la Sibérie, se sont déplacés vers la Mongolie et de là vers le Turkestan, le Moyen-Orient et l'Anatolie.

Dans son excellent livre sur Mustafa Kemal[1], le capitaine H.C. Armstrong qui fut attaché militaire de Grande-Bretagne en Turquie et connut Mustafa Kemal, estima que les Osmanlis (Ottomans) avaient quitté les abords du désert de Gobi en raison d'une grande sècheresse, en 1288. C'étaient des primitifs farouches, forts, les yeux fendus dans de larges faces mongoles, infatigables. Leurs tentes étaient noires. Leur chef Soliman (Suleiman) avait sur sa bannière une tête de loup gris. Ertoghrul prit le commandement après sa mort.

Leur déplacement semble antérieur selon d'autres sources. Des Turcs de l'Altaï se répandirent au VIe siècle dans le Turkestan occidental. Certains d'entre eux, les Oghouz, ou Ghouz, se trouvaient au IXe siècle au nord de la mer d'Aral. Ils refoulèrent vers l'Ukraine méridionale d'autres Turcs, les Petchénègues, qui eux-mêmes refoulèrent les Magyars vers le Danube et la Hongrie.

1. Payot, Paris, 1933.

Les Oghouz furent à leur tour poussés vers l'ouest par une autre peuplade turque, les Polovtses, et chassèrent les Petchénègues vers la Bulgarie.

Pour échapper aux Polovtses, les Oghouz voulurent à leur tour se réfugier en Bulgarie dans la seconde moitié du XIe siècle et furent écrasés par les Bulgares et les Petchénègues. Leurs débris furent repoussés vers l'Ukraine méridionale et absorbés par les Polovtses.

Mais d'autres Oghouz étaient demeurés dans les parages de la mer d'Aral. Une partie remonta vers 950 la rive droite du Syr-daria sous les ordres d'un chef nommé Seldjouk. On les nomma « Seldjoukides ». Chamanistes convertis à l'islam sunnite, ils s'établirent en Transoxiane vers 985, envahirent le Khorassan en 1038, vainquirent les Turcs Ghaznévides d'Afghanistan près de Merv en 1040, dominèrent l'Iran, le Khwarezm, l'Azerbaïdjan, entrèrent en 1055 à Bagdad, réduisirent le calife abbasside à un rôle spirituel, envahirent la Géorgie et l'Arménie en 1064, vainquirent les Byzantins en 1071 et occupèrent la plus grande partie de l'Anatolie. Dissociés après la mort de Malik-chah en 1092, ils firent face aux croisés pendant près de deux siècles.

Au cours de ces deux siècles, les Oghouz qui étaient restés entre la mer d'Aral et la Caspienne vécurent d'élevage dans cette région aride, et beaucoup d'entre eux, par vagues successives, se dirigèrent vers l'Iran. Ils étaient primitifs, indisciplinés et pillards, et les Seldjoukides d'Iran s'en débarrassèrent en les orientant vers l'Anatolie.

Ces nouveaux venus Oghouz, appelés Turcomans, ou Turkmènes, donnèrent leur nom à l'actuel Turkménistan. C'étaient d'excellents combattants, qui aidèrent les Turcs d'Anatolie et de Syrie à tenir les croisés européens en échec.

Le plateau anatolien, propice à l'élevage, leur plut, mais il était cultivé. Ils pillèrent ou incendièrent des fermes, tuèrent des hommes, enlevèrent des femmes et des enfants. La paysannerie hellénisée de cette région se replia vers les villes ou la côte, et le plateau anatolien devint une steppe parcourue par des nomades turkmènes.

Les Ottomans furent une peuplade turkmène, donc ethniquement proche des Seldjoukides, qui se dirigea assez tardivement vers l'Anatolie. Les indications qu'on a sur eux sont parfois contradictoires, mais il semble que les Ottomans, contrairement à ce que pensait le capitaine Armstrong par ailleurs très bien informé sur Mustafa Kemal (nous y reviendrons), ne sont pas partis des confins du désert de Gobi en 1288, mais des environs de la mer d'Aral vers 1250.

Ils sont réputés s'être mis au service du sultan seldjoukide d'Anatolie, Kai Kobad II, donc avant 1257.

2. LE SULTANAT SELDJOUKIDE D'ANATOLIE

Le sultan seldjoukide Alp Arslan vainquit en 1071 à Mantzikert (Malazgerd), au nord du lac de Van, l'empereur byzantin Romain Diogène, qu'il captura et libéra.

De retour à Constantinople, Romain Diogène fut destitué, aveuglé et remplacé par Michel Ducas. Alp Arslan n'exploita pas sa victoire, et préféra se retourner contre la Transoxiane (actuel Ouzbékistan, entre l'Amou-daria et le Syr-daria) où le khan turc qarakhanide musulman de Boukhara et Samarkand voulait être indépendant.

Alp Arslan périt en 1072 lors de cette expédition. Son fils Malik-chah lui succéda et soumit le khan qarakhanide de Transoxiane en 1074.

La pénétration turque en Anatolie fut favorisée par les rivalités entre des prétendants au trône de Byzance et le manque de patriotisme de certains d'entre eux. Nicéphore Botaniate, révolté contre Michel Ducas, fut soutenu par les Turcs Seldjoukides qui progressèrent ainsi en Anatolie et arrivèrent jusqu'à Nicée.

Michel Ducas abdiqua et fut remplacé en 1078 par Nicéphore Botaniate, qui fut renversé en 1081 par Alexis Comnène. Ce dernier fut confronté aux Normands d'Italie du Sud qui débarquèrent en Épire (actuelle Albanie). Il reconnut aux Turcs la possession de Nicée, pour ne pas avoir à lutter sur deux fronts, et enrôla des Turcs dans son armée.

Un cousin de Malik-chah, Suleïman (Soliman) ibn-Qoutoulmich, prit le pouvoir à Nicée et devint en pratique indépendant de Malik-chah. Il fut à l'origine du sultanat seldjoukide d'Anatolie, souvent appelé sultanat de Roum. En assez bons termes avec l'empereur byzantin Alexis Comnène, il voulut s'étendre en Syrie et se heurta en 1086 à Toutouch, un frère de Malik-chah qui était devenu plus ou moins indépendant à Damas, son fief de Syrie méridionale. Suleïman fut vaincu et tué près d'Alep. Son fils Qilidj Arslan lui succéda. L'émir de Smyrne (Izmir) se nommait Tzachas (Tchaka). Il comprit que les Turcs devaient avoir une marine, ce qui fut méritoire car les Turcs étaient des cavaliers. Mais ce peuple s'adaptait bien aux modifications. Il avait vécu dans la toundra, s'était adapté à la forêt sibérienne puis à la steppe mongole, et il allait s'adapter à la mer.

L'escadre de Tzachas enleva les îles grecques de Lesbos et Chio à l'empire byzantin. Tzachas s'allia avec les Turcs Petchénègues et Polovtses d'Ukraine méridionale en vue d'une attaque conjointe contre Constantinople. Beau-frère ou gendre de Qilidj Arslan dont il avait épousé la sœur ou la fille, Tzachas poussa ce dernier à attaquer Nicomédie pour arriver à l'est de Constantinople, tandis que les Petchénègues et Polovtses traverseraient la Bulgarie et la Thrace pour attaquer la ville depuis l'ouest. Tzachas se proposait de bloquer lui-même Constantinople par mer.

Ce plan brillant aurait pu faire tomber la ville au pouvoir des Turcs dès 1091. Mais l'empereur byzantin Alexis Comnène le déjoua. Il retourna les Polovtses contre les Petchénègues, qui furent écrasés. Il dissuada Qilidj Arslan de l'attaquer, et la flotte grecque coula l'escadre turque de Tzachas, qui n'avait pas encore une expérience navale comparable à celle des Grecs[1].

Le sultan seldjoukide Malik-chah mourut en 1092 et son fils Barkiyarouq fut péniblement reconnu en Iran. Qilidj Arslan en Anatolie et Toutouch en Syrie accentuèrent leur indépendance.

Qilidj Arslan fit tuer en 1093 l'émir Tzachas, dont il redoutait l'ambition et l'aventurisme. Toutouch fut tué en 1095 alors qu'il combattait Barkiyarouq, et la Syrie fut partagée entre ses fils Ridwan et Douqaq qui régnèrent respectivement sur Alep et Damas. Ces événements renforcèrent le pouvoir de Qilidj Arslan sur l'Anatolie. Qilidj Arslan ne se sentait pas capable de prendre Constantinople, dont les remparts étaient impressionnants, et Alexis Comnène ne pensait pas pouvoir chasser les Turcs hors de l'Anatolie. Une certaine coexistence semblait découler de cette double analyse fort pertinente, mais les croisés arrivèrent, sur ces entrefaites, en 1096.

Les croisés populaires de Pierre l'Ermite venaient en tête, environ 25 000 hommes, femmes et enfants peu armés qu'Alexis Comnène fit passer sur la rive asiatique en raison des problèmes qu'ils lui posèrent. Ils marchèrent sur Nicée en octobre 1096, et les Turcs tuèrent ou réduisirent en esclavage 22 000 d'entre eux.

Mais 40 000 croisés militaires suivaient et prirent Nicée en juin 1097. La ville fut rendue aux Byzantins. Les croisés traversèrent ensuite le plateau anatolien. Qilidj Arslan tenta de les

1. Cf. M.V. Levtchenko, professeur à l'Université de Leningrad, *Byzance des origines à 1453,* traduction française de Pierre Mabille, Payot, Paris, 1949.

arrêter le 1er juillet 1097 à Dorylée (Eski-chéhir) et subit un désastre. Les croisés poursuivirent leur progression, prirent Antioche en 1098 et Jérusalem en 1099.

Leur victoire provoqua un extraordinaire enthousiasme en Europe. Des foules d'Européens voulurent aller en Palestine. En 1101, environ 250 000 hommes, femmes et enfants se dirigèrent par vagues successives vers Constantinople et de là en Anatolie. Les Turcs de Qilidj Arslan les interceptèrent et les tuèrent ou réduisirent en esclavage presque tous.

Alexis Comnène reprit aux Turcs les villes de Smyrne, Éphèse, Sardes, Laodicée, Philadelphie.

Qilidj Arslan prit pour capitale Konya, l'antique Iconium où saint Paul avait prêché. Il fut tué en 1107 lors d'un combat contre l'émir turc Djawali, qui avait des visées sur l'Anatolie, l'Irak et la Syrie.

Mahsoud, fils de Qilidj Arslan, devint sultan de Konya et vécut en paix plusieurs dizaines d'années car les croisés installés sur la côte libanaise et palestinienne étaient renforcés par mer. Beaucoup de Turkmènes primitifs s'installèrent en Anatolie, dont ils firent une steppe car les paysans grecs ou hellénisés s'enfuirent. L'Arménie et le Kurdistan, plus montagneux et moins favorables à l'élevage, échappèrent à ce processus. Les Turkmènes ne s'intéressèrent par contre pas aux villes d'Anatolie où se maintinrent des citadins grecs et arméniens.

Lors de la seconde croisade, 140 000 croisés militaires allemands et français arrivèrent à Constantinople et tentèrent de traverser l'Anatolie en 1147. Les 70 000 Allemands qui venaient en tête furent écrasés par Mahsoud à Dorylée. La plupart furent massacrés ou capturés. Les rescapés furent recueillis par les Français, qui tentèrent de progresser par la côte, furent attaqués par les Turcs, subirent d'énormes pertes, atteignirent laborieusement le port d'Adalia et ne purent pas aller plus loin. La flotte byzantine en transporta une partie vers Antioche. Les autres furent massacrés ou pris par les Turcs.

Mahsoud mourut en 1155. Son fils Qilidj Arslan II lui succéda. L'empereur byzantin, Manuel Comnène, s'intéressa à l'Italie et entra en conflit avec l'empereur d'Allemagne Frédéric Barberousse et avec Venise. Qilidj Arslan II exploita cette situation pour reprendre une partie de l'Anatolie occidentale aux Byzantins.

Manuel Comnène contre-attaqua en 1176 en direction de Konya, tandis qu'une autre armée byzantine commandée par Andronic Vatatzès attaquait Néocésarée.

Andronic Vatatzès fut vaincu et tué, et son armée prit la fuite. Manuel Comnène fut écrasé à Myrioképhalon, à l'ouest de Konya, et dut se replier. Bien que victorieux, Qilidj Arslan II avait été rendu circonspect par cette réaction byzantine. Il s'efforça de grignoter le territoire byzantin sans lancer de grande offensive. Confronté en 1190 à la troisième croisade, il ne put pas empêcher l'empereur Frédéric Barberousse et 100 000 Allemands de traverser l'Anatolie. Mais Frédéric Barberousse se noya, son armée reflua et les Turcs l'exterminèrent presque complètement. Qilidj Arslan II mourut en 1192 et eut pour successeurs ses fils Suleïman II et Kai Khosrau et son petit-fils Kai Kaous.

Deux événements importants se produisirent à cette époque. En 1194, le dernier sultan seldjoukide d'Iran, Toghroul III, fut vaincu et tué par le chah turc du Khwarezm, Takach. Mohammed, fils de Takach, fit du Khwarezm un très important sultanat musulman qui s'étendit sur le Turkestan occidental, l'Iran, l'Afghanistan et la partie de l'actuel Pakistan située à l'ouest de l'Indus.

L'autre grand événement, à l'ouest du sultanat seldjoukide d'Anatolie, fut la prise de Constantinople par les croisés en 1204. Les Grecs se maintinrent autour de Nicée, en Anatolie occidentale. Leur petit empire, survivance de l'empire byzantin, était très fragile entre l'empire latin de Constantinople et les Turcs, mais les Latins furent affaiblis par de grandes difficultés et les Turcs furent tenus en échec.

Le sultan de Konya, Kai Kaous, mourut en 1219 et fut remplacé par son frère Kai Kobad. Un autre grand événement se produisit à cette époque : le sultan Mohammed de Khwarezm se trouva en guerre contre le puissant empire mongol de Gengis Khan à la suite de l'attaque de caravaniers mongols pacifiques et du refus d'excuses, de sanctions et de réparation formulé par Mohammed. Gengis Khan ravagea le Turkestan occidental, l'Iran et l'Afghanistan de 1219 à 1222. On estima qu'une quinzaine de millions de ses habitants périrent, sur une vingtaine de millions.

Gengis Khan ramena ses troupes au nord de l'Amou-daria. Djelal ed-Dinn, fils du sultan Mohammed, reprit le pouvoir en Iran et en Afghanistan. Il pénétra en Arménie. Kai Kobad de Konya s'allia avec le sultan al-Achraf de Damas, un Kurde de la famille de Saladin. Ils vainquirent Djelal ed-Dinn près d'Erzindjan

(Arménie) en août 1230. Les Mongols de Transoxiane réoccupèrent alors une partie de l'Iran. Djelal ed-Dinn s'enfuit au Kurdistan et y fut assassiné en 1231. Les Mongols soumirent l'Azerbaïdjan, la Géorgie, l'Arménie et le Kurdistan, et devinrent voisins du sultanat de Konya. Kai Kobad mourut en 1236 et son fils Kai Khosrau II lui succéda. Les Mongols conquirent la Russie de 1237 à 1241.

Le général mongol Baïdjou prit Erzeroum en 1242 et écrasa Kai Khosrau II et ses Turcs en juin 1243 près d'Erzindjan. Il prit Sivas et dévasta Kayseri (Césarée de Cappadoce). Kai Khosrau II se soumit aux Mongols et mourut en 1245.

Ses fils Kai Kaous II et Qilidj Arslan se disputèrent sa succession. René Grousset a attribué le numéro IV à Qilidj Arslan, Il s'agit peut-être d'une coquille, car ce sultan devrait porter le numéro III, mais René Grousset se trompa rarement, ou bien un Qilidj Arslan III s'intercala peut-être parmi les successeurs de Qilidj Arslan II. Je n'ai pas réussi à trouver la réponse. Dans le doute, et par fidélité à René Grousset, je garderai l'appellation Qilidj Arslan IV. Ce dernier se rendit en Mongolie dès 1246 et fut reconnu comme sultan de Konya par l'empereur mongol Guyuk, en échange d'un tribut annuel assez écrasant.

Guyuk mourut en 1248 et son cousin germain Mongka lui succéda en 1250. Il décida en 1254 de partager le sultanat seldjoukide entre Kai Kaous II et Qilidj Arslan IV, qui s'associèrent leur frère Kai Kobad II. Kai Kaous II et Qilidj Arslan IV se rendirent au début de 1256 sur la rive gauche de l'Amou-daria pour saluer le frère de l'empereur mongol Monkga, Hulägu, qui venait prendre le commandement de l'armée mongole d'Iran. Kai Kaous II emprisonna ensuite Qilidj Arslan IV mais ne put pas payer à temps le tribut réclamé par les Mongols. Vaincu en 1256 par le général mongol Baïdjou, il s'enfuit à Nicée car il était en assez bons termes avec les Grecs. Les Mongols remirent Qilidj Arslan IV au pouvoir. Kai Kaous revint de Nicée et se réconcilia avec Qilidj Arslan IV.

Kai Kobad II se rendit auprès de l'empereur Mongka, en Mongolie, mais il mourut en 1257 pendant son voyage.

Hulägu prit Bagdad en février 1258 et fit tuer le dernier calife abbasside et des dizaines de milliers d'habitants. Il retourna ensuite à Tabriz (Tauris), où Kai Kaous II et Qilidj Arslan IV allèrent le féliciter.

Kai Kaous n'était pas très rassuré car il avait combattu les Mongols. Il fit représenter son portrait sur les semelles de bottes qu'il offrit à Hulägu en lui disant que ce serait un grand honneur pour lui lorsque Hulägu lui marcherait dessus.

D'après certaines indications, le chef des Turcs Ottomans, Ertogrul, aurait reçu de Kai Kobad II un fief près d'Ancyre (Ankara), donc avant 1257, pour le récompenser d'avoir combattu les Mongols, probablement en 1256. L'arrivée des Ottomans en Anatolie sous la conduite de Soliman, père d'Ertogrul, devait être un peu antérieure.

*

* *

Il n'est pas inutile de résumer la situation internationale de cette époque 1250-1257 pour comprendre la suite des événements.

L'empire mongol de Mongka Khan s'étendait de la Chine du Nord à la Russie. Hulägu, frère de Mongka, gouvernait l'Iran, l'Afghanistan, l'Azerbaïdjan, l'Irak et le Kurdistan. L'Arménie, la Géorgie et le sultanat seldjoukide de Konya étaient ses vassaux, la Russie était gouvernée par Batou, cousin germain de Mongka Khan. Or il mourut en 1255, ses deux fils lui survécurent peu et le pouvoir échut à Berké, un frère de Batou converti à l'islam, ce qui eut des conséquences importantes par la suite.

Le petit empire grec de Nicée avait repris plusieurs îles grecques et une partie de la Thrace, de la Macédoine et de l'Albanie. Il encerclait les Latins, qui se maintenaient dans Constantinople grâce à l'appui de la flotte vénitienne et contrôlaient encore une partie de la Grèce.

La milice, en grande partie turque, des mamelouk, avait repoussé en 1250 une offensive de Saint Louis, renversé le dernier sultan kurde de la famille de Saladin, et pris le pouvoir. Cependant, la famille de Saladin conservait encore la Syrie.

Les croisés chrétiens contrôlaient le littoral palestinien et libanais, mais l'Europe commençait à se désintéresser d'eux. L'empire romain germanique était en crise depuis la mort, en 1250, de Frédéric II Hohenstaufen, petit-fils de Frédéric Barberousse. La principale puissance européenne, la France, était échaudée par sa défaite d'Égypte. La dynastie marocaine chiite des Almohades était en perte de vitesse et reculait en Espagne où les chrétiens aient libéré une grande partie de leur patrie et atteint l'Andalousie. Les années précédentes, des envahisseurs arabes, les Hilal, avaient traversé la Tunisie et l'Algérie en provoquant beaucoup de dégâts.

3. LES DÉBUTS DES TURCS OTTOMANS EN ANATOLIE

Installés près d'Ankara, probablement en 1256, les Ottomans s'étendirent vers l'ouest et pénétrèrent probablement dans la province grecque de Bithynie car certaines sources indiquent qu'Osman, fils de leur chef Ertogrul, naquit en 1259 à Soukout, en Bithynie.

Deux événements importants se produisirent à cette époque. L'empereur mongol Mongka Khan mourut en 1259 et ses frères Ariq et Qoubilaï se disputèrent sa succession. Qoubilaï l'emporta et poursuivit la conquête de la Chine mais se heurta à des rébellions en Asie centrale. L'empire mongol se disloqua. Le khanat mongol de Russie, devenu musulman avec Berké, devint indépendant.

Le khanat mongol d'Iran, avec Hulägu, fut coupé de Qoubilaï par les Mongols du Turkestan opposés à ce dernier, et pris à revers par Berké. Les Mongols d'Iran, chamanistes, chrétiens nestoriens ou bouddhistes, étaient peu nombreux et dominèrent de plus en plus difficilement leurs nombreux sujets musulmans.

Hulägu tenta néanmoins de vaincre les mamelouk d'Égypte mais son armée fut écrasée en 1260 par les mamelouk en Palestine. Les mamelouk occupèrent la Syrie puis reprirent peu à peu les ports palestiniens et libanais aux chrétiens et attaquèrent les chrétiens d'Arménie-Cilicie. Ils tentèrent en 1277 de chasser les Mongols hors de l'Anatolie mais furent repoussés.

L'autre grand événement de l'époque fut la reconquête de Constantinople par les Grecs en 1261, qui concerna davantage les Ottomans puisque ces derniers étaient voisins des Grecs en Bithynie. Le sultan seldjoukide de Konya, Kai Kaous II, réfugié à Constantinople puis en Russie, épousa une fille de Berké et reçut un fief en Crimée.

Ertogrul mourut en ou vers 1282. Son fils Osman lui succéda et donna son nom aux Ottomans, qu'on appela parfois les Osmanlis.

Les mamelouk prirent en 1291 Tripoli aux chrétiens occidentaux, qui évacuèrent Tyr et les derniers ports qu'ils contrôlaient encore. Ce fut la fin des croisades et la fin du royaume chrétien d'Orient.

Ghazan, ilkhan mongol d'Iran, se convertit en 1295 à l'islam mais demeura hostile aux mamelouk et maintint sa suzeraineté sur les Turcs d'Anatolic. Kai Kobad III, petit-fils de Kai Kaous II et sultan seldjoukide de Konya, fut chassé vers 1300 par les Mongols et se réfugia Constantinople où il fut emprisonné et mourut.

Osman et les Ottomans, quant à eux, attaquèrent l'empire byzantin, progressèrent en Bithynie et approchèrent de Nicée et de Brousse. De leur côté, les Seldjoukides approchèrent de Smyrne et d'Éphèse.

Alors, l'empereur byzantin Andronic Paléologue fit appel à plusieurs milliers de mercenaires catalans que commandait Roger de Flor.

Ils repoussèrent en 1303, dans la région de Smyrne, les Turcs Seldjoukides qui assiégeaient la ville de Philadelphie (maintenant Alachehr). Ils voulurent ensuite échapper à la tutelle byzantine et se constituer un fief en Anatolie.

L'empereur Andronic les rappela à Gallipoli et fit assassiner Roger de Flor. Les Catalans ravagèrent la Thrace et la Macédoine, envahirent la Thessalie, prirent Athènes. Sur ces entrefaites, Mahsoud, dernier sultan seldjoukide de Konya, mourut en 1304.

Alors, la peuplade turkmène des Qaraman (ou Karaman), installée dans le sud-est de l'Anatolie, prit Konya aux Seldjoukides. Mais Timourtach, gouverneur mongol de l'Anatolie pour le compte de l'ilkhan d'Iran Oldjaïtou, tenta de rétablir son autorité sur les Turcs de cette région. Il vainquit en 1319 Mahmoud-beg, émir des Karaman, puis attaqua les Ottomans mais fut repoussé par ces derniers à Dorylée (Eski-chéhir).

Osman, chef des Ottomans, mourut en 1326 et son fils Orkhan lui succéda. La ville byzantine de Brousse (Bursa), attaquée depuis des années par les Ottomans, tomba entre leurs mains.

Orkhan prit ensuite Nicomédie et Nicée (Iznik) aux Byzantins, atteignit la mer de Marmara. La dislocation du khanat mongol d'Iran, en 1335, rendit leur indépendance aux Turcs d'Anatolie, dont les plus puissants étaient les Ottomans au nord-ouest et les Karaman au sud-est. Des émirs seldjoukides se maintenaient dans l'ouest et le centre de l'Anatolie, et une principauté grecque à Trébizonde.

Ce fut pendant ces années qu'Orkhan créa une milice de janissaires à partir d'enfants chrétiens enlevés à leurs parents, élevés dans la religion musulmane, et incorporés ensuite dans cette milice chargée, entre autres, de combattre les chrétiens.

À cette époque, Smyrne fut occupé par les hospitaliers qui, repliés de Palestine en 1291, s'étaient par la suite établis dans l'île de Rhodes et avaient pris le nom de chevaliers de Rhodes

L'empereur byzantin Andronic III Paléologue mourut en 1341. Son fils Jean V était encore enfant. Un aristocrate, Jean VI

Cantacuzène, lui disputa le trône et demanda l'aide des Turcs. Il assiégea en 1343 Thessalonique (Salonique) avec ces alliés turcs qu'il avait fait passer en Europe. Ces derniers ravagèrent les environs de la ville et la Thrace, puis vendirent comme esclaves de nombreux habitants de cette région sur les marchés d'Anatolie.

Jean VI Cantacuzène fut nommé co-empereur aux côtés de Jean V Paléologue. Ils tentèrent de renforcer leur flotte mais les Génois, installés à Galata, la détruisirent afin de conserver la maîtrise de la mer et du commerce.

Jean V tenta de destituer son associé Jean VI en 1352, et la guerre civile recommença. Jean VI demanda l'aide des Ottomans, qui ainsi débarquèrent à Gallipoli. Il dut abdiquer en 1354.

*
*   *

Nous dirons quelques mots des derviches tourneurs. Des mystiques musulmans voulurent, peu après la prédication de l'islam par Muhammad, se rapprocher de Dieu par la méditation et l'extase. Ils débouchèrent sur le soufisme, une méditation qui pouvait être individuelle, à la manière des ermites chrétiens, ou collective et donner naissance à des sortes de couvents. Ces ermites et sortes de moines musulmans portaient souvent des manteaux blancs. Une vénération pouvait s'adresser après leur mort à certains ermites. Il y avait là une certaine déviation de l'islam primitif qui ne prévoyait pas de clergé et refusait tout ce qui pouvait s'approcher d'une sorte de culte des saints. Les sunnites durs, tels que, plus tard, les wahhabites d'Arabie, s'opposèrent au soufisme. Les chiites, particulièrement en Iran, y furent plus favorables et acceptèrent une sorte de clergé.

Le soufisme, proche du christianisme par certains aspects tels que la vénération d'ermites qui pouvait faire penser à la vénération de saints et de mystiques par des chrétiens, fut suspecté de possibilités de déviation vers le bouddhisme, qui avait aussi des moines et aspirait à une fusion en quelque sorte divine dans l'univers quand l'être humain parvenu à la perfection était délivré de l'obligation de renaître. L'extase destinée à se rapprocher de Dieu pouvait être comprise comme une sorte de fusion si on poussait le raisonnement trop loin.

Ce fut ainsi qu'un mystique iranien de Balkh, Djelal ed-Dinn-Mohammed-Roumi (1210-1273) dut quitter sa patrie. Il partit à Konya, en Anatolie et fut à l'origine des derviches tourneurs, les mevlevi, qui recherchaient l'extase par une danse tournoyante. On le surnomma Mevlana, le Maître. Il composa un grand poème, le Mesnevi, combina la poésie, le chant, la danse, la musique et le mysticisme.

Les derviches tourneurs pouvaient se grouper dans des sortes de couvents. Ils se maintinrent pendant des siècles en Turquie, furent peu appréciés par Mustafa Kemal et de nouveau tolérés après la mort de ce dernier.

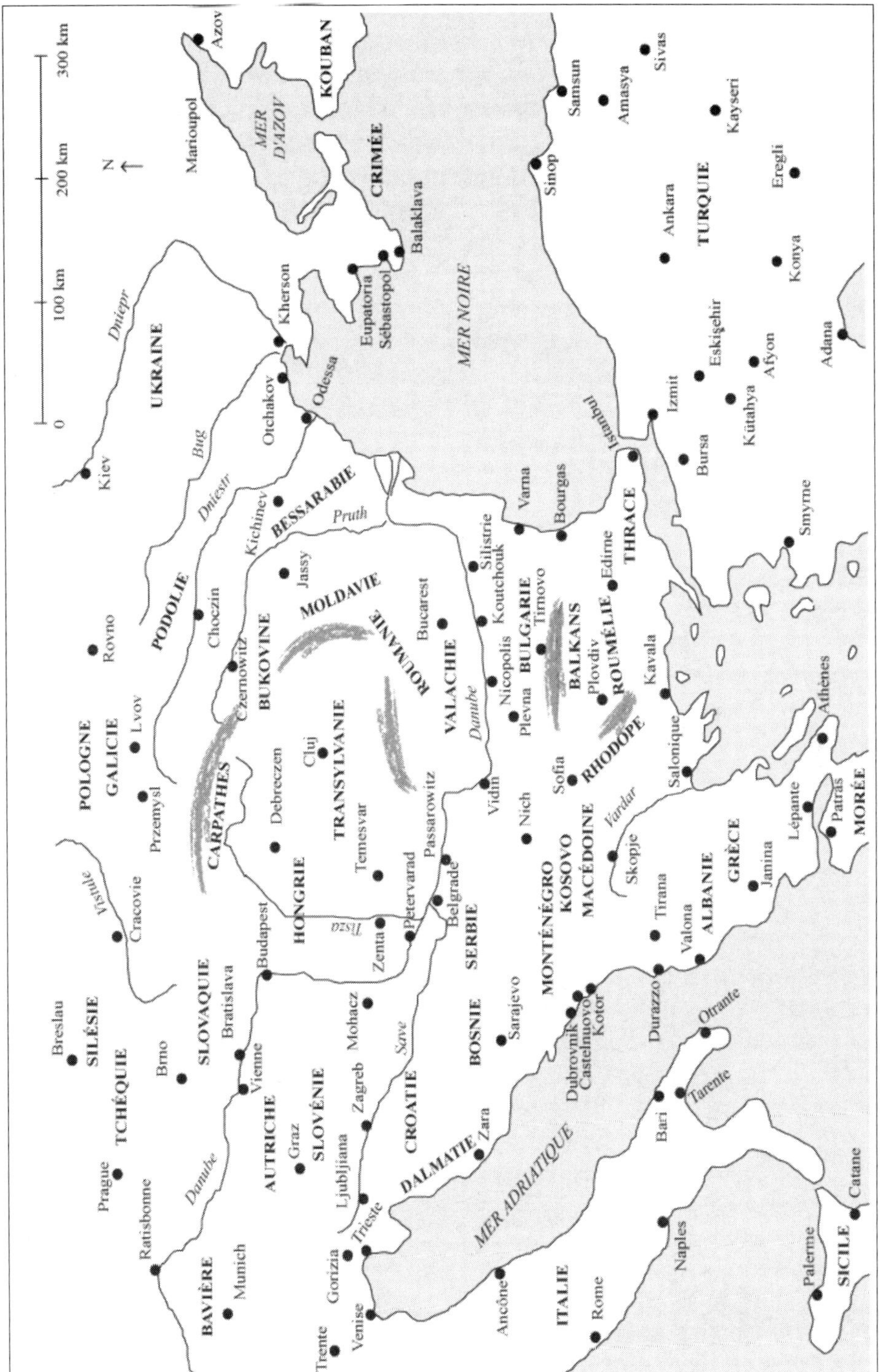

Carte 2. – Europe balkanique et [illegible] Mer Noire

CHAPITRE 2

Progression ottomane en Anatolie et en Europe

1. MOURAD ET BAYAZID

Orkhan, chef des Turcs Ottomans établis en Bithynie, dans le nord-ouest de la Turquie actuelle, mourut en 1360. Son fils Mourad lui succéda.

Karaman Oglou, chef des Turcs Karaman installés dans le sud-est de la Turquie et dans l'ancien fief seldjoukide de Konya, lui disputa la prépondérance sur les autres principautés turques d'Anatolie et fut vaincu.

Les Karaman étaient musulmans, comme les Ottomans et les autres Turcs d'Anatolie, de Syrie d'Irak, d'Azerbaïdjan, d'Iran, du Khwarezm et de Transoxiane. Beaucoup de Turcs encore chamanistes ou chrétiens nestoriens du Turkestan se convertirent à l'islam à cette époque. Les Turcs Ouigour du Turkestan oriental, l'actuel Xinjiang, les imitèrent avant la fin du siècle.

Les Kirghiz et les Turcs plus tard appelés Kazakh, dans le nord de l'actuel Kazakhstan, demeurèrent par contre chamanistes jusqu'au début du XVIIIe siècle.

Les Karaman étaient tolérants en matière religieuse et firent coexister des communautés diverses dans leur fief anatolien. Des Grecs apprirent leur langue et se turquisèrent, tout en demeurant chrétiens orthodoxes. L'Histoire de l'Europe et d'une partie de l'Orient aurait pu prendre un tour différent si les Karaman l'avaient emporté sur les Ottomans.

Ces derniers, menés par leur sultan Mourad, envahirent la Thrace à partir de la presqu'île de Gallipoli, prirent Andrinople (Edirne) et encerclèrent Constantinople.

Les mamelouk d'Égypte conquirent l'Arménie-Cilicie en 1375 et capturèrent le roi Léon VI. Ils devinrent voisins de l'Anatolie, et plus particulièrement des Karaman. Léon VI racheta sa liberté. Époux de Marguerite de Soissons, il se retira en France, où il termina ses jours.

L'empereur byzantin Jean V Paléologue fut renversé en 1376 par son fils Andronic IV et rétabli en 1379 par Mourad et les Ottomans, dont il devint tributaire. Après avoir dominé tout le bassin oriental de la mer Méditerranée, l'empire byzantin, réduit à presque rien, était plus ou moins sous le protectorat d'une peuplade turque qui ne contrôlait qu'une partie de l'Anatolie. Il en fut réduit à aider les Ottomans à prendre la ville grecque de Philadelphie (région de Smyrne, en Anatolie), qui leur résistait.

En 1385 Mourad s'en prit à la Serbie, peuplée de Slaves arrivés du nord au VIIe siècle et convertis au christianisme vers la fin du XIXe siècle. Lazare Grblianovitch et les Serbes durent se soumettre.

Mais Karaman Oglou se révolta de nouveau contre les Ottomans en 1386 et fut encore vaincu, cette fois par Timourtach, un général de Mourad.

Les Serbes se révoltèrent à leur tour en 1387 et furent attaqués par Mourad, qui les vainquit en 1389 à Kossovo, au nord de l'Albanie. Lazare Grblianovitch fut capturé et décapité par les Turcs, Mourad fut tué par un noble serbe. Bajazet (Bayazid), fils de Mourad, devint sultan des Turcs Ottomans.

L'empereur byzantin Jean V Paléologue mourut en 1390. Son fils Manuel lui succéda et tenta de se dégager de la suzeraineté ottomane. En 1392, Karaman Oglou et les Turcs Karaman du sud-est de l'Anatolie se révoltèrent aussi contre Bayazid, qui les vainquit et annexa la plus grande partie de leur fief. Les Karaman se maintinrent à Nigde, à l'est de Konya.

Ayant étendu son autorité sur une grande partie de l'Anatolie, Bayazid reprit l'offensive en Europe et envahit la Bulgarie. Les Bulgares, d'origine turque, venus de la région de la Volga, avaient traversé le Danube et envahi au VIIe siècle la région qui prit leur nom. Ils se mêlèrent à des Slaves, devinrent chrétiens au IXe siècle, combattirent l'empire byzantin et lui furent parfois soumis.

Carte 3. – **La Grèce**

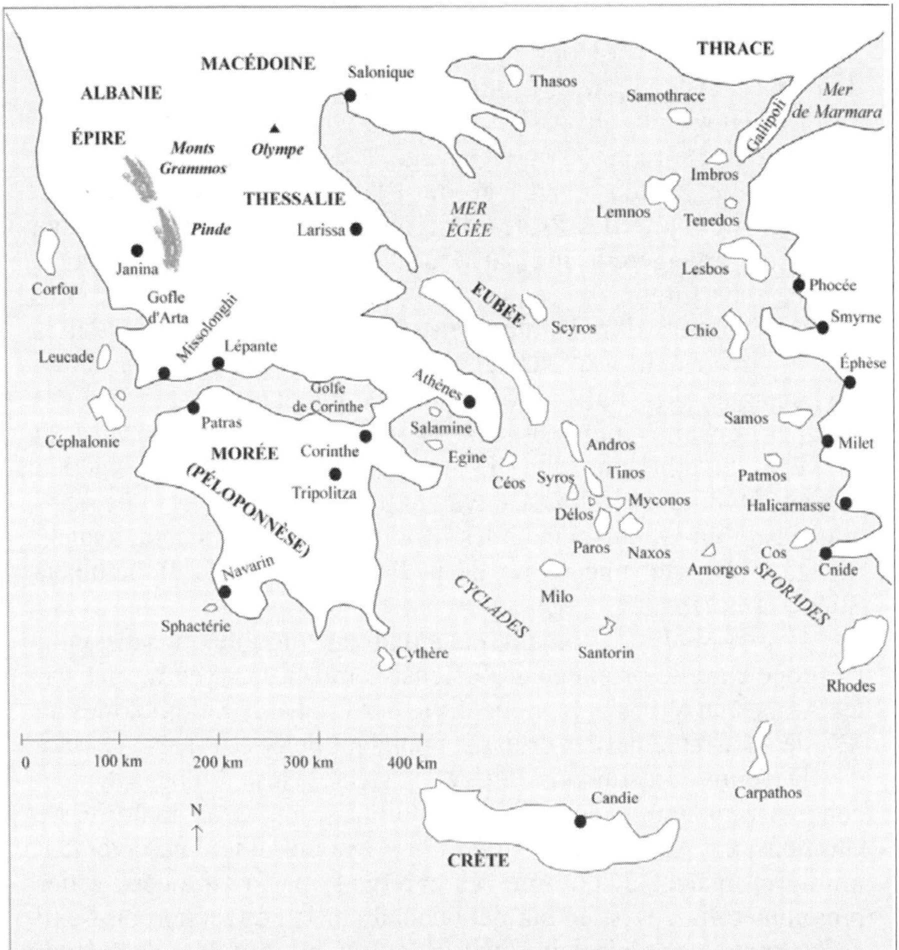

Bayazid et les Turcs Ottomans prirent Tirnovo en 1393, Vidin en 1396, occupèrent la Bulgarie et atteignirent le Danube.

2. NICOPOLIS

L'arrivée des Turcs Ottomans sur les bords du Danube inquiéta l'Europe. La vallée du Danube constituait un axe de pénétration vers l'Occident. Des vagues de nomades asiatiques l'avaient utilisé car les steppes de Mongolie, du Kazakhstan, d'Ukraine méridionale et de Valachie, prolongées par la puszta hongroise, constituent une sorte de boulevard herbeux, favorable aux nomades. De la Hongrie, au cœur de l'Europe, il est possible d'envahir l'Allemagne et l'Italie.

Les Huns, des Proto-Turcs qui avaient atteint la Hongrie au Ve siècle de notre ère, avaient ravagé, à partir de là, une partie de l'Allemagne, de la Gaule et de l'Italie. Les Avars, souvent considérés comme des Proto-Mongols, atteignirent la Hongrie au VIe siècle, ravagèrent une partie de l'Allemagne et envahirent la Grèce, mais furent vaincus au VIIIe siècle par Charlemagne. Les Magyars plutôt finnois auxquels semblaient mêlés des Turcs étaient arrivés au IXe siècle et avaient ravagé une partie de l'Allemagne, de l'Italie et de la France pendant le Xe siècle. Ils s'étaient ensuite mêlés à des Germains et à des Slaves, et convertis au christianisme. D'autres peuples turcs, les Petchénègues, Oghouz et Polovtses avaient aussi atteint le Danube, sans aller jusqu'en Hongrie, mais les Mongols, au XIIIe siècle, avaient ravagé la Russie, une partie de la Pologne et de la Bohème, la Silésie et la Hongrie.

L'arrivée des Ottomans constitua une double menace pour l'Europe car elle prolongeait l'offensive musulmane entreprise par les Arabes au VIIe siècle, poursuivie par les Turcs Seldjoukides au XIe siècle arrêtée par les croisades pendant deux cent ans.

Devenus musulmans au VIIe siècle, les Arabes avaient conquis rapidement de vastes territoires, peuplés en majorité de chrétiens, en Asie et en Afrique. Ils y avaient assez massivement immigré, avaient discriminé ces chrétiens, parfois procédé à des pressions religieuses, ce qui débouchait sur la conversion ou l'exil de certains et rendait peu à peu les autres minoritaires dans leurs patries. Les musulmans avaient occupé l'Espagne, le Portugal, une partie de la France et de l'Italie, la Sicile.

Quand nos contemporains arabes se plaignent du colonialisme occidental, ils devraient peut-être réfléchir à tout cela. Ils avaient perdu l'Italie du Sud, la Provence et la Sicile au XIe siècle, et reculé en Espagne et au Portugal, mais les Turcs Seldjoukides, devenus musulmans, avaient débouché sur l'Arménie, vaincu les Byzantins, approché de Constantinople, ce qui avait déterminé en 1095 le pape Urbain II à préconiser une contre-attaque européenne pour sauver Constantinople, empêcher l'invasion du sud-est de l'Europe par les Turcs, et libérer une partie des chrétiens orientaux tombés sous la domination arabe et turque.

Cette contre-attaque menée durant deux siècles – les croisades – s'était heurtée à beaucoup de difficultés.

Le désaccord religieux entre orthodoxes et catholiques avait favorisé les Turcs. Les Byzantins s'étaient méfiés des premiers croisés parmi lesquels se trouvait Bohémond de Tarente, un adversaire de l'empire byzantin. Ils avaient voulu les considérer comme leur étant subordonnés, alors que les croisés voulaient être traités en alliés. Les Byzantins voulaient récupérer les territoires qui leur avaient appartenu et que les croisés reprendraient. Ces derniers acceptaient d'en rendre une partie, en l'occurrence l'Anatolie, mais voulaient être indépendant des Byzantins au Liban et en Palestine. Bohémond avait empêché la restitution d'Antioche aux Byzantins, qui l'avaient mal accepté.

Les Byzantins avaient sous-estimé le danger turc et contribué à empêcher le succès des seconde et troisième croisades, afin d'éviter une trop grande puissance des croisés et de maintenir une résistance turque qui affaiblissait les croisés.

Venise et Gènes, rivales commerciales, avaient tenté de dominer économiquement l'empire byzantin. Venise avait détourné la quatrième croisade vers Constantinople à la faveur des luttes pour le pouvoir qui se déroulaient dans l'empire byzantin où certains prétendants étaient disposés à demander l'aide des Latins (les Européens occidentaux) et parfois des Turcs, pour supplanter leurs compétiteurs. Les Latins avaient pillé Constantinople d'une manière éhontée. Ils avaient échoué en Égypte à deux reprises au XIIIe siècle par suite d'erreurs stratégiques. Ils s'étaient divisés en un parti génois et un parti vénitien. Certains n'avaient pas compris que les Mongols d'Iran étaient bien disposés envers eux, et ils avaient facilité la victoire des mamelouk musulmans d'Égypte.

Saint Louis avait dirigé la huitième croisade contre Tunis, ce qui n'aidait en rien les chrétiens de Palestine. Philippe le Bel s'était désintéressé de l'Orient, malgré les offres d'alliance des Mongols d'Iran. Les mamelouk avaient repris le littoral palestinien et libanais aux croisés ; le khanat mongol d'Iran s'était converti à l'islam et disloqué, les Turcs ottomans avaient envahi l'Europe, conquis la Serbie et la Bulgarie, atteint le Danube, voie de pénétration vers le cœur de l'Europe, imposé leur suzeraineté à ce qui restait de l'empire byzantin.

La situation que le pape Urbain II avait tenté d'éviter en 1095 s'était réalisée en 1396, avec trois siècles de retard, lesquels avaient permis à l'Europe de se renforcer.

Avant de devenir fou, le roi de France Charles VI, plus clairvoyant que Philippe le Bel, s'était inquiété de la chute de la Serbie. Les Hongrois, directement menacés par les Turcs Ottomans, étaient très conscients de ce problème, également perçu par les Allemands, les Français, Venise et l'empereur byzantin Manuel Paléologue.

Ce fut ainsi que se reconstitua une alliance, à l'initiative du roi Sigismond de Hongrie, qui fut appuyé par Manuel Paléologue, Venise, les chevaliers de Rhodes, des contingents français et allemands, et le prince Mircéa de Valachie[1].

Une puissante escadre vénitienne commandée par Tommaso Mocenigo (1343-1423) qui fut plus tard élu doge de Venise, pénétra dans la mer Noire, fut renforcée par les navires des chevaliers de Rhodes et ce qui restait de la flotte byzantine, et se porta à l'embouchure du Danube.

Le roi Sigismond de Hongrie (1368-1437), plus tard empereur d'Allemagne, concentra la chevalerie hongroise et les milices, plusieurs dizaines de milliers d'hommes, au nord du Danube. Il fut renforcé par un contingent allemand et par 12 000 Français commandés par Jean, ensuite surnommé sans Peur (1377-1419), fils du duc de Bourgogne Philippe le Hardi, lui-même fils du roi de France Jean le Bon. Lors de la bataille de Poitiers contre les Anglais, en 1356, ce même Philippe le Hardi avait vaillamment combattu auprès de son père[2].

Jean sans Peur n'avait pas vingt ans quand il arriva en Hongrie mais était entouré par une excellente équipe : Philippe d'Artois, comte d'Eu, connétable ; le maréchal de Boucicaut (né vers 1366, mort en 1421), promu maréchal à vingt-cinq ans, âgé d'une trentaine d'années en 1396, plus tard capturé en 1415 lors de la bataille d'Azincourt qu'il tenta d'éviter et qui fut une victoire écrasante des Anglais sur les Français, à la suite de quoi Boucicaut mourut prisonnier en Angleterre ; l'amiral Jean de Vienne (1341-1396), organisateur de la marine française face à l'Angleterre ; Jacques II de Bourbon comte de La Marche (1370-1438) ; Gui VI de la Trémoille (1343-1397) ; Enguerrand VI de Coucy (1346-1397).

On a souvent remarqué la jeunesse de généraux de la Ire République française, mais pendant la guerre de Cent Ans, des

1. Valachie : province méridionale de Roumanie, au nord du Danube.
2. Jean sans Peur succéda en 1404 à son père comme duc de Bourgogne, tenta de prendre le pouvoir à Paris et fut assassiné en 1419 par des partisans du dauphin Charles, le futur Charles VII.

hommes très jeunes, comme Boucicaut, exercèrent des commandements importants.

Les chevaliers de Rhodes se joignirent à cette armée hongroise, allemande et française qui, sous les ordres du roi Sigismond, âgé de moins de trente ans, traversa le Danube près de la ville de Nicopolis, et affronta la puissante armée ottomane de Bayazid. Les Valaques du prince Mircéa renforcèrent Sigismond.

Les Français chargèrent impétueusement et infligèrent de lourdes pertes aux Turcs mais furent submergés par les troupes de Bayazid et perdirent des milliers de morts et de prisonniers. L'amiral Jean de Vienne fut tué. Gui VI de la Trémoille fut gravement blessé et capturé. Jean sans Peur, le connétable Philippe d'Artois, le maréchal de Boucicaut, Jacques II de Bourbon, La Marche et Enguerrand VII de Coucy furent capturés.

Les milices hongroises plièrent. La chevalerie hongroise et les chevaliers de Rhodes furent écrasés par Bayazid. Sigismond de Hongrie parvint à s'échapper. Jean sans Peur, Boucicaut, Jacques II de Bourbon et La Trémoille rachetèrent leur liberté en versant de fortes rançons. La Trémoille mourut de ses blessures. Philippe d'Artois et Enguerrand de Coucy moururent en captivité.

Vouk Brankovitch, prince serbe qui avait abandonné son beau-père Lazare Grblianovitch et contribué ainsi à la victoire des Turcs à Kossovo, était devenu leur vassal mais fut empoisonné par eux en 1398.

3. L'INTERVENTION DE TAMERLAN ET SES SUITES LES ÉVÉNEMENTS MARQUANTS EN EUROPE

Bayazid ne tenta pas de franchir le Danube et d'envahir la Hongrie après sa victoire. Il avait subi de lourdes pertes, jugeait possible une intervention européenne en faveur de la Hongrie, risquait des révoltes serbes, bulgares et même turques non ottomanes d'Anatolie. Il devait dans ces conditions consolider ses arrières avant de poursuivre sa progression,

La montée en puissance dc Tamerlan l'inquiéta en outre. Tamerlan, né en 1336 près de Samarkand, fils d'un féodal turc de cette région, étendit peu à peu son autorité sur la Transoxiane (Ouzbékistan et Tadjikistan actuels), le Khwarezm (en gros, Turkménistan actuel), l'Iran, l'Afghanistan et l'actuel Pakistan, où il procéda à d'effroyables massacres tout en embellissant Samarkand car il aimait les arts[1].

Il ravagea l'Arménie et la Géorgie, occupa Bagdad, voulut obliger Bayazid et le sultan mamelouk d'Égypte Faradj à se soumettre. Tous les deux refusèrent, et Bayazid voulut imposer son autorité à l'émir turc d'Arménie, vassal de Tamerlan.

Tamerlan reconnut le rôle positif joué par Bayazid lors de ses victoires sur les Européens et se proposa de l'épargner s'il se soumettait. Bayazid persista dans son refus. Tamerlan se porta auprès de l'émir turc d'Arménie pour le soutenir, et envahit l'Anatolie en août 1400. Il attaqua Sivas (Sébaste) que défendait une garnison ottomane. Il en vint à bout grâce à ses catapultes qui criblèrent la ville de grosses pierres, et à ses sapeurs qui firent ébouler une partie des remparts en creusant des galeries sous eux.

La garnison ottomane résista trois semaines puis capitula sous réserve de promesse de vie sauve. Tamerlan épargna les Ottomans mais fit jeter dans des puits ou enterrer vivants 4 000 Arméniens enrôlés par Bayazid[2].

Mais il était menacé sur ses arrières depuis la Syrie par les mamelouk de Faradj. Il se retourna en octobre 1400 vers la Syrie, écrasa les mamelouk près d'Alep grâce aux éléphants qu'il avait ramenés des Indes, prit Alep, fit massacrer la garnison, édifier des pyramides de têtes coupées et piller la ville.

Il vainquit Faradj en décembre 1400 et prit Damas qu'il pilla et où il fit tuer une partie de la population et réduire en esclavage beaucoup de survivants. Pendant qu'il combattait en Syrie, Bayazid lui prit la ville d'Erzindjan, en Arménie.

Tamerlan ne sous-estima pas Bayazid et resta sur la défensive en 1401 afin de renforcer son armée. Lui non plus n'était pas très sûr de ses arrières car ce qui restait des peuples qu'il avait en grande partie exterminés pour les soumettre aspirait à se révolter contre lui. Il repartit à l'attaque en juin 1402, reprit Erzindjan et Sivas, occupa Kayseri (Césarée de Cappadoce), fut accueilli en libérateur par les Turcs non Ottomans qui voulaient se libérer de Bayazid, et rencontra l'armée ottomane près d'Ankara (Ancyre) en juillet.

La bataille fut très acharnée. Bayazid avait incorporé des Serbes dans ses troupes et ils combattirent vaillamment aux côtés de Bayazid et des janissaires. Les Turcs non Ottomans enrôlés par

---

1. J'ai traité plus à fond Tamerlan dans mon livre *Les batailles de la région du Talas,* Economica, Paris.
2. Cf. R. Grousset, *L'empire des steppes,* Payot, Paris, 1965.

Bayazid se rallièrent par contre à Tamerlan, qui l'emporta en partie grâce à ses éléphants. Bayazid et son fils Moussa furent capturés par Tamerlan. D'autres fils de Bayazid s'enfuirent. Soliman passa en Europe avec l'aide des Génois de Galata et se proclama sultan à Andrinople. Méhémed se retrancha dans Amasia.

Tamerlan s'empara de Brousse, qui fut incendiée. Un de ses petits-fils atteignit Nicée en procédant à des massacres. Tamerlan assiégea Smyrne, tenue par les chevaliers de Rhodes. Tamerlan les somma de se convertir à l'islam ; ils refusèrent, et la plupart furent massacrés. Quelques-uns furent recueillis par une escadre vénitienne et sauvés. Phocée, un comptoir italo-ottoman, se soumit à Tamerlan, ainsi que les Génois de l'île de Chio. Tamerlan rétablit l'indépendance des Turcs non Ottomans de Lycaonie, Phrygie, Paphlagonie, Ionie, Carie et Lycie. Les Ottomans ne conservèrent en Anatolie que la Bithynie et la Mysie.

Bayazid mourut en captivité. Son fils Moussa fut libéré par Tamerlan, qui le mit à la tête de la partie d'Anatolie où se maintinrent les Ottomans.

Soliman était ivrogne et fut tué en 1410 par ses soldats, qui reconnurent l'autorité de Moussa. Moussa maintint sa domination sur les Bulgares et Serbes, battit les Hongrois en 1411, attaqua Constantinople en 1412, mais fut combattu par son frère Méhémed, puis abandonné par ses troupes et étranglé.

Méhémed réunifia les Ottomans et rétablit son autorité sur la région d'Ankara et une partie de l'Anatolie grâce à la dislocation de l'empire de Tamerlan, empire qui ne survécut pas longtemps à la mort de ce dernier survenue en 1405.

Il vainquit Mustafa, qui se prétendait fils de Bayazid et fut soutenu par l'empereur byzantin Manuel II. Il aida en 1420 Dan II de Valachie à renverser son cousin Michel, fils du prince Mircéa.

Méhémed mourut en 1421. Son fils Mourad II lui succéda et assiégea sans succès Constantinople en 1422. Manuel II Paléologue mourut en 1425. Son fils Jean VIII lui succéda comme empereur byzantin et tenta d'établir de bonnes relations avec Mourad II. Mais il était trop affaibli pour être sur un plan d'égalité avec les Ottomans, qui occupèrent Salonique.

Jean VIII se prononça pour une réunion des Églises orthodoxe et catholique et fut suivi par une partie de l'épiscopat grec. Cette union fut proclamée en 1439 à Florence lors du concile qui s'était ouvert à Bâle et avait été transféré à Ferrare puis Florence par le pape Eugène IV, mais elle fut refusée par beaucoup de prêtres et de fidèles orthodoxes.

Eugène IV demanda aux Européens de soutenir Constantinople mais la France et l'Angleterre étaient en guerre et ne purent pas être réconciliées contre les Turcs. Après ses grandes défaites de la guerre de Cent Ans, la France avait redressé sa situation grâce à Jeanne d'Arc ; le roi de France Charles VII avait repris Paris en 1436 et espérait chasser aussi les Anglais hors de la Normandie et de l'Aquitaine. L'armée française allait se réorganiser et, avec son artillerie, devenir plus efficace que la chevalerie française brave et indisciplinée qui s'était fait battre à Crécy, Poitiers et Azincourt en chargeant des troupes anglaises disciplinées et disposant d'archers performants. On lui reprochait d'avoir commis une erreur comparable à Nicopolis contre les Turcs.

Le duc de Bourgogne, Philippe le Bon, fils de Jean sans Peur vaincu à Nicopolis, possédait une grande partie de la Flandre et envoya des navires vers Constantinople, mais ne s'engagea pas à fond car il s'intéressait au résultat de la guerre anglo-française. Après avoir soutenu l'Angleterre, il s'était retourné en faveur de la France.

Le duc d'Autriche, Albert V de Habsbourg, succéda à son beau-père Sigismond, autre vaincu de Nicopolis, comme empereur d'Allemagne et roi de Hongrie et de Bohème. Il affronta Mourad II et périt en 1439. Son cousin Frédéric III de Habsbourg, empereur d'Allemagne, renforça le domaine de sa famille. Ladislas VI de Pologne, fils du célèbre Ladislas Jagellon, fut élu roi de Hongrie et tenta d'aider les Byzantins.

Mourad II, qui avait étendu son protectorat sur l'Albanie, annexa cette province en 1442. Scanderberg (1414-1467), de son vrai nom Iskander-beg, était le fils d'un noble albanais. Otage des Turcs Ottomans, il avait été converti à l'islam.

Il redevint chrétien, prit la tête de la résistance albanaise contre les Turcs, et demanda l'aide des Hongrois et des Polonais.

Ladislas VI de Pologne et de Hongrie libéra une partie de la Bulgarie mais fut vaincu et tué à Varna en 1444 par les Turcs Ottomans.

Le pape Eugène IV mourut en 1447. Son successeur Nicolas V fut lui aussi très conscient du danger turc et fit ce qu'il put en faveur des Grecs.

Le voïvode de Transylvanie, Jean Hunyade, tenta de libérer la Serbie mais fut vaincu par les Ottomans à Kossovo en 1448.

Les Ottomans envahirent le Péloponnèse. L'empereur byzantin Jean VIII mourut en 1448. Son frère Constantin XI lui succéda. Scanderberg et les Albanais remportèrent des victoires sur les Turcs.

Carte 4. – **Constantinople**

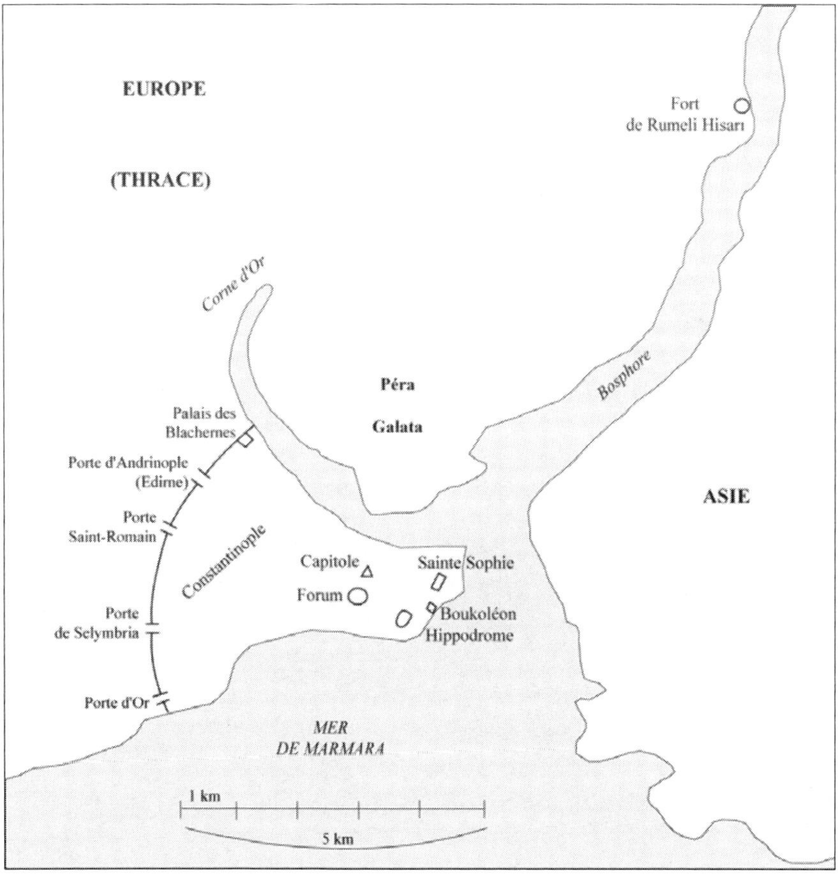

CHAPITRE 3

La chute de Constantinople et ses conséquences

1. MÉHÉMED II

Mourad II mourut en 1451. Son fils Méhémed II, âgé de vingt-et-un ans, lui succéda. Il était cultivé, combatif et militairement compétent. Pour éviter les guerres fratricides qui avaient divisé les Ottomans après la mort de Bayazid, il fit massacrer ses frères et fit scier en deux ou empaler des ennemis prisonniers selon Jacques Heers[1]. La mort par empalement pouvait durer deux ou trois jours, en occasionnant les atroces souffrances que l'on peut facilement imaginer.

Méhémed II voulait conquérir Constantinople et commença par assurer ses arrières à l'est et à l'ouest. À l'est, en Anatolie, il écrasa une révolte des Turcs non Ottomans. Un réduit grec se maintint à Trébizonde (Trabzon) et un réduit turc karaman à Nigde (Nakida).

À l'ouest , le prince Dan III de Valachie, qui représentait une menace pour les possessions ottomanes de Bulgarie et de Serbie, fut vaincu et tué en 1452 à Merléa.

1. Jacques Heers, ancien directeur du Département d'Études médiévales de l'Université de Paris Sorbonne, auteur de « Chute et mort de Constantinople », éd. Perrin, Paris, revue *Les Temps médiévaux,* n° 19 d'avril-mai 2005.

Méhémed II concentra une armée nombreuse et se dota d'une puissante artillerie. Comme Charles VII de France, il avait compris l'importance de cette arme. Il disposait de sapeurs efficaces et rassembla un important matériel de siège. Son armée dépassa sur le plan technique celles de l'Europe et conserva longtemps cette avance. Sa flotte n'était, par contre, pas encore du niveau de celles de Venise et de Gênes, mais les Turcs, peuple de cavaliers, commençaient à s'adapter à la mer, comme l'avait souhaité dès 1091 l'émir Tzachas à Smyrne (*cf.* notre chapitre 1.2.).

Mehemed II fit construire une forteresse, Rumeli Hisarı[1], sur la rive européenne du détroit du Bosphore, au nord du quartier de Galata-Péra.

Des milliers d'ouvriers et d'esclaves y travaillèrent et édifièrent très rapidement l'enceinte et les tours de cette considérable forteresse. De puissants canons y furent placés. Un navire vénitien qui tenta de passer fut coulé ; son équipage, réfugié sur des barques, fut capturé et décapité.

Une énorme fonderie installée à Andrinople, en Thrace, fabriquait les canons qui furent acheminés vers les remparts de Constantinople. Un Hongrois au service des Turcs en prit la direction.

Les canons furent acheminés vers Constantinople, parfois avec des attelages de 40 bœufs. Certains canons pouvaient envoyer des boulets de 300 kilogrammes. Des balistes et des tours roulantes furent mises en position devant la ville. On peut estimer que Méhémed II concentra 100 000 hommes pour attaquer Constantinople car il agit contre une grande partie des remparts alors que les croisés de 1203, qui étaient environ 25 000, n'avaient pu attaquer que la partie septentrionale de l'enceinte, près du palais des Blachernes.

Les Turcs se déployèrent depuis la porte d'Or, près de la mer de Marmara, jusqu'en face du palais des Blachernes, près de la Corne d'Or, une baie assez étroite mais longue de plusieurs kilomètres qui sépare Constantinople du quartier de Galata-Péra où vivaient beaucoup d'Italiens. Des troupes turques prirent position à l'est de la Corne d'Or, au nord de Galata-Péra.

Méhémed II se fit renforcer par des Serbes de Georges Brankovitch, fils de Vouk Brankovitch devenu vassal des Turcs mais néanmoins assassiné par eux[2]. Deux fils de Georges

---

1. Le ı turc (sans point dessus) se prononce « eu » en français.
2. Cf. notre chapitre 2.2.

Brankovitch, Etienne et Grégoire, avaient été aveuglés par les Turcs.

La flotte turque, confiée à un Bulgare converti à l'islam, était forte d'environ 250 galères qui ne valaient pas les flottes de Venise et de Gènes.

L'empereur byzantin Constantin XI Paléologue organisa la défense de Constantinople. Sur une trentaine de milliers d'habitants en état de combattre, il ne trouva que quelques milliers de volontaires, environ 5 000 Grecs et 3 000 Italiens et autres Européens de l'ouest.

Les paysans grecs des abords de la ville se réfugièrent à l'intérieur avec leurs troupeaux et leurs récoltes.

L'entrée de la Corne d'Or fut barrée par une grande chaîne. Les combats s'intensifièrent en avril 1453. Méhémed II fit porter ses efforts sur la porte Saint-Romain, un peu au nord du milieu de l'enceinte occidentale de Constantinople. Ses bombardes et balistes, ainsi que les travaux de ses sapeurs, ébranlèrent les tours et remparts de Constantinople. Les défenseurs, malgré leur lourde infériorité numérique, s'épuisèrent à réparer les brèches et à repousser les assauts, sans pouvoir prendre de repos. Pendant ce temps, la France et l'Angleterre se combattaient. La France chassa les Anglais de son territoire, à l'exception de Calais, car elle leur prit l'Aquitaine cette année-là. La Bourgogne envoya néanmoins des navires. Mais l'Autriche, pourtant menacée, par les Turcs en cas de chute de Constantinople, se manifesta peu, tandis que Venise et Gênes, soucieuses de conserver des liens commerciaux avec le monde musulman, ne s'engagèrent pas fortement.

Dans Constantinople, l'empereur était mal obéi par la partie de la population grecque qui refusait l'union avec Rome. On attribua à l'amiral Notaras une remarque selon laquelle il préférait les Turcs aux Latins. Ces mots ne furent peut-être pas prononcés, mais des compétiteurs qui aspiraient à la couronne avaient déjà fait appel aux Turcs dans le passé par manque de patriotisme, et la prise de Constantinople par les croisés de 1204 laissait un souvenir attristant aux Grecs. Les Turcs nc convertissaient effectivement pas toujours de force, mais la discrimination et les massacres qu'ils pratiquèrent éradiquèrent peu à peu le christianisme en Anatolie, et leur comportement lorsqu'ils prirent Constantinople fut encore pire que celui qu'on reprochait à juste titre aux croisés de 1204.

Lc manque d'instinct de survie de beaucoup d'habitants de Constantinople et l'absence de soutien de l'Europe, pourtant concernée par la progression turque, facilitèrent la victoire de Méhémed II.

La tactique de Méhémed II consista à attaquer partout en permanence car son énorme supériorité numérique lui permettait de relever les effectifs engagés pour leur permettre de se reposer et de reprendre des forces après chaque combat. Les pertes, qui étaient lourdes, étaient comblées par l'arrivée continuelle de renforts.

Les défenseurs couraient d'une brèche à l'autre et leurs effectifs fondaient sans pouvoir être reconstitués. Leur résistance fut extraordinaire. Les Grecs, Génois, Vénitiens, Catalans et Crétois rivalisèrent d'héroïsme. L'empereur Constantin XI eut un comportement admirable. L'historien Michaud[1] a noté le rôle de l'archevêque Isidore de Kiev, qui soutint le moral des défenseurs et fit réparer une partie des remparts. Né vers 1380, archevêque de Kiev en 1437, partisan de l'union entre orthodoxes et catholiques, emprisonné par le grand prince Vassili II, évadé en 1443, légat du pape, cardinal.

Une forte attaque de janissaires fut repoussée en avril 1453. Quatre gros navires, dont trois génois, apportèrent des vivres à Constantinople et furent attaqués par une centaine de galères turques. Ces gros navires se ruèrent sur l'entassement de galères turques et en écrasèrent un grand nombre, qui coulèrent. Ils abordèrent ensuite à Constantinople et y déchargèrent leurs cargaisons.

Les galères turques rescapées ne purent pas entrer dans la Corne d'Or barrée par une énorme chaîne. Méhémed II eut l'idée de les y amener par voie de terre, au nord du quartier de Galata-Péra. Les Turcs édifièrent un chemin de planches graissées sur lequel environ 75 galères turques furent poussées en une nuit et mises à flot dans la Corne d'Or.

À partir de ces galères, les Turcs attaquèrent les remparts orientaux de Constantinople, là où l'escadre vénitienne s'était postée en 1205. Les défenseurs, qui avaient beaucoup de mal à tenir la muraille occidentale, tout en surveillant les remparts méridionaux en bordure de la mer de Marmara où les Turcs pouvaient débarquer, durent détacher une partie des leurs vers la Corne d'Or pour repousser les assauts des Turcs, culbuter leurs échelles et tenter d'incendier leurs galères.

1. Joseph Michaud (1767-1839), journaliste, historien, député, membre de l'Académie française et de l'Académie des Inscriptions. Son ouvrage sur les croisades a suscité des réserves mais est très intéressant.

Ayant affaibli la défense occidentale de la cité, Méhémed II lança une formidable attaque d'environ 50 000 hommes concentrée dans le secteur de la porte d'Andrinople. Constantin XI les combattit avec ses maigres réserves et les tint en échec après un combat terrible qui dura toute une journée. Les Turcs reculèrent en laissant des milliers de morts sur le terrain.

Méhémed II lança un grand château roulant vers la porte Saint-Romain, mais les Grecs l'incendièrent. Il fit creuser des galeries sous la muraille, mais les Grecs et leurs alliés contre-attaquèrent sous terre pour reboucher ces galeries.

Méhémed II se découragea dans les derniers jours de mai 1453. Il fut sur le point de renoncer au siège mais tenta un dernier effort dans la nuit du 28 au 29 mai. Après le lever du jour, les janissaires parvinrent à forcer la muraille au nord de la porte d'Andrinople (Edirne), près du palais de Constantin Porphyrogénète, maintenant Tekfur Saraï.

Ils atteignirent le palais des Blachernes où fut tué Giustiniani, chef des combattants génois, qui avait opposé une résistance acharnée aux Turcs.

Les portes Saint-Romain et de Selimbrya furent forcées par les Turcs, qui envahirent Constantinople. L'empereur Constantin XI fut tué. Les Turcs procédèrent à un massacre de civils. On a parlé de 40 000 morts des deux sexes et de tous âges. Les viols furent nombreux. Environ 60 000 autres habitants furent vendus comme esclaves. Des civils purent fuir vers la Thrace à la faveur du désordre. Beaucoup d'autres s'entassèrent sur le rivage, particulièrement entre la Corne d'Or et la porte d'Or. Les navires génois et vénitiens embarquèrent le plus possible d'entre eux. L'amiral Notaras figura parmi les victimes mais l'archevêque Isidore de Kiev put être racheté aux Turcs et termina ses jours en Italie, cardinal.

Constantinople devint la capitale des Turcs Ottomans et reçut le nom d'Istanbul. Beaucoup de Grecs émigrèrent en Italie où ils apportèrent leur vieille civilisation qui fit progresser l'Europe et déboucha sur la Renaissance. La civilisation européenne dépassa celle des Arabes. Les grandes inventions et l'imprimerie donnèrent un élan technique à l'Europe. Alors les Arabes prirent du retard en ce domaine, ce qui les rendit vulnérables.

L'archevêque grec Bessarion (1595-1472), favorable à l'union entre orthodoxes et catholiques, cardinal, humaniste, fut un des hommes à l'origine de la Renaissance. Un demi-frère de

Méhémed II, Bayazid Osman, se réfugia en Italie et se convertit au christianisme.

*

* *

Les Turcs Ottomans exploitèrent leur victoire en attaquant dans toutes les directions. Ils tentèrent de prendre Belgrade en 1456 mais furent repoussés par le voïvode Jean Hunyade et quelques milliers de Hongrois, Serbes et Allemands. Jean Hunyade mourut peu après. Etienne IV de Moldavie vainquit les Turcs à Rahovo, près du Danube.

Les Turcs furent plus heureux en Grèce où ils prirent Athènes. Cette ville, qui avait joué un si grand rôle dans l'essor de la civilisation occidentale, périclita.

Méhémed II accentua en 1459 sa domination sur la Serbie en s'appuyant sur Etienne Brankovitch, fils de Georges Brankovitch que nous avons évoqué plus haut.

En Anatolie, il occupa le réduit grec de Trébizonde (Trabzon) sur lequel régnait David II Comnène qui fut exécuté quelques années plus tard avec une partie de sa famille parce qu'il refusa de se convertir à l'islam.

En Albanie, les Turcs furent repoussés par Scanderberg en 1462. Le pape Pie II écrivit la même année à Méhémed II pour l'inciter à se convertir au christianisme, mais ce fut sans succès.

Les Turcs débarquèrent dans des îles grecques, accentuèrent en 1463 leur pénétration en Valachie, au nord du Danube.

Méhémed II entreprit de soumettre ceux des Turcs Karaman qui lui résistaient encore dans le sud-est de l'Anatolie. Il prit Nigde. En Serbie, il destitua, en 1466, Etienne Brankovitch, jugé insuffisamment docile. Ce dernier s'exila en Italie.

Scanderberg mourut en 1467 et les Turcs progressèrent en Albanie, Bosnie et Moldavie. Ils enlevèrent en 1470 l'île d'Eubée aux Vénitiens et exécutèrent le podestat Paolo Erizzo qui leur avait fermement résisté.

Ils dévastèrent plus ou moins la Slavonie (au nord de Belgrade et à l'ouest du Danube), une partie de la Hongrie, la Croatie, la Carniole (Slovénie), la Carinthie (Klagenfurt), la Styrie (Graz). Ils arrivèrent au sud de Vienne (Autriche) et à proximité de Trieste et de Budapest.

Mais ils furent pris à revers en Anatolie par d'autres Turkmènes, la horde du Mouton Blanc, établie dans le Kurdistan, qui avait entretenu de bons rapports avec David II Comnène et les

Grecs de Trébizonde. Ouzoun Hassan, chef de cette horde, avait vaincu et tué en 1467 Djahan Chah, chef de la horde du Mouton Noir, près d'Erzindjan, et annexé une partie de l'Irak et de l'Iran. En 1469, Ouzoun Hassan avait vaincu et tué Abou Saïd, un petit-fils de Tamerlan qui lui disputait l'Iran occidental. Devenus très puissants, les Turkmènes du Mouton Blanc représentèrent une menace pour les Turkmènes Ottomans.

La Russie, qui se dégageait de la domination turco-mongole, devenait aussi un adversaire potentiel des Ottomans.

En effet, la Horde d'Or, horde turco-mongole musulmane qui exerçait sa suzeraineté sur la Russie depuis Saraï, au nord de la mer Caspienne, s'était scindée.

Dès 1430, Hadjdji Gireï, descendant d'un frère du prince mongol Batou qui avait conquis la Russie au XIIIe siècle, fonda en Crimée un khanat indépendant de la Horde d'Or. Ce khanat s'étendit entre le Don et le Dniepr, jusqu'à Tambov.

En 1445, un autre descendant du même frère de Batou fonda un autre khanat indépendant à Kazan, sur la Volga. Vers 1466, un troisième khanat se constitua, à Astrakhan, au nord de la mer Caspienne.

Après la mort de Hadjdji Ghireï en 1466, ses fils Nour Daoulet et Mengli Gireï se disputèrent le pouvoir. Mengli Gireï l'emporta en 1469 avec l'aide des Génois qui possédaient un comptoir à Caffa, en Crimée. Le grand-prince russe Ivan III rechercha le soutien de Mengli Gireï, khan de Crimée, et d'Ouzoun Hassan, chef des Turkmènes du Mouton Blanc, pour se soustraire à la suzeraineté de ce qui restait de la Horde d'Or. En 1472, Ivan III épousa Sophie Paléologue, de la famille impériale byzantine. Il se considéra comme l'héritier de l'empire byzantin, donc le protecteur des orthodoxes moldaves,valaques, bulgares, serbes et grecs tombés sous la domination ottomane. Lui et ses successeurs aspirèrent depuis à reprendre Constantinople.

Méhémed II ne s'y trompa pas. En 1475, il fit occuper le comptoir génois de Caffa, en Crimée, captura Mengli Gireï, allié des Russes, et mit au pouvoir Nour Daoulet. Puis il estima plus tard que Mengli Gireï serait plus conciliant envers lui que Nour Daoulet. En 1478, il destitua Nour Daoulet et rétablit Mengli Gireï comme khan de Crimée.

Il progressa en Albanie, enleva Scutari aux Vénitiens, puis se heurta au Monténégro à la résistance acharnée du prince Ivan Tsernoïevitch.

Il ne parvint pas à prendre l'île de Rhodes en 1480 et fut repoussé en Hongrie par le général Etienne Zapoly. Il attaqua cependant la ville d'Otrante, en Italie méridionale.

Son empire englobait une majorité de chrétiens, Grecs, Bulgares, Serbes, Valaques, Albanais et autres, qu'il maintenait dans la soumission, les uns par administration ottomane directe, les autres en mettant à leur tête des princes locaux auxquels il imposait sa suzeraineté. Il combattait les révoltes des uns et des autres.

Sa politique religieuse fut complexe. Il avait intérêt à convertir le plus possible de chrétiens à l'islam pour être moins minoritaire, mais ne pouvait pas les convertir de force globalement car ils étaient trop nombreux.

Il procéda par discrimination. Les chrétiens portaient en principe des vêtements distincts et cédaient le pas aux musulmans. Ils étaient en principe écartés des emplois publics, fiscalement plus imposés ; une partie de leurs enfants pouvait leur être enlevée de force, les garçons pour devenir janissaires, les filles pour être enfermées dans des harem. Ils subissaient parfois des massacres sporadiques

Ceux qui se convertissaient devenaient égaux des musulmans et pouvaient accéder aux plus hautes fonctions. Les populations chrétiennes demeurèrent dans l'ensemble attachées à leur religion. Les conversions à l'islam furent surtout importantes en Albanie et Bosnie.

Méhémed II prit Istanbul comme capitale et s'efforça de repeupler la ville. Il y attira des Grecs, des Arméniens, des Italiens, et aussi des Turcs qui devinrent des citadins. L'évolution culturelle turque, commencée au contact de l'Iran et de la civilisation arabe, s'accentua, surtout dans les domaines de la poésie, de l'architecture, de la céramique, des tapis, de l'orfèvrerie et de la musique.

Les Turcs se perfectionnèrent dans le domaine de la navigation, ce qui fut méritoire car leurs ancêtres avaient longtemps été essentiellement des cavaliers.

Ils furent en pointe à l'époque en matière militaire car ils comprirent l'importance de l'artillerie et des sapeurs, et furent performants en ces domaines.

Méhémed II s'installa dans le palais de Topkapi, au nord-est de Sainte-Sophie transformée en mosquée à laquelle il fit adjoindre un minaret.

2. BAYAZID II

Méhémed II mourut en 1481. Son fils Bayazid II lui succéda. Il vainquit son frère Djem, qui lui disputa le trône. Djem s'enfuit à Rhodes. Il résida ensuite en France et en Italie, où il fut empoisonné, peut-être à l'instigation de Bayazid II.

Ce dernier appesantit sa domination sur la Bosnie, la Croatie, une partie du Monténégro. Il échoua contre l'Égypte.

Son vassal Mengli Gireï, khan de Crimée, s'allia avec le grand prince de Russie Ivan III (qui étendit en 1487 son protectorat sur le khanat de Kazan) contre Cheïkh Ali, khan de la Horde d'Or.

Mengli Gireï qui, en plus de la Crimée, contrôlait l'Ukraine méridionale entre le Don et le Dniepr, vainquit la Horde d'Or au nord de la mer Caspienne et détruisit sa capitale, Saraï, en 1502. Ce fut la fin de la Horde d'Or qui avait si longtemps dominé la Russie, et qui laissa place à trois khanats musulmans, Kazan, Astrakhan et Crimée. On appelait « Tatar » les musulmans de Kazan et de Crimée, ce qui était une appellation erronée. Les authentiques Tatar, qui habitaient de part et d'autre des monts Khingan, en Mandchourie occidentale, avaient été en grande partie exterminés par Gengis Khan au début du XIIIe siècle. Les musulmans de Crimée étaient en réalité des Turcs encadrés par des Mongols qu'ils finirent par assimiler et turquiser.

Mengli Gireï commit une grosse erreur en aidant les Russes à éliminer la Horde d'Or. En effet, les Russes devinrent plus forts que les khanats divisés de Kazan, Astrakhan et Crimée, au détriment des « Tatar » de Crimée et de leurs protecteurs ottomans.

Le redressement russe allait représenter une menace pour l'empire ottoman qui fut effectivement vaincu à plusieurs reprises au cours des siècles suivants, mais Bayazid II ne put pas empêcher l'erreur commise par Mengli Gireï. Le khanat de Kazan se dégagea toutefois en 1506 de la domination russe.

À l'est, par contre, la horde turkmène du Mouton Blanc, qui dominait le Kurdistan et une partie de l'Irak et de l'Iran, se disloqua. La menace qu'elle représentait pour les Ottomans disparut. La voie s'ouvrit aux Ottomans pour une expansion vers le Kurdistan et le Caucase mais allait les opposer à l'Iran qui voulait de son coté progresser vers l'ouest.

Bayazid II obtint donc des résultats mitigés pendant son règne. Dans le domaine culturel, il fit construire à Istanbul la mosquée qui porte son nom, plusieurs centaines dc mètres à l'ouest de Sainte-Sophie, et ajouter un minaret à Sainte-Sophie.

Pendant le règne de Bayazid II, l'Espagne acheva de se libérer de l'occupation musulmane, commencée près de huit siècles auparavant : elle conquit le dernier réduit musulman, le royaume de Grenade, en 1492.

Ses souverains, Ferdinand d'Aragon et Isabelle de Castille, expulsèrent ensuite les israélites, au nombre de 300 000 au moins[1] et peut-être beaucoup plus.

La plupart partirent vers l'Afrique du Nord, la Turquie et Salonique. Leur départ appauvrit l'Espagne et enrichit les pays où ils s'installèrent. En Turquie, ils s'établirent surtout à Istanbul et Smyrne. Bayazid II fut très satisfait de leur arrivée et se montra plus tolérant envers eux que ne l'avaient été des dirigeants espagnols.

Le Maroc était alors gouverné par la dynastie des Mérinides, et l'Algérie était morcelée en petits royaumes, dont ceux de Tlemcen et d'Alger. Des pirates utilisaient des ports marocains et algériens, ainsi que Tunis et Tripoli (de Libye) pour attaquer les côtes et les navires de l'Europe et capturer des Européens qu'ils réduisaient en esclavage.

L'Espagne et le Portugal, libérés de la domination musulmane et devenus de grandes puissances navales, tentèrent de limiter cette piraterie par des actions contre des ports d'Afrique du Nord, ce qui déboucha sur une confrontation hispano-turque car la Turquie voulait s'étendre vers la Méditerranée occidentale.

La situation complexe de l'Europe occidentale à cette époque, qu'il convient de résumer pour comprendre la suite des événements, fut favorable à la Turquie.

L'Angleterre, après avoir perdu la guerre de Cent Ans en 1453, avait été ravagée par une guerre civile entre les maisons d'York et de Lancastre, qui se disputèrent le trône. La victoire en 1485 de Henri Tudor, descendant de la maison de Lancastre, et son mariage avec Elisabeth d'York terminèrent cette guerre et permirent le redressement de l'Angleterre. La France se releva de son côté des ravages que lui avait causés la guerre de Cent Ans. L'empire germanique, très divisé, était dominé par l'Autriche. L'Italie était divisée principalement en duchés de Savoie-Piémont, Milan et Toscane, républiques de Venise et de Gênes, État pontifical et royaume de Naples.

L'Espagne et le Portugal se lancèrent dans des expéditions maritimes qui les conduisirent vers l'Amérique et l'Asie.

1. Cf. Albert Mousset, *Histoire de l'Espagne*, Société d'Éditions françaises et internationales, Paris, 1947.

Le roi de France, Charles VIII, héritier de la maison d'Anjou qui avait longtemps régné sur Naples, traversa l'Italie en 1494 et prit Naples. L'Autriche, l'Espagne, Milan, Venise et le pape se coalisèrent contre lui, et il dut se replier en 1495.

Son successeur Louis XII descendait par sa grand-mère, Valentine Visconti, d'une famille qui avait possédé Milan, aussi occupa-t-il la Lombardie en 1500. Il tenta ensuite de reprendre Naples, en fut chassé par les Espagnols, s'empara de Gênes en 1507 et vainquit Venise en 1509. Le pape Jules II suscita contre lui la Sainte Ligue avec l'Autriche, l'Espagne, Venise, l'Angleterre et les Suisses. Les Français durent se replier d'Italie. L'Espagne se maintint en Italie méridionale.

Barbaresque, dérivé de Barbarie, était une déformation de Berbérie, ou pays des Berbères, qui désignait l'Afrique du Nord, une région berbère envahie et colonisée par les Arabes. L'expression « pirates barbaresques » désignait les pirates d'Afrique du Nord qui attaquaient les marines et les côtes européennes, et capturaient des foules d'Occidentaux des deux sexes, dont beaucoup d'enfants, et les réduisaient en esclavage. Ce trafic prit des proportions énormes. L'Ordre des Trinitaires, fondé à la fin du XIIe siècle pour racheter les Occidentaux réduits en esclavage, en racheta semble-t-il 900 000 en six siècles[1]. L'Ordre de la Merci, fondé au début du XIIIe siècle, en racheta aussi. Des religieux prirent volontairement la place d'esclaves qui ne pouvaient pas être rachetés.

Les rachetés ne représentaient qu'une faible proportion des captifs. Il semble donc que des millions d'Européens ont été réduits en esclavage au cours des siècles dans les États musulmans. Lorsqu'on parle d'esclavage, on pense ordinairement aux millions de Noirs transportés en Amérique, et on a tout à fait raison de le déplorer. Mais on oublie que l'esclavage était pratiqué par des ethnies noires d'Afrique et que les négriers blancs n'auraient pas pu en capturer beaucoup par eux-mêmes. La plupart des millions de Noirs devenus esclaves en Amérique ont été vendus par d'autres Noirs aux négriers blancs. Les négriers musulmans ont aussi capturé des foules de Noirs, ce dont on parle peu, en plus des millions d'Occidentaux dont on parle encore moins. Il est souhaitable de déplorer l'esclavage, mais les descendants des esclavagistes noirs et arabes doivent aussi se repentir, et pas seulement les Occidentaux, qui ont d'ailleurs mis fin à l'esclavage grâce à leurs marines, particulièrement celles de la Grande-Bretagne et de la France.

1. Cf. *Larousse* en six volumes.

Malgré son conflit avec la France, l'Espagne tenta de résister à la piraterie navale barbaresque par la prise de contrôle de ports d'Afrique du Nord. Elle occupa dès 1497 le port marocain de Melilla, puis, en 1505, Mers el-Kébir, près d'Oran, en Algérie. Elle s'empara d'Oran en 1509, proposa ou imposa sa protection à plusieurs ports algériens. Près d'Alger, elle occupa l'îlot du Peñon. Les chevaliers de Rhodes assurèrent la garde de Tripoli-de-Libye.

Les habitants des ports tombés sous l'influence espagnole se divisèrent. Certains furent heureux d'être plus ou moins débarrassés des pirates. D'autres regrettèrent les bénéfices indirects que rapportaient les ventes d'esclaves et prises de navires et de marchandises effectuées par les pirates.

Toutefois, les heurts entre la France et l'Espagne, et l'engagement espagnol en Italie empêchèrent l'Espagne de concentrer ses efforts sur l'Afrique du Nord, et plusieurs ports échappèrent à son autorité.

3. SÉLIM

Les janissaires déposèrent Bayazid II en 1512 et mirent au pouvoir son fils Sélim. Les sultans ottomans se méfiaient de leur peuple et s'efforçaient d'empêcher la naissance d'une féodalité ottomane capable d'échapper à leur autorité, comme cela s'était passé en Chine et en Occident. Ils évitaient de laisser se développer des emplois héréditaires, se méfiaient de leurs dignitaires. Ils s'appuyaient surtout sur les janissaires, formés en grande partie d'enfants chrétiens enlevés à leurs parents et élevés dans la religion musulmane. Ces janissaires avaient peu de liens avec le peuple ottoman et dépendaient donc du sultan. Dans le domaine administratif, des Grecs, Bulgares, Arméniens, Albanais et Bosniaques convertis à l'islam pouvaient accéder à de hautes fonctions. Eux aussi étaient assez coupés du peuple turc et dépendants du sultan. L'ascension sociale était possible en Turquie, plus qu'en Occident. Mais elle était aléatoire car elle pouvait se terminer par la destitution ou l'exécution quand le sultan perdait confiance en ses collaborateurs.

Les janissaires formaient une caste militaire puissante qui pouvait donc jouer le même rôle que la Garde prétorienne de la Rome antique, et porter au pouvoir les sultans qui lui plaisaient ou qui la payaient pour s'assurer son appui. Ce système suscitait donc une possibilité de coups d'État militaires fréquents, comme à

Rome, ce qui compromettait à terme la solidité de l'empire ottoman.

La déposition de Bayazid II constitua un avertissement à ce sujet. Sélim était cultivé, poète, et peu sentimental. Il fit peut-être empoisonner son père Bayazid, et exécuter son frère Korkoud et d'autres membres de sa famille.

À l'extérieur, il resta en défensive face à l'Europe et s'intéressa à l'Asie et à l'Afrique. Il massacra beaucoup de musulmans chiites, vainquit l'Iran, occupa le Kurdistan, la Syrie en 1516, l'Égypte en 1517, puis effectua une poussée dans le Soudan, vers l'Abyssinie (Éthiopie). Il étendit donc considérablement son empire, renforça son emprise sur le bassin oriental de la Méditerranée. Il pénétra aussi en Méditerranée occidentale grâce aux frères Barberousse. Il se fit par ailleurs reconnaître calife.

*

* *

Nous avons vu dans le précédent sous-chapitre que l'Espagne avait tenté de contrôler plusieurs ports d'Afrique du Nord qui servaient de bases aux pirates barbaresques et de marchés sur lesquels étaient vendus comme esclaves les Occidentaux capturés par les pirates en mer et sur les côtes européennes.

Elle avait été gênée dans cette entreprise par l'offensive française en Italie, qu'elle avait combattue. La première partie de cette guerre s'était terminée par un retrait français et la consolidation de l'emprise espagnole sur l'Italie du Sud.

La Turquie, très expansionniste, aspirait à s'implanter en Méditerranée occidentale où elle se heurterait à l'Espagne et à ses alliées, de même qu'elle se heurterait à la Russie pour le contrôle de la mer Noire.

Le roi de France, François Ier, repartit à l'attaque en 1515, vainquit les Suisses à Marignan et réoccupa le Milanais. L'Espagne conserva l'Italie du Sud.

Le roi Ferdinand d'Espagne mourut en 1516. Sa fille Jeanne avait épousé Philippe le Beau, fils de Maximilien de Habsbourg et de Marie de Bourgogne, elle-même fille du duc de Bourgogne, Charles le Téméraire.

Charles, fils de Philippe le Beau et de Jeanne d'Espagne, devint roi d'Espagne. Il est devenu célèbre sous le nom de

Charles Quint. Par Charles le Téméraire, il descendait de Hugues Capet, de Saint Louis et de Jean le Bon.

À la mort de Maximilien de Habsbourg en 1519, Charles Quint entra en possession de l'Autriche et de la Flandre, et fut élu empereur germanique. Outre son empire d'Amérique, il devint le plus puissant souverain d'Europe, en régnant sur l'Espagne, l'Italie du Sud, l'Autriche et la Flandre, et en exerçant une influence sur l'Allemagne. Ses territoires manquaient d'homogénéité mais se situaient de part et d'autre de la France, qui s'en inquiéta.

Les Turcs profitèrent de cette situation européenne agitée grâce à deux pirates, les frères Barberousse, Aroudj et Khaïr ed-Dinn. Fils d'un Grec de Lesbos converti à l'islam, ils avaient combattu les chevaliers de Rhodes, qui avaient capturé Aroudj. Après avoir ramé sur une de leurs galères, Aroudj s'était évadé, et les deux frères s'étaient déplacés vers 1505 à Tunis où ils furent bien reçus par le bey et constituèrent une petite flotille pirate. Ils écumèrent les côtes d'Espagne, de France et d'Italie.

Ils attaquèrent Bougie en 1512 avec plusieurs centaines de pirates, furent repoussés par la garnison espagnole. Aroudj perdit un bras enlevé par un boulet. Une seconde attaque échoua également, en 1514. Ensuite, les deux frères prirent Djidjelli.

Le roi arabe d'Alger, Sélim at-Thami, demanda leur aide en 1516 contre les Espagnols qui occupaient le peñon d'Alger. Ils y allèrent avec une vingtaine de navires et 1 200 pirates. Cependant, ils ne purent pas prendre le peñon, mais Aroudj étrangla Sélim at-Thami et se proclama roi d'Alger[1].

Une nouvelle expédition espagnole fut lancée en septembre 1516 contre Alger. Le corps de débarquement subit de lourdes pertes et regagna les navires, qu'une tempête dispersa. Beaucoup de navires coulèrent et on estima que les Espagnols perdirent les trois quarts des marins et soldats qui avaient participé à cette attaque.

8 000 Algériens tentèrent de reprendre Alger aux pirates. Aroudj les vainquit à Blida avec 1 500 hommes, prit Ténès, Cherchell, Miliana et Médéa. Il attaqua le prince de Tlemcen, Bou Hammou, dispersa ses 6 000 cavaliers, occupa Tlemcen. Sa dureté souleva contre lui la population, qui appela à son aide la garnison espagnole d'Oran. Aroudj, assiégé en 1518 dans la citadelle de

1. Cf. maréchal Juin et Amar Narou, *Histoire parallèle de la France en Algérie,* Librairie académique Perrin, Paris, 1963.

Tlemcen, réussit une sortie, tenta de rejoindre Alger mais fut rattrapé par les Espagnols et tué.

Charles Quint fit de nouveau attaquer Alger en 1519 par le vice-roi de Sicile, Hugo de Moncada, avec une quarantaine de navires et 6 000 hommes.

Une forte tempête fit échouer cette expédition. On estima que 26 navires, avec 4 000 marins et soldats de Hugo de Moncada, coulèrent[1].

Puis Khaïr ed-Dinn se déclara vassal du sultan ottoman Sélim, qui lui envoya 2 000 janissaires, 4 000 volontaires turcs et de l'armement[2]. La Turquie disposa ainsi d'une base navale puissante en Méditerranée occidentale.

1. Cf. comtesse Drohojowska, *L'Algérie française*, Librairie classique de Paul Dupont, Paris, 1864.
2. Cf. J.-M. Bourget, « L'Algérie jusqu'à la pénétration saharienne », *Cahiers du Centenaire de l'Algérie,* Alger, 1931.

CHAPITRE 4

Soliman II le Magnifique et l'apogée ottomane

Le sultan Sélim mourut en 1520. Son fils Soliman II (1495-1566) lui succéda.

Il reprit les combats en Europe et Asie, fit progresser la civilisation ottomane, particulièrement dans le domaine de l'architecture. Son offensive contre l'Europe bénéficia des dissensions entre Européens. Pour la clarté des événements, nous étudierons ce qui advint en Europe à cette époque, les offensives de Soliman II, la situation en mer Méditerranée et en Russie, et l'essor de la civilisation ottomane.

1. LA SITUATION EUROPÉENNE

Lors de l'avènement de Soliman II, en 1520, le plus puissant souverain d'Europe était Charles Quint (1500-1558), roi d'Espagne, empereur d'Allemagne, maître de l'Autriche, des Pays-Bas et de l'Italie du Sud. D'origine espagnole, allemande et française, il symbolisait bien l'Europe, dont il fut le principal défenseur face aux Turcs Ottomans. Mais il était moins puissant qu'on pourrait le penser à première vue, pour plusieurs raisons que nous allons résumer.

Ses domaines, hétérogènes et séparés, groupaient des Espagnols, des Italiens, des Autrichiens et des Flamands. L'Allemagne, très morcelée, lui obéissait peu. La scission des chrétiens occidentaux entre catholiques et protestants l'affaiblissait face aux Turcs, et l'expansion espagnole vers l'Amérique du Sud le priva de combattants qui auraient été utiles contre les Turcs. La France, enfin, lui fut très hostile.

*

* *

Les scissions du XVIe siècle entre les chrétiens d'Occident facilitèrent l'offensive turque. On ne peut donc pas éviter d'en parler. Le sujet est toutefois très complexe, avec risque de schématisation en l'exposant brièvement. Mais pour le traiter plus complètement, il faudrait un développement trop important pour un livre dont le sujet est constitué par les Turcs. Afin de ne pas donner une place démesurée à ce problème dans un livre qui ne lui est pas consacré, je me limiterai aux explications indispensables pour comprendre les données de cette scission et en quoi elle favorisa les Turcs.

L'Église catholique était devenue trop riche, en partie grâce au travail de ses moines pendant le Moyen Âge et à des dons volontaires, en partie grâce à des impôts tels que la dîme (dixième partie des revenus). Ces richesses débouchaient en principe sur l'entretien d'hôpitaux et léproseries et sur une aide aux pauvres, que les États assuraient peu ou pas du tout. Mais l'Église était pénétrée par des cadets de familles nobles dont certains, bien que n'ayant pas la foi, accédaient à de hautes fonctions et vivaient dans le luxe, ce qui détournait à leur profit une partie de ce qui aurait dû revenir aux pauvres.

Une intolérance incompatible avec les textes fondateurs du christianisme déboucha sur l'Inquisition, avec son cortège de tortures, bûchers et cachots, surtout en Espagne. Une réforme de l'Église était devenue indispensable. Le moine allemand Luther en fut le promoteur, à l'époque où Soliman II accéda au pouvoir en Turquie. D'autres réformateurs intervinrent aussi, dont Calvin. Le nom de protestants leur fut donné. Désireux de ramener l'Église à sa pureté primitive, ils débouchèrent sur des positions théologiques que ne partagèrent pas beaucoup de catholiques néanmoins partisans d'un redressement de l'Église.

La position catholique sur plusieurs des points discutés fut la suivante : salut obtenu par la grâce divine que chacun peut accepter ou refuser selon sa libre volonté, présence réelle du Christ dans l'Eucharistie, importance de l'intercession de Marie et des saints, purgatoire, confession, célibat ecclésiastique, indissolubilité du mariage, Ancien Testament contenant de l'imparfait et du provisoire.

Les protestants, avec des nuances selon leur appartenance, accordèrent généralement une plus large place à la prédestination et une moindre au libre arbitre, se montrèrent plus attachés que les catholiques à l'Ancien Testament, estimèrent que les catholiques accordaient trop d'importance à Marie et aux saints, préconisèrent une foi plus dépouillée et contestèrent la confession, le purgatoire, le célibat ecclésiastique, l'indissolubilité du mariage, la présence réelle.

Le roi Henri VIII d'Angleterre sépara l'Église anglicane de Rome. Elle se rapprocha des protestants sur plusieurs points.

L'Inquisition empêcha le protestantisme de s'implanter en Espagne et en Italie. L'Autriche, la Croatie, la Slovénie, la Hongrie, la Pologne, la Lituanie, la Bavière, la Belgique et l'Irlande demeurèrent majoritairement catholiques. Il y eut en France une persécution contre les calvinistes, mais ils s'implantèrent dans plusieurs régions et dans la famille royale.

Le luthérianisme l'emporta dans la plus grand partie de l'Allemagne et en Scandinavie. Henri VIII persécuta les catholiques.

Charles Quint, demeuré catholique, s'opposa aux luthériens allemands. Les princes allemands, peu enclins à accepter son autorité, l'acceptèrent encore moins.

Les Autrichiens, Hongrois et Croates affrontèrent l'offensive turque en étant peu soutenus par le reste de l'Europe. L'Autriche se maintint, mais la Hongrie et la Croatie furent submergées par les Turcs.

*

* *

L'opposition de la France à Charles Quint gêna cc dernier. Nous avons vu dans le chapitre précédent que la France avait tenté d'annexer l'Italie du Sud et le Milanais. L'Espagne s'y était opposée et l'avait emporté en Italie du Sud. François Ier, roi de France, avait réoccupé le Milanais grâce à sa victoire de Marignan en 1515.

Charles Quint entreprit de l'en chasser alors que se déroulait une poussée turque dans la vallée du Danube et il dut ainsi combattre sur deux fronts.

François Ier recula, puis reprit Milan en 1524. Une grande bataille se déroula en février 1525 à Pavie, au sud de Milan. François Ier réédita les erreurs commises par la chevalerie française pendant la guerre de Cent Ans. Il attaqua sans laisser le temps à son artillerie d'ébranler suffisamment les forces adverses, subit un désastre et fut capturé.

Libéré en 1526 après un traité dont il ne respecta pas tous les termes, il disputa de nouveau le Milanais à Charles Quint alors que les Turcs s'emparaient de la Hongrie et menaçaient Vienne, la capitale de l'Autriche.

François Ier abandonna le Milanais par le traité de paix de 1529 et soutint en 1531 les protestants allemands contre Charles Quint. En 1536, il occupa la Savoie et le Piémont. Alors Charles Quint envahit la Provence mais dut s'en retirer.

Après la trêve de 1538-1541, François Ier reprit la guerre avec l'appui d'une escadre turque de 1542 à 1544. Nous reviendrons sur cet épisode dans le sous-chapitre 3, qui traite de la guerre en Méditerranée.

François Ier mourut en 1547. Son fils Henri II lui succéda. Le roi Henri VIII d'Angleterre mourut la même année. De son mariage avec Catherine d'Aragon, il avait eu une fille, Marie Tudor. Désireux d'annuler son mariage, il se brouilla avec la papauté et en sépara l'Église d'Angleterre, donnant naissance à l'anglicanisme. Remarié avec Anne de Boleyn, il engendra une autre fille, Elisabeth, future Elisabeth Ire d'Angleterre.

Ayant fait décapiter Anne de Boleyn sous l'accusation d'adultère, il épousa Jeanne Seymour qui mourut de mort naturelle après lui avoir donné un fils, le futur Edouard VI. Remarié avec Anne de Clèves, Henri VIII en divorça et épousa Catherine Howard, qu'il fit aussi décapiter sous l'accusation d'adultère. Il se remaria avec Catherine Parr, qu'il laissa veuve en 1547. Son fils Edouard VI lui succéda et poursuivit sa politique.

Henri II de France occupa Metz, Toul et Verdun en 1552 grâce à son alliance avec les princes protestants allemands. Une contre-attaque de Charles Quint fut repoussée.

Edouard VI d'Angleterre mourut en 1553. Sa demi sœur, Marie Tudor, lui succéda. Elle était catholique, persécuta les anglicans et épousa Philippe d'Espagne, fils de Charles Quint.

Charles Quint abdiqua en 1555-1556 en faveur de son fils Philippe II et de son frère Ferdinand Ier. Philippe II reçut en héritage l'Espagne, l'Italie du Sud, le Milanais, les Pays-Bas, la Franche-Comté et l'empire colonial espagnol. Ferdinand hérita de l'Autriche et de la Bohème ; il fut élu empereur d'Allemagne, ce qui fut plutôt honorifique car les princes allemands lui obéirent peu.

Philippe II d'Espagne poursuivit la guerre contre la France et fut aidé par Marie Tudor et l'Angleterre. Les Français reprirent Calais, dont les Anglais s'étaient emparé en 1347, pendant la guerre de Cent Ans. L'Angleterre perdit ainsi le dernier port qu'elle possédait encore en France. Marie Tudor mourut la même année (1558) et sa demi-soeur Elisabeth Ire devint reine. Elle était anglicane, ramena l'Angleterre vers l'anglicanisme, se heurta à une opposition catholique et procéda à des exécutions. Elle abandonna l'alliance avec l'Espagne qui se retrouva seule contre la France avec laquelle elle signa la paix en 1559. Henri II renonça à l'Italie.

Tout en soutenant les protestants allemands contre l'Autriche, il s'inquiéta de la progression du calvinisme en France, s'efforça de l'enrayer. Un conseiller au Parlement de Paris qui avait réclamé la tolérance, Anne du Bourg, fut pendu et brûlé.

Henri II mourut la même année. Son fils François II lui succéda, réprima une conjuration protestante et mourut en 1560. Son frère Charles IX lui succéda, sous la régence de leur mère Catherine de Médicis.

Antoine de Bourbon, descendant de Hugues Capet et de Saint Louis, cousin de Charles IX, époux de la reine de Navarre, Jeanne d'Albret, prit la direction des protestants français. Il mourut en 1562 et son fils Henri, le futur Henri IV de France, devint roi de Navarre.

François de Guise prit la tête des catholiques extrémistes. En 1562 à Vassy dans l'est de la France, il attaqua avec ses partisans des calvinistes qui célébraient leur culte dans une grange et en tua ou blessa près de 300.

Une guerre civile atroce éclata. Elisabeth Ire d'Angleterre et des princes protestants allemands soutinrent les protestants français. Philippe II d'Espagne soutint les catholiques. Les catholiques modérés se montrèrent favorables à la liberté de conscience et de culte. Leur principal représentant fut le chancelier Michel de L'Hospital, que Catherine de Médicis approuva initialement.

François de Guise fut assassiné en 1563 par un protestant. Son fils Henri de Guise prit la tête des catholiques extrémistes. Michel de L'Hospital s'efforça de maintenir la paix civile, mais la situation était très instable,

La France fut neutralisée pour longtemps, alors que c'était le pays le plus peuplé d'Europe. De 1095 à 1291, pendant les deux siècles qu'avaient duré les croisades, les Français avaient joué un rôle majeur dans cette guerre qui avait empêché les Turcs de progresser vers Constantinople et l'Europe.

Depuis 1337, la guerre de Cent Ans contre l'Angleterre puis les guerres d'Italie menées par la France contre l'Espagne et l'Autriche ne lui avaient plus permis de s'opposer à la poussée turque. Les guerres de religion entre Français allaient continuer à la tenir à l'écart de la défense de l'Europe. Ce rôle fut exercé par l'Autriche et l'Espagne que leur séparation avait affaiblies après l'abdication de Charles Quint mais qui parvinrent néanmoins à coordonner leurs efforts, effectués principalement sur terre par l'Autriche et sur mer par l'Espagne.

Soliman II fut un grand général, mais la situation européenne, qu'il sut exploiter, l'aida beaucoup.

2. L'OFFENSIVE OTTOMANE

Soliman II accéda au pouvoir en 1520. Jeune et dynamique, très expansionniste, il ne tarda pas à attaquer. Il prit Belgrade en 1521 et s'ouvrit ainsi la route de Budapest et de Vienne. Il disposait d'une excellente armée, probablement la meilleure et la plus moderne du monde à l'époque, de sapeurs efficaces, d'une bonne cavalerie, d'une marine performante et de la meilleure artillerie du monde.

Il attaqua en 1522 l'île de Rhodes, proche des côtes turques, et en chassa les chevaliers ex-hospitaliers qui le gênaient beaucoup.

Charles Quint favorisa leur installation dans l'île de Malte, position importante entre la Sicile et la Tunisie. La possession de cette île pouvait freiner la pénétration navale turque dans le bassin occidental de la mer Méditerranée. Les chevaliers de Rhodes devinrent chevaliers de Malte.

Soliman II, libéré de la préoccupation que lui occasionnait Rhodes, poursuivit son offensive en Europe centrale. Il fut beaucoup aidé par son grand vizir, Ibrahim pacha, un Albanais enlevé pendant son enfance par les Turcs et élevé dans la religion musulmane.

En 1526, Soliman II vainquit et tua le roi Louis II de Hongrie à Mohacz (à l'ouest du Danube).

Ferdinand de Habsbourg, frère de Charles Quint, devint roi de la partie de Hongrie qui échappa aux Turcs. Soliman II prit Budapest, attaqua Vienne en 1529 et fut repoussé. Il occupa la Croatie, la Slavonie, la Transylvanie, accentua son emprise sur la Moldavie. Il vainquit l'Iran, annexa la Mésopotamie (Irak actuel), progressa en Arabie, occupa la Géorgie, progressa dans le Caucase.

Nicolas Zrin, ban de Croatie, opposa une résistance acharnée aux Turcs.

Le grand vizir Ibrahim pacha remarqua l'hostilité de François Ier envers Charles Quint, et pesa en faveur d'une alliance entre la Turquie et la France. Les « Capitulations » accordèrent divers droits aux Français.

L'épouse favorite de Soliman II, surnommée Roxelane en Europe, jalousait Ibrahim et obtint que Soliman II le fît exécuter en 1536. Elle était slave, et nommée Hürrem en turc.

Ainsi, une nouvelle crise intérieure éclata en Turquie ; Mustafa, un fils doué de Soliman II, était considéré comme le futur sultan mais Roxelane voulait faire couronner son fils Sélim II et elle parvint à faire tuer Mustafa par Soliman II. Elle mourut quelques années plus tard. Ses fils Sélim et Bayazid se combattirent. Soliman II soutint Sélim et Bayazid fut exécuté avec ses fils en 1561.

Nicolas Zrin, le ban de Croatie, fut tué en 1566 à Szegetar, près de la Drave, en combattant les Turcs. Soliman II mourut la même année alors qu'il se préparait à conquérir la partie de la Hongrie qui lui échappait encore.

3. LA GUERRE EN MÉDITERRANÉE

Nous avons vu dans le précédent chapitre que Khaïr ed-Dinn, fils d'un Grec converti à l'islam, maître d'Alger, s'était reconnu vassal de la Turquie en 1520. Il possédait une flottille de pirates qu'il accrut, et le sultan Sélim lui envoya 2 000 janissaires et 4 000 volontaires turcs pour le renforcer et l'aider à conserver Alger. Il occupa Bône, Collo, Constantine, attaqua les navires européens et les côtes d'Espagne, d'Italie et de France, captura de nombreux chrétiens qui furent réduits en esclavage.

Un de ses subordonnés, Sinan le Juif, fut vaincu en 1526 entre l'île d'Elbe et la ville italienne de Piombino, par l'escadre génoise d'Andrea Doria.

Khaïr ed-Dinn prit aux Espagnols en 1529, au large d'Alger, le peñon, un îlot qu'il réunit à Alger par une digue. Il ravagea encore les côtes italiennes, prit en 1534 Tunis dont le bey était plus ou moins vassal de l'Espagne.

Charles Quint rassembla environ 400 navires de guerre et de transport, et 25 000 marins et soldats. Il s'empara de Tunis en 1535 et y libéra une vingtaine de milliers d'esclaves chrétiens. Le bey Moulay Hassan fut remis au pouvoir et une garnison espagnole fut installée dans le fort de la Goulette.

Khaïr ed-Dinn fut alors nommé amiral de la flotte turque par Soliman II, s'en prit à la côte occidentale de la Grèce, vainquit en 1539 près du golfe d'Arta une puissante escadre génoise, puis longea la côte albanaise et occupa Castelnuovo en 1539.

Charles Quint prépara une attaque contre Alger en 1541 avec une soixantaine de galères, plus de 400 navires de transport, une douzaine de milliers de marins et environ 25 000 soldats italiens, espagnols et les chevaliers de Malte. Hassan agha, un Sarde converti à l'islam, organisa la résistance.

L'armée de Charles Quint débarqua en octobre, subit un orage très fort. La pluie mouilla ses munitions. Hassan agha la repoussa avec plusieurs centaines de Turcs et des milliers d'Algériens dont les flèches furent meurtrières. De nombreux navires coulèrent à cause de la tempête ou furent jetés à la côte. Leurs équipages se noyèrent ou furent massacrés sur la côte,

Les soldats rescapés se rembarquèrent mais beaucoup se noyèrent lorsque des navires coulèrent. On estima que Charles Quint perdit la moitié des effectifs engagés dans cette opération.

François Ier reprit en 1542 la guerre contre Charles Quint, avec l'appui d'une escadre turque commandée par Khaïr ed-Dinn. Les Français et les Turcs attaquèrent conjointement Nice, qui faisait partie du duché de Savoie. La chrétienté n'approuva pas et des réticences se manifestèrent en France, y compris parmi les soldats et marins susceptibles de combattre en liaison avec les Turcs. Les alliés se retirèrent donc de Nice. L'escadre turque fut installée à Toulon.

Khaïr ed-Dinn préférait les combats qui pouvaient lui rapporter du butin, y compris humain, ce qui n'était pas bon pour la position morale de François Ier dans cette affaire. La France espérait la destruction par les Turcs des escadres italo-espagnoles qui dépendaient de Charles Quint. Mais Khaïr ed-Dinn ne tenait pas à perdre une partie de sa flotte uniquement pour plaire à la France si cela ne lui rapportait rien. Son inactivité à Toulon lui faisait perdre du temps et la population provençale, qui avait beaucoup souffert des attaques de pirates barbaresques, n'était pas enthousiasmée par la présence des Turcs à Toulon.

Aussi François Ier dut leur verser des sommes considérables pour les faire partir, en 1544. Cela n'améliora pas l'état des finances françaises déjà mises à mal par ses guerres et ses maîtresses. Khaïr ed-Dinn regagna alors Istanbul et y mourut en 1546.

Son adjoint Hassan agha, ce converti sarde qui avait défendu Alger contre Charles Quint en 1541, ravagea les côtes espagnoles avec une puissante escadre mais fut relevé de ses fonctions par Soliman II et mourut quelques années plus tard. Hassan pacha, fils de Khaïr ed-Dinn, donc d'origine grecque, lui succéda à Alger. Soliman II nomma Piali pacha amiral de la flotte turque. C'était un Hongrois capturé pendant son enfance par les Turcs et élevé dans la religion musulmane. Les Turcs d'Algérie intervinrent encore au Maroc et atteignirent un moment Fez.

Dragut, enfant chrétien d'Anatolie élevé dans la religion musulmane, prit Tripoli de Libye aux chevaliers de Rhodes en 1551.

Henri II de France poursuivit la politique de son père contre Charles Quint en conservant l'alliance turque. Ainsi Piali pacha ravagea les côtes espagnoles.

Conjointement avec les Français, Dragut attaqua l'île de Corse qui appartenait alors à Gênes, alliée de Charles Quint.

Pendant cette période, Hassan pacha enrichit Alger, grâce à la piraterie. La ville fut agrandie et embellie. Mais Hassan pacha fut destitué par Soliman II et remplacé par Salah raïs, un ancien compagnon de Khaïr ed-Dinn. Les raïs étaient les chefs de la flottille de pirates. Certains étaient des Européens convertis à l'islam. Ils s'entendaient parfois très mal avec les janissaires d'Alger, qui étaient en principe des enfants chrétiens enlevés à leurs parents, élevés dans la religion musulmane et incorporés dans cette troupe. Salah raïs tenta d'étendre l'influence turque sur le Maroc, au moins jusqu'à Fez, mais fut repoussé.

En 1555, il attaqua Bougie, où la garnison espagnole lui résista avec acharnement. Dragut, revenu de Corse avec son escadre, bloqua Bougie par mer[1]. Les Espagnols durent déposer

1. Cf. *Comtesse Drohojowska*, ouvrage cité en note du précédent chapitre.

les armes. La plupart furent réduits en esclavage. Le gouverneur Peralta fut libéré et renvoyé en Espagne où il fut condamné à mort pour avoir rendu Bougie, et décapité[1].

Salah raïs mourut. Les janissaires d'Alger mirent au pouvoir Hassan caïd, un Corse converti à l'islam. Mais Soliman II envoya à Alger un gouverneur de son choix, Tekeli. Les pirates soutinrent Tekeli. Hassan caïd fut précipité sur des rochers où il agonisa.

Joussouf, un Calabrais converti à l'islam et gouverneur de Tlemcen, attaqua Tekeli à Alger et le tua. Mais il mourut et Soliman II rétablit Hassan pacha, fils de Khaïr ed-Dinn, comme bey d'Alger, alors qu'il l'avait destitué quelques années auparavant.

En 1560, Philippe II d'Espagne envoya une puissante escadre contre Tripoli de Libye où elle fut écrasée par Dragut. On estima que l'Espagne perdit à cette occasion plus de 50 navires et des milliers de tués et de prisonniers.

Soliman II fit attaquer l'île de Malte en 1565 par Piali pacha et la flotte turque, renforcée par Hassan pacha avec une soixantaine de navires d'Alger, et par Dragut. Piali pacha disposa d'environ 200 navires et 40 000 hommes.

L'île fut défendue par le grand maître de l'Ordre de Malte, Jean de la Valette, quelques centaines de chevaliers de Malte et plusieurs milliers d'auxiliaires. Ils furent renforcés par une escadre espagnole et quelques milliers de soldats espagnols.

Après des combats acharnés au cours desquels périt Dragut, Piali pacha dut renoncer à prendre l'île.

Beaucoup de dignitaires de l'empire ottoman n'étaient pas turcs, comme les grands vizirs Ibrahim pacha et Sokollu Méhémet pacha, les grands-amiraux Khaïr ed-Dinn, Piali pacha (et plus tard El Euldj Ali dont nous reparlerons en même temps que de Sokollu Méhémet pacha), l'amiral Dragut et les gouverneurs d'Alger Hassan agha, Hassan pacha, Hassan caïd et Joussouf. Certains étaient issus de familles chrétiennes converties à l'islam, d'autres avaient été enlevés enfants à leurs familles chrétiennes et élevés dans la religion musulmane ; d'autres, réduits en esclavage ou à l'état de galériens par les Turcs, s'étaient convertis à l'islam dans l'espoir d'améliorer leur sort ou par conviction réelle. La plupart des esclaves et galériens chrétiens des Turcs préférèrent supporter leur condition parfois effroyable et y mourir qu'abandonner le christianisme.

1. Cf. Albert Mousset, ouvrage cité en note du précédent chapitre.

4. LA RUSSIE

Nous avons vu dans le chapitre précédent que les Turco-Mongols musulmans qui avaient long-temps dominé la Russie s'étaient divisés. Les khanats de Crimée, de Kazan et d'Astrakhan s'étaient séparés de la Horde d'Or, en affaiblissant cette dernière. La Turquie avait imposé son protectorat au khanat de Crimée dès 1475, et la Russie à celui de Kazan en 1487. Le khan de Crimée Mengli Gireï, vassal des Turcs Ottomans, s'allia néanmoins avec la Russie contre la Horde d'Or dont il détruisit en 1502 la capitale, Saraï, ce qui détermina la disparition de la Horde d'Or.

Les trois khanats de Crimée, Kazan et Astrakhan subsistèrent, le premier sous suzeraineté ottomane, le second sous suzeraineté russe, le troisième demeurant seul indépendant. Le khanat de Kazan se révolta contre la Russie en 1505 et reprit son indépendance l'année suivante.

Le khan Mohammed Amin de Kazan mourut en 1518 et la Russie imposa à Kazan un khan choisi par elle, Chah Ali, un prince astrakhanide.

Le khan de Crimée Mohammed Gireï, fils et successeur de Mengli Gireï et protégé du sultan ottoman Soliman II, comprit le danger que la Russie représentait pour lui, surtout en dominant Kazan. En 1521, Mohammed Gireï renversa Chah Ali à Kazan et y installa son propre frère Sahib Gireï. Tous les deux envahirent la Moscovie et capturèrent de nombreux Russes qui furent réduits en esclavage.

Mohammed Gireï tenta en 1523 d'imposer sa suzeraineté à la Russie et marcha de nouveau sur Moscou. Son offensive fut repoussée grâce à l'artillerie russe, qui surclassait les archers turco-mongols, et il fut tué par les Nogaï, une peuplade turco-mongole qui évoluait au nord de la mer Noire et de la mer d'Azov.

Sahib Gireï, khan de Kazan, prit en Crimée la succession de son frère Mohammed Gireï. Safa Gireï, fils de Sahib Gireï, devint khan de Kazan, et fut chassé en 1530 par les Russes, qui mirent au pouvoir Djan Ali, frère de l'ancien khan astrakhanide de Kazan Chah Ali. Sahib Gireï renversa en 1535 Djan Ali, qui fut tué et Safa Gireï redevint khan de Kazan.

Les Russes chassèrent Safa Gireï de Kazan en 1546 et y réinstallèrent Chah Ali, mais Safa Gireï renversa Chah Ali et reprit le pouvoir à Kazan. Il mourut en 1549 et son fils Otemich lui succéda. Les Russes chassèrent Otemich et remirent Chah Ali, qui fut de nouveau renversé, cette fois au profit d'un autre prince astrakhanide nominé Yadiyar.

Le tsar de Russie Ivan IV le Terrible prit Kazan en 1552 avec l'appui d'une puissante artillerie et annexa définitivement ce khanat. Les deux autres khanats turco-mongols de Russie furent désormais en état d'infériorité face à la Russie.

Dès 1554, Ivan le Terrible occupa Astrakhan avec une armée de 30 000 Russes et mit au pouvoir un prince astrakhanide, Dervich, qui se révolta en 1555 contre la Russie. Ivan le Terrible reprit Astrakhan en 1556, chassa Dervich et annexa aussi ce khanat. Ce fut la fin de la menace turco-mongole qui pesait encore sur la Russie et qui aurait persisté si le khanat de Crimée avait réussi à annexer ceux de Kazan et Astrakhan. Le khanat de Crimée serait rapidement tombé au pouvoir de la Russie s'il n'avait pas été protégé par les Turcs Ottomans. En axant ses efforts contre la Hongrie, la Croatie et l'Autriche, Soliman II négligea trop la Russie qui, en grande partie dépeuplée par l'invasion mongole du XIIIe siècle, redressait sa démographie. Sa population commençait à égaler celle des Ottomans et, grâce à une forte natalité alors que celle de la Turquie stagnait, allait devenir de plus en plus puissante au cours des siècles suivants.

5. LA CIVILISATION OTTOMANE

Le règne de Soliman II fut brillant en matière culturelle, particulièrement dans le domaine de l'architecture. La population d'Istanbul augmenta considérablement. À force d'avoir des enfants avec des Grecques, Arméniennes, Kurdes, Slaves et esclaves européennes, les Ottomans devinrent ethniquement des Aryens. Cette évolution fut rapide pour les sultans et se voit grâce à leurs portraits dont certains nous sont parvenus.

Orkhan, mort en 1360, fut représenté avec un visage nettement asiatique. Bayazid son petit-fils, mort en 1403, avait un nez busqué et un type persan sur une gravure qui le représente. On retrouve le même nez busqué sur un portrait de Méhémed II, arrière petit-fils de Bayazid, mort en 1481. Une gravure montre Soliman II avec un visage très maigre, un long nez busqué, des yeux caverneux.

Soliman II fit construire, dès le début de son règne, une mosquée en l'honneur de son père Sélim, au sud de la Corne d'Or et en amont de l'actuel pont Ataturk, avec une cour entourée de portiques.

Il fit entreprendre l'importante porte du Salut à l'entrée de la seconde cour du palais de Topkapi, la cour des Cérémonies.

Le grand vizir Ibrahim pacha, époux d'une sœur de Soliman II, se fit construire un beau palais au sud-ouest de Sainte-Sophie.

L'architecture ottomane prit un grand essor à partir de 1538 avec Sinan Mimar qui devint l'architecte de Soliman II. Né en 1489 dans une famille chrétienne de Cappadoce, il n'était pas turc. Élevé très jeune dans la religion musulmane pour devenir janissaire, il avait combattu comme ingénieur dans ce corps lors de la prise de Belgrade et de Rhodes, de la conquête de la Hongrie, du siège de Vienne, puis de la prise de Bagdad. En près de cinquante ans, il construisit plus de 300 monuments dont environ 80 mosquées (une moitié d'entre elles à Istanbul).

Il commença la construction du harem de Topkapi, qui devint très important. On y détint les femmes destinées au sultan, dont beaucoup de captives européennes. Certaines ne rencontrèrent qu'une fois le sultan auquel elles étaient destinées, ou même pas du tout. Là où les favorites pouvaient exercer une influence, particulièrement celle qui donnait le jour au futur sultan, les intrigues se multipliaient.

Ces femmes étaient gardées par des eunuques, dont beaucoup mouraient lors de leur castration.

À l'ouest de l'actuelle université, Sinan construisit la mosquée de Chéhzadé en l'honneur de Méhémed, un fils de Soliman II qui mourut en 1543.

Au nord de cette université encore fréquentée, Sinan édifia à partir de 1550 la grande mosquée de Soliman II, haute de près de 50 mètres et flanquée de quatre minarets.

Les Turcs bâtissaient très vite, en quelques années, alors qu'il fallait parfois plusieurs siècles en Europe pour bâtir une cathédrale.

Sinan construisit en 1551, près des anciens remparts, au nord de la mer de Marmara, la mosquée d'Ibrahim pacha.

La favorite de Soliman II, Hürrem sultane (Roxelane), demanda en 1556 à Sinan de lui bâtir un vaste hammam[1], pour les bains, au sud-ouest de Sainte-Sophie. C'est maintenant le centre culturel d'art du tapis.

Sinan construisit en 1561, au nord-est de la mosquée de Soliman II, la mosquée de Rüstem pacha, grand vizir et gendre de Soliman II. L'intérieur est orné de céramiques.

1. Hamman : établissement de bains avec étuve pleine de vapeur d'eau chaude.

En l'honneur de la princesse Mihrihma, fille de Soliman II et de Roxelane et épouse de Rüstem pacha, Sinan édifia une mosquée avec une vaste salle de prière.

La peinture turque fut également brillante à l'époque de Soliman II. Des portraits furent effectués, bien que la religion musulmane s'oppose à la représentation d'êtres humains. Soliman II s'abstint d'exposer les portraits.

Bien qu'ayant lu et relu le Coran dans plusieurs traductions françaises, l'auteur n'a pas réussi à y trouver cette interdiction. Selon divers spécialistes, elle découle de hadith, qui sont des informations sur les actes et paroles de Muhammad et de ses compagnons. Le principal recueil de hadith fut celui de Bokhari, au IXe siècle. Beaucoup de hadith sont considérés comme apocryphes, et le Coran tel que nous le connaissons fut rédigé plus de vingt ans après la mort de Muhammad, avec destruction des versions antérieures. On y trouve des contradictions entre les versets de tolérance et les versets durs. Malgré ces bases incertaines, le courant musulman dur a considéré que le Coran est intégralement divin et que l'islam devait être imposé au monde entier, au besoin par le sabre, les religions n'étant pas faites pour dialoguer, le point de vue des autres religions important peu ou pas. L'islam ne pouvait réellement s'épanouir que là où il était le maître. En outre, le monde étant divisé en dar ul-islam musulman et dar el-harb à conquérir, l'entente avec des non musulmans ne pouvait être considérée que comme une trêve, etc.

La peinture européenne, qui n'était pas soumise à l'interdiction de représenter des humains, put traiter un plus grand nombre de sujets. La civilisation musulmane médiévale, ouverte sur les civilisations précédentes dont celle de la Grèce, avait été en avance sur la civilisation occidentale. La situation s'inversait depuis la chute de Constantinople, l'émigration de Grecs en Europe occidentale, la stimulation apportée par leur arrivée et la remise en contact avec leur civilisation, l'imprimerie qui diffusait plus largement les connaissances, enfin les grandes inventions et progrès techniques.

Le monde musulman, au contraire, se figeait un peu sur son passé, évoluait moins rapidement, se laissait dépasser techniquement par l'Occident et prenait un retard scientifique qui se répercutait sur le plan militaire.

La supériorité militaire dont bénéficiait Soliman II au début de son règne était moins évidente à la fin. Son artillerie demeurait performante mais les armes à feu individuelles progressaient en

Europe. Leurs balles perçaient les armures, qui devenaient inutiles. Les casques et cuirasses protégeaient contre les sabres et lances. Les Turcs avaient moins d'armes à feu et beaucoup utilisaient encore des arcs. Cela ne les mettait pas encore en état de forte infériorité car les arquebuses étaient relativement longues à recharger alors qu'un bon archer tirait très vite. Lors de la bataille d'Alger en 1541, la pluie avait mouillé la poudre des Espagnols alors que les archers turcs et algériens avaient été moins gênés par elle.

Mais l'armement européen se perfectionnait alors que les arcs demeuraient ce qu'ils étaient. La situation devenait de plus en plus favorable aux Européens plus inventifs, face à la stagnation turque. Beaucoup de soldats turcs ne possédaient en outre pas de casques ni de cuirasses. Malgré leur courage, ils étaient de plus en plus désavantagés face aux militaires européens, et la dégradation de leurs conditions de combat allait s'accentuer après la mort de Soliman II pendant le règne duquel la Turquie avait connu son apogée.

Carte 5. – **Bataille de Lépante**

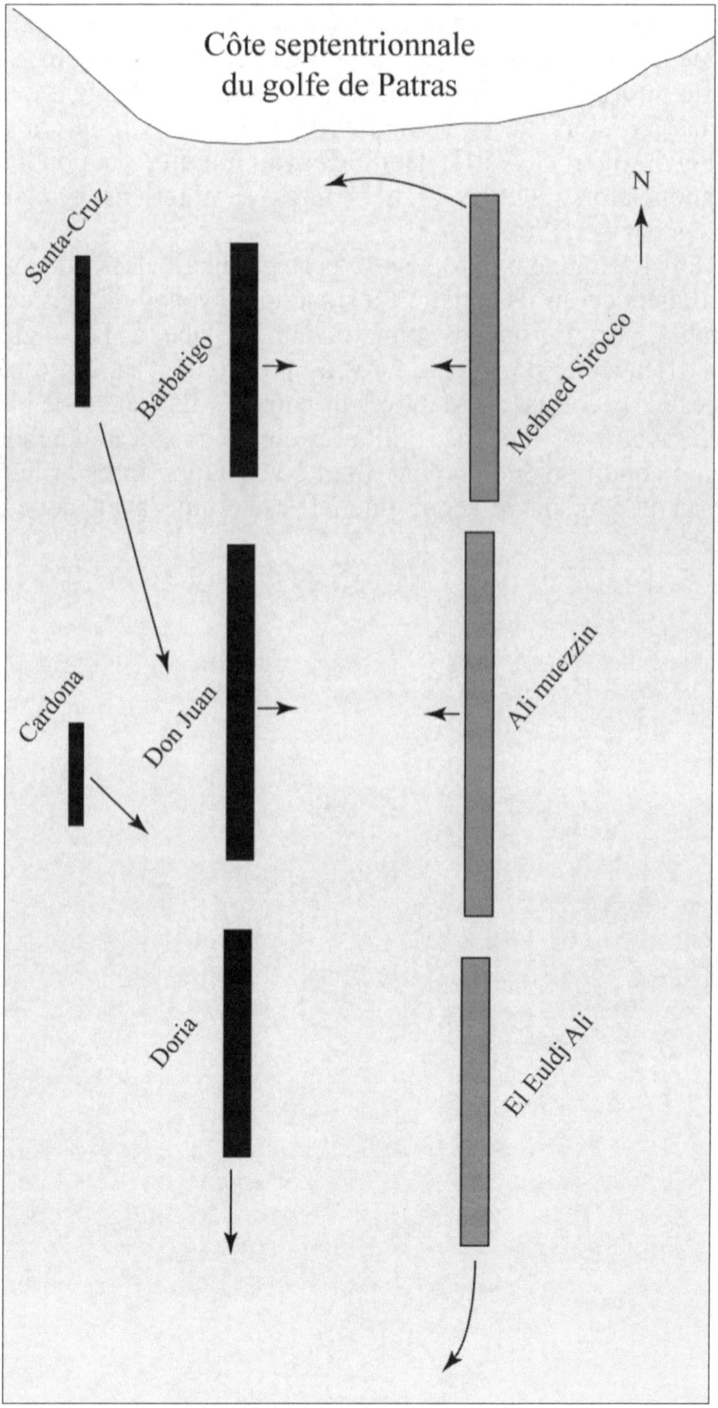

CHAPITRE 5

La stagnation

Entre la mort de Soliman II et le début du XVIIe siècle régnèrent sur la Turquie Sélim II, Mourad III et Méhémed III. Ils tentèrent de poursuivre la politique expansionniste de Soliman II et de ses prédécesseurs. La situation européenne leur fut plutôt favorable, mais ils ne parvinrent pas à l'exploiter

1. LA SITUATION EUROPÉENNE

Maximilien d'Autriche, fils de Ferdinand Ier et neveu de Charles Quint, fut empereur d'Allemagne de 1564 à 1576. Son fils Rodolphe II lui succéda de 1576 à 1612. Tous deux eurent peu d'autorité sur les États protestants d'Allemagne et eurent des difficultés dans leur domaine personnel d'Autriche, Bohème et Hongrie occidentale. Ils s'avérèrent vulnérables face aux Turcs.

En Russie, les « Tatar » de Crimée incendièrent Moscou en 1571 mais furent peu soutenus par les Ottomans et finalement repoussés par les Russes.

Les cosaques, des troupes de cavalerie qui s'organisèrent en Ukraine et près du Don au profit de la Pologne et de la Russie, tinrent tête aux « Tatar » de Crimée.

D'autres entreprirent la conquête de la Sibérie. Le dernier tsar de la dynastie des Rurikovitch, Fédor, mourut en 1598. Son beau-frère et conseiller Boris Godounov lui succéda et se heurta à des troubles intérieurs. Sa situation extérieure, marquée par des relations parfois tendues avec la Pologne et la Suède, n'était pas excellente non plus. La Russie, comme l'Autriche, ne constitua donc pas un obstacle pour la Turquie pendant cette période.

La France fut neutralisée par les guerres de religion. Les catholiques, majoritaires, étaient divisés en extrémistes, dirigés par le duc Henri de Guise, et modérés, dont le principal représentant était le chancelier Michel de l'Hospital. Entre les deux, beaucoup de catholiques souhaitaient la paix religieuse mais s'inquiétaient à l'idée que les protestants français pussent devenir majoritaires, car il n'était pas toujours facile d'être catholique en Allemagne du Nord, Scandinavie et Angleterre. Une grande partie bascula du côté extrémiste. La reine mère Catherine de Médicis soutint initialement Michel de l'Hospital. La paix de Saint-Germain, en 1570, accorda aux protestants la liberté du culte dans les villes où existait déjà un culte protestant, l'admission de tous à tous les emplois, et quatre places de sûreté, dont la Rochelle et Montauban, où les protestants pourraient se réfugier s'ils étaient menacés.

L'amiral de Coligny, chef des protestants, devint le conseiller favori du roi Charles IX. Catherine de Médicis le jalousa et s'inquiéta du soutien que Coligny voulait apporter aux protestants des Pays-Bas insurgés contre l'Espagne avec laquelle elle-même souhaitait demeurer en paix. Elle se rapprocha du duc Henri de Guise.

On persuada Charles IX de ce que les protestants voulaient le renverser et il ordonna leur massacre, qui fut exécuté à Paris par les partisans du duc de Guise et en province par des catholiques extrémistes et une partie des autorités royales. Des gouverneurs catholiques freinèrent ce massacre ou l'empêchèrent. Il y eut néanmoins des milliers de morts y compris des femmes et des enfants. La guerre civile recommença. Charles IX mourut en 1574. Son frère Henri III lui succéda et se méfia des ambitions du duc de Guise qu'il fit assassiner en 1588. Paris, très catholique, se révolta contre le roi qui s'allia avec Henri de Navarre, chef des protestants, son cousin et héritier du trône car Henri III et ses frères n'avaient pas eu de fils et Henri de Navarre était leur plus proche parent. Henri III et Henri de Navarre assiégèrent Paris et Henri III fut assassiné par un moine en 1589. Henri de Navarre devint le roi de France Henri IV. Il se convertit en 1593 au catholicisme, put entrer en 1594 dans Paris, se rallia les catholiques, vainquit les Espagnols entrés en France pour soutenir les catholiques extrémistes et promulgua en 1598 l'édit de Nantes qui élargissait les dispositions de la paix de Saint-Germain. Il entreprit ensuite de relever les ruines de la France.

La France ne put donc jouer aucun rôle face à la Turquie pendant cette période, ce qui désavantagea la Turquie dans le cas où la France serait restée son alliée comme sous les règnes de François Ier et Henri II. Mais on peut supposer que Catherine de Médicis aurait abandonné cette alliance et soutenu le pape, l'Espagne et Venise lors de la bataille de Lépante si elle avait eu les mains libres en 1571, sans peser beaucoup sur l'issue de cette bataille car la flotte française de l'époque ne valait pas celles de Venise et de l'Espagne.

*

* *

L'Espagne, principal rempart de l'Occident avec Venise, face aux Turcs, eut elle aussi des difficultés.

Le calvinisme progressait aux Pays-Bas où l'Espagne mena une politique de répression qui aboutit à des révoltes et à l'indépendance de la Hollande. La Belgique demeura catholique et resta sous l'autorité de l'Espagne.

En Espagne même, Philippe II tenta d'assimiler de force les Moriscos, descendants des colons musulmans convertis au catholicisme pour rester en Espagne. La dynastie marocaine des Mérinides avait perdu le contrôle d'une grande partie du Maroc, dans la première moitié du XVIe siècle. Les Saadiens, victorieux dans le sud, avaient affronté dans la région de Fez les Beni Ouattas, soutenus par les Turcs d'Algérie qui avaient un moment contrôlé Fez.

Les Saadiens avaient réunifié le Maroc et pouvaient devenir dangereux pour l'Espagne s'ils s'alliaient avec la Turquie. Or, une partie des Moriscos, convertis au christianisme sans conviction, pouvait aider les Marocains. L'administration espagnole les obligea donc à parler espagnol, à se vêtir comme des Espagnols et à hispaniser leurs noms, Ils se révoltèrent mais furent écrasés. Beaucoup furent expulsés vers le Maroc ; ils y furent mal reçus car considérés comme renégats de l'islam. Une partie revint clandestinement en Espagne.

L'Espagne intervint par ailleurs en faveur des catholiques français alors que l'Angleterre soutenait les protestants. L'Angleterre développa sa flotte. Ses corsaires attaquèrent les navires espagnols qui ramenaient de l'or depuis l'Amérique du Sud.

Une escadre espagnole, l'*Invincible Armada,* forte de 130 navires, 2 400 canons et environ 30 000 marins et soldats, attaqua l'Angleterre en 1588, fut malmenée par la flotte anglaise et par une tempête. À peu près la moitié de cette escadre sombra.

La flotte espagnole commença ainsi à perdre sa suprématie au profit de la flotte anglaise. Une armée espagnole soutint par ailleurs les catholiques extrémistes français contre Henri IV mais fut vaincue en 1595.

Malgré tous ses problèmes, l'Espagne tint néanmoins tête aux Turcs pendant cette période, et la Turquie ne réussit pas à exploiter une situation européenne perturbée et difficile.

2. SÉLIM II

Soliman II, mort en 1566, eut pour successeur son fils Sélim II (1524-1574) qu'il avait eu de Roxelane, et qui était donc à moitié slave. On a de lui un portrait où il est représenté avec un visage maigre, une barbe noire et fournie, un long nez, un immense turban et une belle tenue orientale d'apparat. C'était un ivrogne, bien que l'islam soit défavorable aux boissons alcoolisées, mais il eut un grand vizir remarquable, Sokollu Méhémet pacha, un Bosniaque élevé dans la religion musulmane et en l'honneur duquel le célèbre architecte Sinan construisit en 1571, à quelques centaines de mètres au sud-ouest du hammam de Roxelane, une mosquée dont la salle de prière fut ornée de faïences aux couleurs vives.

Sélim II chargea son général Mustafa Lala pacha (1535-1580) de consolider la domination turque dans le sud de l'Arabie, au Yémen.

Un beylerbey dynamique, El Euldj Ali (Uludj Ali, aussi appelé Kilidj Ali) fut nommé à Alger. C'était un Italien enlevé tout jeune par les Barbaresques et devenu galérien. Il s'était converti à l'islam, était entré dans la marine turque, était devenu commandant d'un navire pirate, avait été l'adjoint de Dragut, vainqueur d'une escadre espagnole près de Tripoli de Libye. El Euldj Ali prit Tunis en 1570.

Sélim II décida d'enlever l'île de Chypre à Venise et la fit attaquer par sa flotte, sous les ordres de Piali pacha. Mustafa Lala pacha débarqua dans l'île avec plusieurs dizaines de milliers de Turcs. Quelques milliers de Vénitiens résistèrent avec acharnement mais furent submergés sous le nombre.

Le pape Pie V, un dominicain ascétique très préoccupé par la menace turque, encouragea l'Europe à réagir.

Venise, l'Espagne et l'Italie rassemblèrent une flotte importante. Des révoltes contre les Turcs éclatèrent en Albanie, au Monténégro et en Grèce.

Sélim II envoya des troupes écraser ces révoltes et confia la flotte turque à Ali muezzin. Don Juan d'Autriche, fils adultérin de Charles Quint et d'une Allemande, fut mis à la tête de la flotte italo-espagnole. Il était jeune et ardent et fut aidé par d'excellents amiraux, comme le Vénitien Sebastiano Veniero (1502-1578) plus tard doge de Venise, l'Italien Marc Antoine Colonna et le marquis espagnol de Santa-Cruz qui avait combattu à Oran, Tunis et Malte.

Ce fut une guerre assez paradoxale. Beaucoup de Turcs ne souhaitaient pas une guerre contre Venise en raison des bénéfices que rapportaient les relations commerciales entre ces deux États et par crainte d'une intervention européenne. Beaucoup de Vénitiens tenaient à ces relations commerciales et jugeaient Chypre indéfendable car trop proche de la Turquie. L'Espagne voulait surtout interdire l'accès de la Méditerranée occidentale à la flotte turque et s'intéressait peu à la perte de Chypre. La Méditerranée orientale lui semblait dangereuse car éloignée de ses bases et proche de celles des Turcs. La France, le Portugal, l'Angleterre, l'Autriche et la Russie demeurèrent à l'écart de ce conflit. Le courant turc partisan de la guerre estima que cette situation permettait non seulement de prendre Chypre, mais d'abattre Venise en pénétrant dans la mer Adriatique. Les Vénitiens en prirent conscience et s'engagèrent plus à fond dans cette guerre.

En juin 1571, la flotte turque attaqua l'île de Crète où ses troupes débarquèrent et procédèrent à des ravages, au pillage, et à la capture de nombreux Crétois qui devinrent esclaves. Elles se rembarquèrent ensuite et une partie de leur flotte se dirigea vers l'Adriatique où Venise détenait des bases sur la rive orientale, comme Kotor (Cattaro) et Zara. Venise semblait donc directement menacée, mais la flotte italo-espagnole se concentrait en Sicile.

Ali muezzin regroupa la flotte turque à Lépante, dans le golfe de Patras, au nord de la Morée. La flotte italo-espagnole se dirigea vers la Grèce et rencontra le 7 octobre 1571 la flotte turque qui sortait de Lépante. Une partie du commandement turc hésita et pensa reculer vers Lépante pour bénéficier de l'appui d'une artillerie terrestre si la flotte européenne les poursuivait. Mais cela permettait aux Européens de les y bloquer. Ali muezzin opta pour la bataille et disposa ses navires en ligne, du nord au sud. Don Juan fit de même. Les forces s'équilibraient à peu près, avec un avantage pour les chrétiens, qui disposaient de 208 galères, 6 galéasses et environ 75 bâtiments auxiliaires. Les Turcs avaient 210 galères et une soixantaine de navires auxiliaires. Sur chacune des deux flottes, il y avait une quarantaine de milliers de marins et galériens, et une trentaine de milliers de soldats. Les galères étaient armées de canons. Les galéasses étaient de gros navires dotés d'une artillerie puissante.

Les soldats espagnols, italiens et allemands surclassaient généralement les Turcs au corps à corps. Ils disposaient d'armes à feu. Beaucoup de Turcs avaient des arcs qui tiraient rapidement alors que les armes à feu nécessitaient un certain temps pour les recharger. Toutefois les cordes des arcs se détendaient au bout d'un certain nombre de flèches, tandis que les navires chrétiens avaient beaucoup plus de canons.

Venise avait fourni le principal effort, avec 6 galéasses et plus de 100 galères. Les autres galères étaient italiennes autres que vénitiennes ou espagnoles. La flotte était donc beaucoup plus italienne qu'espagnole, mais les galères de Naples et de Sicile dépendaient de l'Espagne.

La bataille fut frontale, chaque navire se précipitant vers le navire adverse en lui infligeant le plus de dégâts possibles avec ses canons qui tiraient en axiale. Après l'abordage frontal, les soldats massés sur la proue attaquaient ceux de la proue adverse. L'artillerie chrétienne se révéla plus dévastatrice que celle des Turcs qui, après avoir eu la meilleure artillerie de l'époque pendant le règne de Soliman II, commençaient à être surclassés en ce domaine comme en beaucoup d'autres par les Européens. En outre, les galéasses vénitiennes, grâce à leur puissance de feu, firent des ravages parmi la flotte turque.

Les combats entre soldats après l'abordage tournèrent à l'avantage des Européens, mais furent acharnés et sanglants.

Don Juan d'Autriche avait mêlé les galères de diverses nationalités. Il commandait le centre, assisté de Veniero (vénitien) et Colonna (romain). L'aile gauche était commandée par le Vénitien Barbarigo, l'aile droite par le Génois Gian Andrea Doria et la réserve par l'Espagnol Santa-Cruz.

Du côté turc, le bey d'Alexandrie Mehmed Sirocco commandait l'aile droite, au nord, face à Barbarigo. Ali muezzin commandait le centre, face à don Juan. Et El Euldj Ali commandait l'aile gauche, au sud, face à Doria.

Les Occidentaux s'en tinrent à leur attaque frontale. Les Turcs tentèrent de manœuvrer par le nord et par le sud, grâce à Mehmed Sirocco et El Euldj Ali qui étaient d'excellents marins.

Au nord, l'aile gauche européenne ne s'était pas trop approchée de la côte par crainte des récifs. Mehmed Sirocco, qui disposait de marins turcs connaissant mieux cette côte, prit le risque de tenter un débordement entre elle et les navires européens. Avec une cinquantaine de galères de chaque côté, ces deux ailes s'équilibraient pour le nombre des bâtiments, mais Barbarigo disposait de plus de canons, surtout avec l'appoint des deux galéasses. Son escadre était à dominante vénitienne. Il contra la tentative de débordement de Mehmed Sirocco. Les navires des deux camps se ruèrent les uns contre les autres. Après l'abordage, la supériorité européenne en artillerie ne servait plus à rien lors du corps à corps. Les Turcs semblèrent d'abord l'emporter. Barbarigo fut mortellement blessé. Il y eut un carnage de part et d'autre. Certaines blessures étaient atroces. On imagine la mort qu'avait un homme recevant dans l'œil une flèche qui pénétrait près de son cerveau.

Les soldats embarqués sur des galères envahies par les Turcs parvinrent à les repousser, parfois difficilement. Les galères turques furent à leur tour envahies. Leurs marins et soldats opposèrent une résistance acharnée, puis furent surclassés. Mehmed Sirocco fut tué. Des galères turques furent capturées. D'autres s'échouèrent sur la côte et leurs occupants s'enfuirent, poursuivis par un corps de débarquement et par des habitants de la région qui en tuèrent beaucoup.

Des milliers d'esclaves chrétiens qui ramaient sur les galères turques échouées ou capturées furent libérés. Ceux qui étaient enchaînés à des galères turques coulées par l'artillerie chrétienne furent entraînés avec elles au fond de la mer et noyés. Mais la victoire de l'aile gauche chrétienne fut écrasante.

Au centre, le choc fut uniquement frontal. Don Juan, qui avait gardé une réserve plus forte qu'Ali muezzin, disposait de deux galéasses et d'unc soixantaine de galères face à près de 90 galères turques renforcées par quelqucs galiotes.

Mais le marquis de Santa Cruz le soutint avec une partie de sa réserve, et les forces s'équilibrèrent.

Les deux navires amiraux, la *Reale* de don Juan et la *Sultane* d'Ali muezzin étaient au milieu de chaque escadre et se firent donc à peu près face. Elles se ruèrent l'une sur l'autre. Les deux amiraux et leurs équipages rivalisèrent d'ardeur. Don Juan se comporta remarquablement. Malgré sa jeunesse, il s'était fait obéir par des amiraux expérimentés, avait surmonté les tensions entre Vénitiens d'une part, Espagnols et Génois de l'autre, et bien manœuvré. Il fit en outre preuve d'une grande bravoure. Les deux galères amirales se heurtèrent et pénétrèrent l'une dans l'autre, écrasant une partie de leurs galériens respectifs. Les soldats espagnols et les janissaires turcs se combattirent avec acharnement, tantôt progressant sur le navire adverse, tantôt rejetés sur le leur. Les Turcs semblèrent l'emporter, mais la galère capitane de Marc Antoine Colonna, amiral des douze galères pontificales, secourut la *Reale*. Ali muezzin fut tué avec ses janissaires, et sa galère fut prise par les chrétiens, qui dominaient partout. Les galéasses avaient coulé des galères turques, et beaucoup d'autres furent prises à l'abordage, ce qui permit de libérer là encore des milliers d'esclaves chrétiens qui ramaient sur les galères turques.

L'aile droite de don Juan, commandée par le Génois Gian Andrea Doria, comprenait deux galéasses et une cinquantaine de galères. Elle se heurta à l'aile gauche turque d'El Euldj Ali, forte d'une soixantaine de galères et d'une trentaine de galiotes.

Il tenta de déborder l'escadre européenne par la gauche. Contrairement à Mehmed Sirocco qui avait eu peu d'espace entre l'escadre de Barbarigo et la côte septentrionale du golfe, El Euldj Ali avait beaucoup d'espace libre entre l'escadre de Doria et la côte méridionale du golfe. Sa manœuvre fut contrée par Doria qui se déplaça aussi vers le sud pour ne pas être tourné.

El Euldj Ali entraîna ainsi Doria assez loin de l'escadre centrale de don Juan. Puis il fit demi-tour et remonta vers cette escadre, qu'il attaqua de flanc.

Doria fit également demi-tour vers le nord mais avança plus lentement car les galères turques, moins armées, semblaient plus légères, et leurs rameurs étaient moins fatigués que ceux de Doria car ils sortaient du mouillage de Lépante alors que les rameurs de Doria avaient fourni de gros efforts. L'intensité des coups de fouet administrés aux galériens pour les faire ramer plus vite joua peut-être aussi un rôle dans cette distanciation.

Alors que l'escadre centrale de don Juan était aux prises avec l'escadre centrale d'Ali muezzin, plus nombreuse, l'escadre d'El Euldj Ali, elle aussi plus nombreuse, lui déboucha dans le flanc, la faisant combattre à un contre deux. Les galères de droite de don Juan subirent le choc principal. La capitane de Malte fut prise par les Turcs et presque tout son équipage fut massacré. Plusieurs autres subirent le même sort, une douzaine fut coulée, dont huit de Venise.

Don Juan de Cardona, amiral des galères de Sicile, tenta de secourir l'escadre de don Juan. La plus grande partie de l'équipage de sa galère capitane fut mise hors de combat.

Le marquis de Santa-Cruz intervint avec la plus grande partie de son escadre de réserve. Don Juan et celles de ses galères qui redevenaient disponibles après avoir coulé ou pris les galères d'Ali muezzin qu'elles affrontaient se tournèrent vers le sud. L'attaque d'El Euldj Ali fut tenue en échec, après que la flotte chrétienne eut frôlé le désastre. La résistance acharnée des galères de droite de don Juan et de la réserve, face à un ennemi supérieur en nombre, donna le temps à Doria de déboucher sur les arrières d'El Euldj Ali qui fut pris entre deux feux et subit un désastre. Les deux tiers de son escadre furent coulés ou pris, et il reperdit les galères occidentales qu'il avait prises. Il se dégagea difficilement avec une trentaine de galères et galiotes et s'enfuit vers la Turquie sans pouvoir être rattrapé. La victoire de don Juan était impressionnante, car la Turquie avait perdu près de 90 % des navires engagés dans cette bataille. Peu de victoires navales furent aussi écrasantes[1].

Les bilans de pertes sont contradictoires. En tentant de les recouper, on peut estimer que 17 galères européennes furent coulées. La plupart des autres furent endommagées. On estima que les Européens eurent près de 8 000 morts et 20 000 blessés.

Une soixantaine de navires turcs fut coulée sur un peu plus de 270. 180 autres environ furent capturés, dont une cinquantaine dut être brûlée ou coulée en raison de son état lamentable.

La plupart des sources sont à peu près d'accord pour estimer que les Européens conservèrent environ 117 galères turques et une douzaine de petits bâtiments en état de flotter et réparables, et qu'ils prirent environ 400 canons turcs.

Les pertes humaines turques sont plus difficiles à établir. Près de 4 000 Turcs furent capturés, probablement presque tous plus ou moins gravement blessés et dont beaucoup ne survécurent probablement pas longtemps. La trentaine de navires sauvés par El Euldj Ali avait perdu une grande partie de ses équipages lors de la bataille et transportait peut-être 3 000 rescapés.

Quelques milliers de soldats et marins turcs des navires coulés ou capturés avaient pu s'échapper à la nage ou sur des

1. Pour plus de détails sur la bataille de Lépante, nous renvoyons au livre qui porte ce titre, par Henri Pigaillem, Economica, Paris, 2003.

canots et débris d'épaves, ainsi que ceux qui avaient débarqué et échappé à leurs poursuivants. Les pertes turques en soldats et marins paraissent difficilement inférieures à 20 000 morts.

Le nombre de galériens chrétiens libérés grâce à la capture de tant de navires pris a été évalué entre 12 000 et 15 000. Il est probablement proche de 15 000. Des milliers d'autres périrent lors du combat et sur les navires turcs qui furent coulés.

Doria et Santa-Cruz furent critiqués par les Vénitiens. Mais si Doria s'était laissé tourner par El Euldj Ali, il aurait été également critiqué. Au lieu de marquer El Euldj Ali, il aurait pu, après avoir fait pivoter ses galères sur leur droite pour les mettre en colonne vers le sud, se déplacer vers l'ouest pour rester proche de l'escadre centrale et attendre de voir comment les navires turcs se remettraient en ligne selon qu'ils attaqueraient de flanc par le sud ou qu'ils passeraient à l'ouest pour attaquer l'escadre centrale par derrière.

Il avait sous-estimé la rapidité des Turcs mais disposait de plus de vingt galères vénitiennes qui n'avaient pas réussi non plus à progresser aussi vite que les Turcs.

Santa-Cruz ne s'était pas engagé à fond pour soutenir l'escadre Barbarigo mise en difficulté par Mehmed Sirocco, mais s'il l'avait fait, El Euldj Ali aurait probablement gagné la bataille par le sud. Santa-Cruz avait dosé ses efforts, assez pour permettre la défaite de Mehmed Sirocco tout en conservant une réserve suffisante grâce à laquelle El Euldj Ali avait pu être tenu en échec.

On a reproché à don Juan de ne pas avoir exploité sa victoire. Mais il ne le pouvait pas. La saison était avancée car il avait fallu trop de temps pour rassembler la flotte alliée, en partie à cause de vents contraires. Sa flotte était si endommagée qu'elle avait besoin de réparations. Il n'aurait pas pu rattraper les navires turcs rescapés. Pour les atteindre à Istanbul, il lui aurait fallu passer le détroit des Dardanelles. Ses troupes embarquées avaient subi de telles pertes qu'il n'aurait même pas pu reprendre Chypre, que les Turcs auraient d'ailleurs immanquablement reprise car ils disposaient de troupes terrestres nombreuses et pouvaient reconstruire rapidement une nouvelle flotte dans leurs ports bien défendus.

Une action aventurée aurait fait perdre le bénéfice de cette victoire. Des critiques en ont donc conclu que cette victoire était inutile, mais elle avait atteint tous les résultats qui étaient à sa portée.

Si les Turcs avaient gagné la bataille et détruit la flotte chrétienne, ils auraient pu attaquer Venise par mer, ce qui les aurait incités à l'attaquer aussi par terre depuis la Serbie. L'Italie divisée aurait eu du mal à les repousser.

La flotte turque aurait pu attaquer Malte qui n'aurait pas pu être secourue, et envahir la Méditerranée occidentale, menaçant Rome, Gênes, Marseille, Barcelone, Valence. Lépante avait donné un coup d'arrêt à l'offensive turque, et l'Europe ne pouvait rien espérer de plus dans la situation qui était la sienne à l'époque.

La flotte considérable que l'Europe avait constituée transportait 30 000 soldats environ. Peu étaient valides après une bataille aussi acharnée. Ils auraient pu être remplacés pendant l'hiver et pendant la réparation des navires endommagés. Mais il aurait été suicidaire de les débarquer en Turquie au printemps de 1572 car les Turcs pouvaient mobiliser au moins 300 000 soldats et écraser un corps de débarquement occidental dix fois moins nombreux.

Une victoire terrestre sur la Turquie n'était possible qu'avec une armée d'au moins 300 000 Européens attaquant depuis l'Autriche en direction d'Istanbul. Cette armée ne pouvait être constituée que si la France, l'Allemagne et l'Autriche se joignaient à l'Espagne et à l'Italie. Mais la France et l'Allemagne étaient neutralisées par leurs divisions religieuses et l'Autriche ne pouvait pas attaquer seule : elle avait déjà eu du mal à repousser les Turcs en 1529.

On a accusé Philippe II d'Espagne de jalousie envers son demi-frère don Juan. C'est exact, don Juan était beaucoup plus sympathique et compétent que Philippe II. Mais l'analyse de Philippe II était néanmoins bonne. Il voulait empêcher Venise d'être prise par les Turcs et interdire l'accès de la Méditerranée occidentale à la flotte turque, mais ne voulait pas aventurer sa flotte en Méditerranée orientale, il ne croyait pas à une victoire totale sur la Turquie par voie maritime, il ne croyait pas non plus que Chypre pouvait être défendue si elle était reprise et, tout en empêchant la défaite de Venise, ne voulait pas épuiser ses forces pour aider Venise à attaquer vainement la Turquie.

Le pape Pie V, qui avait poussé à l'alliance entre l'Espagne et Venise, mourut en 1572. Les Turcs considéraient à juste titre qu'il était un des principaux artisans de cette victoire chrétienne. Ils reconstruisirent rapidement une flotte aussi importante que celle qu'ils avaient perdue, mais ils n'osèrent pas l'aventurer en Méditerranée occidentale, loin de leurs bases. Une partie de leurs dirigeants estima que la Turquie ne pourrait pas progresser beaucoup plus qu'elle l'avait fait jusque-là. Lépante marquait la fin de leur poussée.

Venise signa la paix avec la Turquie en 1573, ce qui lui fut beaucoup reproché. Mais elle n'était pas soutenue offensivement par l'Espagne qui se préoccupait de ses possessions d'Amérique, de l'Atlantique, et de la montée de la puissance maritime anglaise. Venise ne pouvait pas vaincre les Turcs à elle seule. Elle préféra donc s'entendre avec eux et reprendre ses relations commerciales fructueuses, d'autant plus que tout un courant turc pensait la même chose. Il est faux de dire que Philippe II puis Venise avaient trahi la cause européenne. Ils avaient tenu compte de la situation et agi au mieux de leurs intérêts nationaux, et les autres puissances européennes, qui les avaient laissé affronter seuls la Turquie, étaient mal placées pour leur reprocher ce réalisme.

Lépante marqua une étape dans l'évolution des batailles navales, avec l'importance prise par l'artillerie embarquée. Des navires trop lourds ne pouvaient plus être actionnés à la rame, et la voile supplanta les rameurs. On arriva à de gros vaisseaux chargés de nombreux canons et munis de plusieurs mâts et de nombreuses voiles. Cette évolution fut lente, mais irréversible. Il n'y eut plus besoin de galériens, ce qui constitua un progrès humain. Au lieu d'attaquer par l'avant où étaient disposés quelques canons, les vaisseaux des siècles suivants manœuvrèrent pour mettre leur flanc face à l'ennemi afin d'utiliser leurs dizaines de canons placés le long du bord de la proue à la poupe. Les abordages se firent souvent bord à bord et non plus de face.

Les pirates barbaresques continuèrent de sillonner la Méditerranée occidentale sur des bâtiments légers et rapides qui causèrent de grosses pertes aux marines marchandes européennes et permirent des coups de main sur les côtes d'Europe.

Mais les escadres européennes ne furent plus mises en péril par la flotte turque. Les Turcs ne possédèrent pas autant de gros vaisseaux fortement munis de canons que les Européens et furent de plus en plus surclassés sur mer.

Leur artillerie terrestre, si performante sous Soliman II, ne progressa techniquement pas autant que celle de l'Europe et fut de plus en plus surpassée.

Lépante avait marqué un tournant dans les relations turco-occidentales. L'Europe reprit confiance en elle, et les Turcs cessèrent de paraître invincibles.

El Euldj Ali, parvenu à Istanbul, aurait pu être décapité ou empalé pour avoir fui lors de la bataille de Lépante, mais les dirigeants turcs eurent l'intelligence de comprendre qu'il avait bien manœuvré, qu'il aurait pu remporter la victoire, et qu'il avait sauvé une petite partie de la flotte. Il fut promu kapoudan pacha, grand amiral, à la place d'Ali muezzin, mort héroïquement à Lépante. Ce fut lui qui reconstitua rapidement une flotte turque aussi puissante que celle d'avant Lépante.

Don Juan occupa Tunis en 1573 et y laissa une garnison de plusieurs milliers d'Espagnols. El Euldj Ali reprit cette ville en 1574, et la garnison espagnole fut à peu près complètement exterminée. El Euldj Ali mourut quelques années plus tard après une extraordinaire existence qui l'avait mené de la condition de galérien à celle de grand amiral de la flotte turque.

3. MOURAD III ET MÉHÉMED III

Sélim II mourut en 1574 et son fils Mourad III lui succéda. La civilisation ottomane continua de prospérer sous son règne, particulièrement avec le grand architecte Sinan, mort en 1578. Mourad III fit ajouter deux minarets à Sainte-Sophie.

Sinan édifia le tombeau de Sélim II, la belle mosquée de Sélim II à Andrinople, d'autres mosquées.

Un grand historien, Saad ed-Dinn (1536-1599) rédigea une *Histoire de l'empire turc*.

En politique extérieure, Mourad III orienta ses efforts dans trois directions, l'est, le nord et l'ouest. À l'est, il fit reculer l'Iran et progressa dans le Caucase. Au nord-ouest, il progressa dans la partie de la Hongrie encore tenue par l'Autriche.

À l'ouest, il maintint l'autorité turque sur les bases de Tripoli-de-Libye, Tunis et Alger. Le souvenir de Lépante demeurait vivace en Turquie, contrairement à ce qu'on a pu dire depuis à ce sujet, et Mourad III ne risqua pas sa flotte dans le bassin occidental de la Méditerranée, bien que Venise eût repris sa neutralité et que l'Espagne eût des préoccupations ailleurs qu'en Méditerranée. Il n'attaqua pas Venise. Bien que la flotte turque se fût reconstituée et fût redevenue aussi puissante qu'avant Lépante, elle ne tenait pas à livrer une nouvelle grande bataille loin de ses bascs. L'Espagne et Venise, de leur côté, ne tenaient pas non plus à risquer une bataille en Méditerranée orientale, loin de leurs bases. On était donc parvenu sur mer à un statu quo, comme d'ailleurs sur terre où les Turcs avaient dû se contenter de légers progrès territoriaux face à l'Autriche (pourtant peu ou pas soutenue par une bonne partie des États allemands) mais n'étaient pas en mesure de l'abattre.

La flottille pirate d'Alger infligeait de lourdes pertes aux marines marchandes européennes en Méditerranée occidentale, mais n'avait pas la capacité d'affronter et de détruire les marines de guerre espagnole et italienne.

L'écrivain espagnol Cervantes (1547-1616), qui avait combattu à Lépante et y avait été blessé, fut capturé en 1575 par des pirates turcs et détenu cinq ans à Alger comme esclave dans de rudes conditions. Il fut racheté par des prêtres de l'Ordre de la Merci qui, comme nous l'avons signalé dans l'encadré du chapitre 3, rachetèrent beaucoup d'esclaves chrétiens en terre d'islam, s'efforcèrent de réconforter ceux qui ne pouvaient pas être rachetés, et prenaient parfois la place d'esclaves. Cervantes décrivit à son retour le triste sort des esclaves chrétiens, dont le sort pouvait être amélioré s'ils se convertissaient à l'islam mais qui refusèrent pour la plupart car ils estimèrent que le christianisme est plus proche de Dieu que l'islam.

Les Français étaient relativement ménagés car l'alliance franco-turque à l'époque de François Ier et de Henri II avait beaucoup aidé la Turquie, et l'espoir de renouer cette alliance, lorsque la France aurait surmonté ses difficultés intérieures, subsistait parmi les Turcs.

À la faveur de troubles dynastiques au Maroc, les Turcs espérèrent de nouveau étendre leur influence sur ce pays, au moins jusqu'à Fez.

Or, le sultan marocain Moulay Mohammed se montra cruel et fut renversé par ses oncles Abd al-Malik et Ahmed. Il demanda l'aide de l'Espagne et du Portugal tandis que Abd al-Malik tenta un rapprochement avec l'Espagne. Cependant Philippe II d'Espagne eut la sagesse de ne pas vouloir s'enferrer dans le Maroc mais Sébastien de Portugal intervint en faveur de Moulay Mohammed ; il fut vaincu et tué en 1578 à al-Ksar al-Kébir, dans le nord du Maroc. Moulay Mohammed et Abd al-Malik périrent aussi. Ce fut la bataille des trois rois. Ahmed devint sultan et fut surnommé al-Mansour, le Victorieux. Les Turcs perdirent alors l'espoir de dominer le Maroc. Ils ne tentèrent pas non plus d'exploiter la lourde défaite navale subie en 1588 par l'Espagne face à l'Angleterre.

*

*   *

Après sa mort, Mourad III fut remplacé par son fils Méhémed III, qui fit massacrer dix-neuf de ses frères et demi-frères pour supprimer de possibles compétiteurs.

Méhémed III poursuivit la politique d'expansion pratiquée par son père en Hongrie occidentale et dans le Caucase. Il vainquit les Autrichiens sans remporter de victoire décisive. À partir de 1587, le général polonais Zamoyski refoula les Turcs hors de Moldavie et de Valachie. Le prince de Valachie, Michel le Brave, aidé par l'empereur Rodolphe II de Habsbourg, petit-neveu de Charles Quint, tenta alors de réunir en 1600 la Moldavie et la Transylvanie à la Valachie

Mais cette coalition se dissocia et Michel le Brave fut assassiné. Méhémed III mourut en 1603.

CHAPITRE 6

Les échecs turcs

Le XVIIe siècle fut marqué par des conflits entre les puissances européennes, que la Turquie ne parvint pas à exploiter.

1. L'EUROPE

L'Europe continua de manifester, pendant le XVIIe siècle, un très grand dynamisme en littérature, peinture, sculpture, architecture, sciences et technique, mais fut en proie à de nombreux conflits. La France, ravagée par les guerres de religion au cours de la seconde moitié du XVIe siècle, se releva et devint la première puissance d'Europe. Elle affaiblit l'Espagne et l'Autriche. L'Angleterre et la Hollande contribuèrent aussi à affaiblir l'Espagne. La Russie se préoccupa beaucoup de son expansion en Sibérie, et la Pologne contra la progression turque au nord de la Roumanie.

*

*   *

La France fut économiquement redressée par Henri IV et son ministre Sully. Après l'assassinat de Henri IV en 1610, sa veuve Marie de Médicis fut confrontée à des révoltes de la grande aristocratie, qu'elle apaisa en écornant les finances royales. Elle s'appuya sur son favori italien Concini, qui coûta cher lui aussi, et fut assassiné en 1617. Louis XIII, fils de Henri IV et de Marie de Médicis, prit le pouvoir. Il s'appuya à partir de 1624 sur le cardinal de Richelieu, adversaire des Habsbourg d'Espagne et d'Autriche. Nous avons vu (chapitre 3.3) que Charles Quint descendait du duc de Bourgogne Charles le Téméraire. Une partie de ce duché, les Pays-Bas, l'Artois et la Franche-Comté, avait été réunie à l'Espagne. Plusieurs villes surtout septentrionales des Pays-Bas, notamment en Hollande, étaient devenues calvinistes et s'étaient révoltées contre l'Espagne. Or, Richelieu craignait que l'Espagne voulût la Bourgogne, et lui-même souhaitait lui enlever l'Artois et la Franche-Comté.

Il reprit aux protestants en 1628, la ville de La Rochelle, qu'ils avaient obtenue comme place de sûreté. Des milliers d'entre eux moururent pendant le siège. Il maintint toutefois la liberté du culte.

Il réprima des complots aristocratiques, combattit l'Espagne, qui protégeait l'Europe sur mer contre la Turquie, et l'Autriche qui la protégeait sur terre.

Nous résumerons ce conflit plus loin. Richelieu augmenta considérablement les effectifs de l'Armée française et développa sa marine. Sa politique coûta cher et il dut faire face à des révoltes de paysans écrasés d'impôts. Après la mort de Richelieu, en 1642, et de Louis XIII, en 1643, Anne d'Autriche, veuve de Louis XIII, exerça la régence au nom de leur fils Louis XIV, en s'appuyant sur le cardinal Mazarin.

Elle fit face à une révolte bourgeoise et aristocratique, la Fronde. Après la mort de Mazarin en 1661, Louis XIV exerça personnellement le pouvoir, renforça encore l'armée et la marine de la France, reprit la guerre contre l'Espagne et l'Autriche, et suscita contre lui l'hostilité de presque toute l'Europe.

*

* *

La reine Elisabeth d'Angleterre mourut en 1603. Elle avait renforcé la marine anglaise, assuré sa domination sur l'Irlande catholique et pris pied sur la côte est de l'Amérique du Nord où sa colonie fut nommée Virginie.

La reine d'Écosse Marie Stuart, qu'Elisabeth avait fait décapiter, descendait de Henri VII d'Angleterre. Son fils Jacques succéda à Elisabeth comme roi d'Angleterre. Il était anglican, réprima des complots catholiques et s'efforça de contenir la montée du calvinisme. Après sa mort, en 1625, son fils Charles Ier lui succéda.

Époux de Henriette de France, sœur de Louis XIII, Charles Ier tenta de rapprocher l'anglicanisme du catholicisme et s'opposa au calvinisme. Une révolution éclata contre lui. Cromwell, un puritain[1], devint dictateur en 1645. Il fit décapiter Charles Ier en 1649, réprima durement une révolte irlandaise, développa la flotte anglaise, tint tête à celle de la Hollande et mourut en 1658.

Charles II, fils de Charles Ier, devint roi. Bien que personnellement plutôt proche du catholicisme, il tint compte de ce que la majorité des Anglais était anglicane.

*

* *

Le roi d'Espagne, Philippe II, un des artisans de la victoire navale de Lépante sur les Turcs, mourut en 1598. Son fils Philippe III lui succéda. Il ne croyait pas que la conversion au christianisme des Moriscos, descendants des colons musulmans de l'Espagne, fût sincère, et il craignait leur révolte lors de conflits de l'Espagne contre le Maroc et la Turquie. Comme il a été indiqué précédemment, il les expulsa en 1609 et 1610. On a parlé de trois millions de Moriscos exilés vers l'Afrique du Nord, ce qui paraît impossible car il n'y avait alors que six à sept millions d'Espagnols, et une aussi forte proportion de Moriscos ne serait pas vraisemblable. Même leur évaluation à un million semble exagérée. Albert Mousset[2] estima qu'ils étaient 150 000 à 180 000.

Le nombre de 500 000 a été retenu par F. L'Huillier[3].

Leur départ priva l'Espagne de travailleurs très actifs. Beaucoup s'établirent à Salé, au Maroc et s'adonnèrent à la piraterie. Leur départ appauvrit l'Espagne qui avait déjà été économiquement frappée par l'expulsion des israélites en 1492.

Le duc d'Osuña, vice-roi de Sicile, sous la suzeraineté de l'Espagne, désapprouva leur expulsion. Il combattit les Turcs, délivra 17 000 esclaves chrétiens d'Afrique du Nord, s'opposa à l'établissement de l'Inquisition à Naples, fut rappelé en Espagne en 1619 et mourut en prison quelques années plus tard, accusé de

1. Le puritanisme était un courant calviniste d'Écosse et d'Angleterre. Les puritains furent persécutés et beaucoup émigrèrent dans les colonies anglaises d'Amérique du Nord.
2. Ouvrage cité en note du chapitre 3.
3. *Les temps modernes,* Armand Colin, Paris, 1939.

malversations. Il était par ailleurs favorable à une paix aux Pays-Bas.

Philippe III mourut en 1621. Son fils, Philippe IV, lui succéda. Les mines d'or d'Amérique produisaient moins, l'entretien de l'Armée et de la Marine coûtait cher, les impôts étaient lourds, il y avait beaucoup de mendiants, l'économie déclinait.

Philippe IV tenta d'agrandir ses possessions d'Italie du Nord mais fut contré par Richelieu.

La France entra en guerre contre l'Espagne en 1635 et fut aidée par la Hollande et la Savoie. La France avait près de trois fois plus d'habitants que l'Espagne mais fut mise en difficulté par l'excellente armée espagnole qui attaqua depuis l'Artois en direction de Paris.

La Hollande, deux fois moins peuplée que l'Espagne, disposait d'une excellente flotte. Ses corsaires infligèrent de lourdes pertes aux navires marchands espagnols qui circulaient entre l'Espagne et l'Amérique du Sud. Sa flotte de guerre écrasa celle de l'Espagne en 1639. L'Espagne perdit sa suprématie navale antérieure.

Le Portugal, réuni à l'Espagne après la mort de Sébastien de Portugal, se souleva contre l'Espagne, ainsi que la Catalogne. Les troupes françaises prirent aux Espagnols l'Artois, au nord de Paris, et le Roussillon, près des Pyrénées.

Une contre-attaque espagnole vers la Champagne fut brisée en 1643 par les Français à Rocroi. L'armée espagnole perdit alors sa prépondérance.

L'Espagne reconnut l'indépendance des Pays-Bas du Nord en 1648. Elle vainquit en 1652 la Catalogne que soutenait la France.

La France s'allia avec Cromwell et les troupes franco-anglaises vainquirent une armée espagnole près de Dunkerque en 1658. L'Espagne signa alors la paix en 1659 et céda à la France l'Artois et le Roussillon.

À Philippe IV, mort en 1665, succéda son fils Charles II, encore enfant. Le roi de France Louis XIV reprit la guerre contre l'Espagne en 1667 et s'empara de la région de Lille. L'Espagne reconnut l'indépendance du Portugal en 1668.

En 1672, Louis XIV envahit les Provinces-Unies (la Hollande), qu'une rivalité maritime et commerciale opposait à la France. Les Hollandais crevèrent leurs digues et inondèrent leur pays, que l'Armée française ne put pas occuper. L'Espagne, l'Autriche et plusieurs princes allemands soutinrent la Hollande.

L'armée française vainquit les Espagnols en Franche-Comté et les Austro-Allemands en Alsace.

Une partie de la Sicile se révolta contre l'Espagne et fut aidée par l'escadre française de Méditerranée. L'Espagne, dont la puissance navale s'était effondrée sous les coups des Provinces-Unies et de l'Angleterre, fit appel à celles-là qui envoyèrent en Méditerranée l'escadre de l'amiral Ruyter. Cette escadre fut détruite en 1676 par l'amiral français Duquesne. La flotte française devint prépondérante en Méditerranée occidentale. Les traités de Nimègue, en 1678-1679, mirent fin à cette guerre. L'Espagne céda la Franche-Comté à la France.

*

*   *

Les Habsbourg d'Autriche régnaient également sur la Bohème (Tchéquie actuelle) et conservaient dans leur famille la couronne impériale qui leur donnait une autorité théorique sur l'Allemagne, peuplée d'une douzaine de millions d'habitants divisés en à peu près 400 États dont les principaux étaient la Bavière, la Saxe et le Brandebourg. La Bavière était catholique mais le reste de l'Allemagne était en grande partie protestant.

Le protestantisme gagnait du terrain en Bohème, où un mouvement national voulut séparer les Tchèques de l'Autriche en 1618. Cette rébellion déclencha la guerre de 30 ans. L'empereur Ferdinand II de Habsbourg fit appel à la Bavière qui disposait d'une bonne armée. Les Tchèques furent vaincus en 1620 et subirent une rude répression de la part de l'Autriche.

La Bavière occupa ensuite le Palatinat devenu calviniste. Le Danemark luthérien soutint les protestants allemands mais fut vaincu par les armées de la Bavière et de l'Autriche. Il se retira de la guerre en 1629.

Le roi luthérien de Suède, Gustave-Adolphe, intervint en 1631 contre l'Autriche et la Bavière, et fut soutenu indirectement par la France. Il avait organisé une excellente armée d'une quarantaine de milliers d'hommes qu'il dota d'une artillerie légère mobile. Pour donner moins de prise aux tirs ennemis, il fit attaquer son infanterie en ordre plus clairsemé.

Il vainquit les armées de la Bavière et de l'Autriche en Saxe, en 1631 et 1632, mais fut tué. L'armée suédoise occupa l'Alsace en 1638 et Richelieu la prit au service de la France. Cette Armée perdit son caractère suédois car elle recruta beaucoup d'Allemands. L'empereur Ferdinand III de Habsbourg, qui avait succédé à son père en 1637, signa la paix en 1648. La France reçut l'Alsace moins Strasbourg.

La liberté de religion fut reconnue aux princes allemands, dont les sujets furent tenus d'avoir la même religion que leur prince. On autorisa l'émigration de ceux qui ne voulaient pas adhérer à la religion de leur prince. L'électeur palatin recouvra la plus grande partie du Palatinat. Les États allemands devinrent en pratique indépendants et les Habsbourg d'Autriche conservèrent la couronne impériale qui resta théorique. L'autorité réelle des Habsbourg ne s'exerça que sur l'Autriche, la Bohème et la partie de Hongrie que les Turcs n'avaient pas réussi à occuper.

L'Allemagne, effroyablement dévastée par cette guerre de religion, n'avait plus que quelques millions d'habitants.

L'Autriche et plusieurs États allemands soutinrent en 1673 les Provinces-Unies (la Hollande) attaquées par la France. Les troupes austro-allemandes pénétrèrent en Alsace mais en furent chassées par les Français en 1674-1675. La paix de Nimègue laissa à la France l'Alsace moins Strasbourg. Louis XIV fit occuper Strasbourg en 1681, en pleine paix.

La France était le pays le plus peuplé d'Europe. Son armée était la plus puissante : elle pouvait mettre en ligne 300 000 hommes, autant que la Turquie. Son matériel était performant, avec des fusils qui tiraient relativement vite et auxquels les baïonnettes facilitaient les combats au corps à corps. Sa flotte était excellente, avec de gros vaisseaux à voiles armés d'une centaine de canons. On était loin des galères de Lépante munies de quelques canons. Des galères étaient encore utilisées mais se périmaient.

La Turquie conservait une armée et une flotte nombreuses, mais leur armement n'était pas comparable à celui de la France. Heureusement pour la Turquie, la France conservait des liens ave elle, tout en s'inquiétant de la piraterie barbaresque ; elle avait abattu l'Espagne et elle menaçait la petite Autriche, ce qui était favorable à la Turquie. Mais cette dernière, qui se sclérosait, ne réussit pas à exploiter les possibilités que lui donnèrent les ennuis de l'Autriche et de l'Espagne, heureusement pour l'Europe.

2. LA TURQUIE[1]

À Méhémed III, mort en 1603, succéda son fils Ahmed (1589-1617). Il fut confronté au désir d'indépendance des

1. Le mot « Turquie », employé par commodité, fut surtout usité plus tard. À l'époque, on parlait d'« empire ottoman ».

Hongrois de Transylvanie qui recherchaient parfois l'appui des Turcs contre l'Autriche, et de l'Autriche contre les Turcs.

Ahmed réprima des révoltes druzes et kurdes soutenues par l'Iran. Il souhaita maintenir des liens avec la France mais était plus ou moins obéi par les pirates de Tunis et d'Alger. La France possédait depuis le siècle précédent un comptoir sur la côte de l'est algérien, près de La Calle, le « Bastion de France ». Les pirates pillèrent ce comptoir en 1604. Le comte de Brèves, ambassadeur de France à Istanbul, protesta. Ahmed fit étrangler le gouverneur d'Alger, et le comte de Brèves obtint la libération d'esclaves chrétiens.

Mais les pirates d'Afrique du Nord continuaient leurs incursions en Méditerranée et sur les côtes d'Europe. Ils ne pouvaient pas inquiéter les escadres européennes mais étaient très rapides et faisaient des ravages parmi les navires marchands. En 1605, le prêtre saint Vincent de Paul (1581-1660) fut enlevé près de Marseille par des pirates et devint esclave à Tunis. C'était un prédicateur efficace et il reconvertit au christianisme son propriétaire, un chrétien devenu musulman. Tous les deux s'évadèrent de Tunisie par mer et regagnèrent la France.

Ahmed fit construire à Istanbul la magnifique mosquée bleue, au sud-ouest de Sainte-Sophie. Il mourut en 1617 et eut pour successeur son frère Mustafa qui fut renversé en 1618 au profit d'Osman II, fils d'Ahmed,

Les Turcs réoccupèrent la Valachie et la Moldavie en 1620, vainquirent et tuèrent le général polonais Zolkiewski, venu protéger ces provinces, et attaquèrent la Pologne. Ils furent vaincus en 1621 à Choczin par le général Chodkiewicz, au sud du Dniestr.

Osman II, énergique malgré son jeune âge, tenta de réformer la Turquie paradoxalement souvent gouvernée par des convertis étrangers et non par des Ottomans. Il voulut aussi rétablir la discipline parmi les janissaires, également étrangers.

Le générai albanais Daoud pacha, qui avait épousé une sœur de l'ex-sultan Mustafa, souleva en 1622 les janissaires contre Osman II, qui fut étranglé. C'était une résurgence du vieux chamanisme turco-mongol selon lcquel l'âme est dans le sang ; en étouffant quelqu'un, on lui permettait de survivre en tant qu'esprit. Cette marque de sympathie envers la victime n'était toutefois pas agréable pour cette dernière.

Mustafa fut remis au pouvoir et Daoud pacha devint grand vizir. Mais la situation extérieure se dégradait. L'Iran entreprit de chasser les Turcs hors d'Irak, de Géorgie et d'Arménie.

En 1623, les janissaires tuèrent Daoud pacha et déposèrent Mustafa, qui fut interné et mourut seize ans plus tard.

Mourad IV, fils d'Ahmed et de la sultane Kassem (Kösem), grecque selon P. Lassieur[1], fut proclamé sultan. Il manifesta évidemment une certaine sympathie pour la France et une non moins certaine réserve envers l'Espagne.

Il soutint la France lorsque Richelieu s'opposa en 1628 à l'extension territoriale de l'Espagne en Italie du Nord. Richelieu fut aussi appuyé par la Savoie et Venise[2]. Cette dernière avait été heureuse d'être soutenue par l'Espagne face aux Turcs lors de la bataille de Lépante, mais la reconnaissance est rarement éternelle en politique ; dès lors que les Turcs semblaient moins dangereux, Venise ne tenait pas à avoir pour voisine une Espagne trop puissante.

Quant à Mourad IV, on peut supposer que s'il était parvenu à conquérir l'Autriche et l'Espagne, il aurait pu être fortement tenté d'envahir ensuite la France, et il semble que tout le monde ne résiste pas toujours aux tentations.

L'Autriche, affaiblie par la guerre de Trente Ans, avait eu la chance qu'Osman II se fût heurté à la Pologne. Elle eut aussi la chance que Mourad IV eût des difficultés avec les Druzes et l'Iran.

Les Druzes étaient de rudes combattants établis dans le sud du Liban et de la Syrie. Superficiellement musulmans, ils conservaient la croyance bouddhiste en la réincarnation de l'âme. Leur émir Fakhr ed-Dinn avait combattu les Turcs au début du siècle. Il se rendit peu à peu indépendant et se rapprocha du christianisme.

Mourad IV le vainquit, le captura et le fit exécuter en 1635.

Mourad IV fit tuer en 1635 ses frères Bayazid et Soliman en lesquels il voyait des compétiteurs possibles. Il fit reculer les Iraniens en Arménie et en Irak, et mourut en 1640. La mort de Bayazid inspira plus tard à Racine sa célèbre tragédie *Bajazet*, dans laquelle la réalité historique est un peu arrangée, mais comme l'a dit en substance Alexandre Dumas encore plus tard, on a le droit de violer un peu l'Histoire à condition de lui donner de beaux enfants.

Ibrahim, un frère de Mourad IV que ce dernier n'avait pas fait tuer, devint sultan. Sa mère, la sultane Kassem, exerça une forte influence.

1. Pierre Lassieur, *L'arrivée de la Turquie*, Grancher, Paris, 2007.
2. Albert Mousset, *Histoire de l'Espagne*, Société d'Éditions françaises et internationales, Paris, 1947.

La Turquie n'avait pas pu exploiter la guerre civile qui ravageait l'Allemagne car elle avait été handicapée par ses problèmes de succession, ainsi que par la combativité de l'Iran, de la Pologne et des Druzes.

Ibrahim préféra axer ses efforts contre Venise que contre l'Autriche, et pensa pouvoir enlever l'île de Crète à Venise. Ce n'était pas un mauvais calcul puisque l'Espagne perdait sa puissance navale et soutenait une guerre difficile contre la France. L'Autriche, affaiblie par la guerre de Trente Ans qui n'était pas terminée, n'était pas en mesure d'effectuer une diversion terrestre contre la Turquie pour aider Venise.

Les Turcs, débarqués en Crète, prirent La Canée en 1645 mais les Vénitiens résistèrent avec acharnement.

La Turquie eut, à l'époque, un grand scientifique, Hadji Khalfa (1608-1657), mais elle fut distancée en matière scientifique par l'Europe qu'elle ne pourrait plus vaincre si elle tardait à la rattraper.

Ibrahim fut renversé en 1648 et étranglé. Son fils Méhémed IV (1644-1691) fut proclamé sultan. C'était un enfant. Sa grand-mère Kassem fut étranglée en 1651 [1].

Un Albanais, Mohammed Koeprulu (1591-1661) devint grand vizir quelques années plus tard, redressa la situation financière et militaire de l'empire ottoman, poursuivit la conquête de la Crète, remporta des victoires sur les Vénitiens, réprima des révoltes en Syrie et Égypte et triompha du patriote hongrois Georges Rakoczy, qui fut vaincu et tué en 1660.

Mohammed Koeprulu mourut en 1661. Son fils Fazil Ahmed Koeprulu (1633-1691) lui succéda. Il attaqua l'Autriche en 1664, mais celle-ci avait eu le temps de reconstituer ses forces depuis la fin de la guerre de Trente Ans. Les Hongrois avec Paul Esterhazy et le ban de Croatie Nicolas Zrinyi (qui appartenait à la famille de l'ancien ban Nicolas Zrinyi, adversaire de Soliman II), combattirent alliés aux Autrichiens, que soutinrent aussi contre les Turcs, Venise et la Pologne. L'Autriche put ensuite compter sur des contingents allemands. Le roi de France Louis XIV rompit avec la politique pro-turque menée par la France depuis François Ier. Conscient du danger qui menaçait l'Europe, il envoya à l'Autriche un corps expéditionnaire commandé par Jean de Coligny, de la famille de l'amiral tué lors de la Saint-Barthélémy.

---

1. Pierre Lassieur, *L'arrivée de la Turquie*, Grancher, Paris, 2007.

Le maréchal autrichien Montecucculi, avec toutes les troupes dont il disposait, vainquit les Turcs à Saint-Gotthard, sur les confins de la Hongrie et de l'Autriche.

*

* *

Louis XIV, irrité par la piraterie barbaresque, intervint aussi sur mer. Les Turcs maintenaient leur autorité sur l'Algérie avec de faibles effectifs surtout installés à Alger. Ils s'appuyaient sur des tribus dites Maghzen qui étaient fiscalement avantagées et maintenaient les autres tribus dans l'obéissance.

La situation en Algérie s'avérait très confuse.

Les expéditions turques contre les tribus rebelles n'étaient pas tendres. Les Koulougli, fils de Turcs et d'Algériennes, étaient discriminés et leurs révoltes furent écrasées. Les pirates et les janissaires se disputaient le pouvoir. Des pachas nommés à Alger par les sultans turcs avaient été assassinés. Le pouvoir était tombé, à la fin, aux mains d'agha de janissaires. La peste de 1663 tua environ 10 000 esclaves chrétiens d'Alger[1] sur une trentaine de milliers.

Le duc de Beaufort (1616-1669), une forte personnalité, fut mis à la tête de l'escadre française de Méditerranée. Il était le fils du duc de Vendôme, lui-même fils adultérin de Henri IV et de Gabrielle d'Estrées donc cousin de Louis XIV. Il s'était opposé à Richelieu et Mazarin, avait été interné à Vincennes, s'en était évadé, avait pris part à la révolte de la Fronde contre Louis XIV, s'était acquis une forte popularité parmi le peuple de Paris. Il s'était rallié à Louis XIV, qui l'utilisa. Il attaqua le port algérien de Djidjelli et bombarda Alger.

À cette époque, les Turcs et Tatar de Crimée attaquèrent la Pologne et tentèrent d'occuper la province de Podolie, au nord de la Moldavie. Ils furent repoussés par le général polonais Jean Sobieski (1629-1696). Ils axèrent alors leurs efforts contre Venise et terminèrent l'occupation de la Crète. Louis XIV soutint Venise et ce fut ainsi que le duc de Beaufort fut tué en Crète par les Turcs en 1669.

Les Turcs alors intensifièrent leurs efforts contre la Pologne Mais plusieurs dizaines de milliers de Turcs et de Tatar de Crimée

1. Amar Naroun, *Histoire parallèle, la France en Algérie,* Librairie académique Perrin, Paris, 1963.

furent vaincus par Sobieski en 1673 à Choczin et en 1676 à Zurawno, près du Dniestr.

Cette guerre empêcha les Turcs de réattaquer l'Autriche pendant qu'elle combattait les Français en Alsace (1674-1675).

Cependant, les pirates barbaresques continuaient leurs attaques. Une de leurs victimes fut le célèbre auteur de théâtre Regnard (1655-1709), capturé au retour d'un voyage en Italie, en 1678, vendu comme esclave à Alger, transféré à Istanbul où sa famille parvint à le racheter en 1681.

CHAPITRE 7

Le reflux

Tenus en échec par l'Autriche et la Pologne de 1664 à 1676, les Turcs eurent un sursaut en 1683 et furent aidés par la politique agressive de Louis XIV, auquel l'Autriche fit face jusqu'en 1714. Mais celle-ci tint tout de même tête à la Turquie, malgré sa lutte sur deux fronts.

1. LOUIS XIV ET L'EUROPE : UNE POLITIQUE QUI FAVORISAIT INDIRECTEMENT L'EMPIRE OTTOMAN

Louis XIV mena une politique intérieure et extérieure agressive. À l'intérieur, il intensifia les pressions pour convertir les protestants au catholicisme, alors que la réconciliation entre catholiques et protestants était réalisée depuis Louis XIII. 300 000 protestants français s'exilèrent vers l'Angleterre, l'Allemagne, la Hollande, les colonies anglaises d'Amérique et la colonie d'Afrique du Sud, qu'ils enrichirent. Leur départ porta un rude coup à l'économie française.

Louis XIV eut aussi des conflits avec la papauté et avec des évêques français. Il disgracia l'archevêque Fénelon et le grand ingénieur militaire Vauban, qui émirent des critiques contre des aspects de sa politique.

À l'extérieur, il fit bombarder Gênes et occuper le Palatinat. Jacques II d'Angleterre, catholique et plutôt favorable à la France, persécuta les presbytériens (puritains), surtout en Écosse. Ses tribunaux firent exécuter ou déporter des centaines de presbytériens. Jacques II fut renversé au profit de son gendre Guillaume d'Orange, stathouder de Hollande, en 1688. Guillaume d'Orange, devenu Guillaume III d'Angleterre, fut un des animateurs d'une coalition contre la France qui engloba la Hollande, l'Angleterre, l'Espagne, l'Autriche, plusieurs États allemands, la Savoie et la Suède.

Louis XIV fit dévaster le Palatinat en 1689. Au cours de la guerre qui suivit, les armées françaises vainquirent les Hollandais et Savoyards, et pénétrèrent en Catalogne. La flotte française tint difficilement tête à celles de la Hollande et de l'Angleterre qui, unies, la surclassaient. Des corsaires français infligèrent de lourdes pertes aux marines marchandes de l'Angleterre, de la Hollande et de l'Espagne. Les coalisés signèrent en 1697 la paix avec la France, qui évacua le Palatinat.

Le roi Charles II d'Espagne, qui n'avait pas d'enfants, légua son trône à son petit-neveu le duc d'Anjou, petit-fils de Louis XIV. Il mourut en 1700.

Philippe d'Anjou accepta le trône d'Espagne. L'Angleterre, la Hollande, l'Autriche, la Savoie et le Portugal s'y opposèrent. Une nouvelle guerre éclata, entre cette coalition d'une part, la France et l'Espagne de l'autre.

Les coalisés chassèrent les Français hors de la Belgique mais ne parvinrent pas à envahir la France. Les Austro-Allemands prient la Lombardie à l'Espagne et repoussèrent les Français.

La flotte anglaise prit Gibraltar à l'Espagne et disposa ainsi d'une base d'accès vers la Méditerranée. Une armée anglo-portugaise envahit l'Espagne mais fut repoussée par une armée hispano-française.

L'union de l'Angleterre et de l'Écosse donna naissance à la Grande-Bretagne. Les traités d'Utrecht (1713) et de Rastadt (1714) terminèrent cette guerre. Philippe d'Anjou demeura roi d'Espagne mais renonça pour lui et sa descendance au trône de France. Il céda la Lombardie et la Belgique à l'Autriche, Gibraltar à la Grande-Bretagne.

Il perdit aussi Naples et la Sicile, qui passèrent par la suite sous l'autorité des Bourbons d'Espagne. Louis XIV mourut en 1715.

L'Autriche sortit renforcée de cette guerre et devint un État encore plus multinational qui regroupait des Autrichiens germaniques, des Hongrois, des Italiens de Lombardie, des Slaves de Croatie et de Bohème, des Flamands et Wallons de Belgique.

Ce renforcement intervint alors que la Turquie s'affaiblissait.

2. DE MÉHÉMED IV À MUSTAFA II

La principale barrière européenne contre l'invasion turque était l'Autriche, envers laquelle l'Europe aurait dû éprouver beaucoup plus de reconnaissance.

Les circonstances ne permirent généralement pas à la Turquie d'attaquer l'Autriche quand elle était vulnérable, et les offensives ottomanes eurent souvent lieu à contre-temps, trop tôt ou trop tard, à des moments où l'Autriche pouvait se défendre.

Nous avons vu que la Turquie n'avait pas pu attaquer l'Autriche pendant la guerre de Trente Ans, de 1618 à 1648, alors que l'Autriche était en situation difficile, ni de 1673 à 1678 alors que l'Autriche soutenait la Hollande envahie par la France.

L'agressivité de Louis XIV permettait de supposer une nouvelle guerre qui affaiblirait l'Autriche à l'est, et cette guerre se déroula effectivement de 1689 à 1697. Mais la Turquie n'attendit pas car la situation en Hongrie lui parut favorable et elle pensa à juste titre que la France, cette fois, ne soutiendrait pas l'Autriche.

Les Hongrois voulaient être indépendants de l'Autriche comme de la Turquie. Certains estimaient que la Turquie était la plus dangereuse, à cause de ses pressions religieuses. D'autres pensaient que la Turquie, en décadence, ne pouvait pas facilement exercer son autorité directe au nord du Danube et laisserait une certaine autonomie aux Hongrois, alors que la domination autrichienne pouvait être plus lourde.

Le magnat Emeric Thoekoely (1656-1705), révolté contre l'Autriche, appela les Turcs à son aide. Le grand vizir Kara Mustafa, apparenté par mariage à l'influente famille albanaise des Koeprulu, envahit alors l'Autriche et assiégea Vienne en 1683 avec une armée évaluée entre 200 000 et 300 000 hommes munis d'une forte artillerie. Mais les Hongrois favorables à Paul Esterhazy combattirent aux côtés des Autrichiens. Les Polonais de Jean Sobieski, le duc Charles V de Lorraine et des contingents allemands se portèrent au secours de Vienne. L'armée turque fut ainsi vaincue, rejetée vers la Hongrie et Belgrade, et poursuivie. Elle perdit Budapest, fut à nouveau défaite en 1687 à Mohacz par Charles V de Lorraine.

Cette bataille de Vienne, qui arrêta l'invasion de l'Europe par les Turcs, fut aussi importante que celle de Poitiers où les Francs avaient arrêté en 732 l'invasion de l'Europe par les Arabes. La France n'était pas intervenue, comme on pouvait le supposer.

Venise opéra un débarquement en Grèce pour soulager l'Autriche. L'amiral Francesco Morosini (1618-1694), qui avait combattu les Turcs en Crète, leur prit la Morée et débarqua au Pirée, le port d'Athènes. Cette ville avait périclité sous la domination turque. Elle était réduite à quelques milliers d'habitants et une garnison turque stationnait sur l'Acropole. Lors des combats, un obus vénitien fit exploser la réserve de poudre que les Turcs avaient entreposée dans le Parthénon et ce monument fut sérieusement endommagé. Cependant, les Vénitiens ne purent pas se maintenir en Attique.

La Russie intervint également en faveur de l'Autriche. Une armée russe attaqua les Tatar de Crimée, alliés aux Turcs, mais dut se replier.

Sur ces entrefaites, les janissaires déposèrent le sultan Méhémed IV en 1687 et le remplacèrent par son frère Soliman III.

Les Autrichiens pénétrèrent en Serbie. Mais Francesco Morosini, élu doge de Venise, ne parvint pas à prendre l'île d'Eubée aux Turcs. En outre, une nouvelle expédition russe vers la Crimée échoua en 1689.

La dévastation du Palatinat par Louis XIV dressa contre lui une grande partie de l'Europe, dont l'Autriche. Aussi la Turquie reprit espoir et contre-attaqua l'Autriche.

Toutefois, il n'y eut pas d'alliance spectaculaire entre la Turquie et la France, d'autant plus que Louis XIV avait fait bombarder Alger, comme nous le verrons plus loin, mais cette alliance fut implicite.

On ne peut pas dire que Louis XIV fit bombarder Gênes, révoquer l'Édit de Nantes (ce qui provoqua une émigration massive de protestants français) et incendier le Palatinat parce que la Turquie attaquait l'Autriche, car il l'aurait probablement fait aussi même si la Turquie était demeurée en paix. Mais l'offensive turque favorisa du moins ses projets en requerrant une plus grande attention de l'Autriche et d'une partie de l'Europe vers l'est plutôt que vers la France, et en fixant à l'est une grande partie des forces autrichiennes pendant la guerre menée de 1689 à 1697 par les coalisés contre la France.

Inversement, cette guerre attira contre la France une partie des forces qui combattaient la Turquie, ce qui permit à cette dernière de se redresser pendant la durée de ce conflit. L'alliance franco-turque perdura donc implicitement bien que Louis XIV, qui tenait à se présenter comme un roi très chrétien, ne l'ait pas proclamée aussi clairement que François Ier auquel cette alliance avait attiré une forte désapprobation en Europe. Or la Turquie avait été battue en 1664 en partie parce qu'un corps expéditionnaire français avait soutenu l'Autriche, aussi aurait-elle peut-être hésité à attaquer Vienne en 1683 si elle avait craint de se retrouver dans la même situation qu'en 1664. Ainsi, en 1683, avait-elle escompté à juste titre la neutralité de la France en ce qui concernait la défense de Vienne.

Ensuite, à la faveur de la guerre de 1689-1697 menée par une partie de l'Europe contre la France, la Turquie tenta de reprendre l'avantage sur l'Autriche. Le grand vizir Mustafa Koeprulu reprit la région de Belgrade, en Serbie, dès 1690 mais fut tué en 1691 lors d'un combat. Soliman III mourut la même année et eut pour successeur son frère Ahmed II. Le front se stabilisa à peu près, aucun des deux belligérants ne parvenant à écraser l'autre. Venise remporta néanmoins quelques succès dans des îles de la mer Égée.

Ahmed II mourut en 1695. Son neveu Mustafa II (1664-1703), fils de Méhémed IV, lui succéda. Il tint tête aux janissaires, à l'Autriche et à la Russie, vainquit les Autrichiens près de la Tisza et repoussa une attaque du tsar Pierre Ier de Russie contre Azov, sur la mer du même nom.

En 1696, Mustafa II résista aux Autrichiens en Transylvanie. Mais Pierre le Grand construisit une flotte sur le Don, bloqua Azov et s'en empara.

Ainsi, lorsque la France dut signer la paix, en 1697, la Turquie n'avait pas pu abattre l'Autriche pendant cette guerre. Au contraire, l'Autriche, renforcée, reprit l'offensive. Elle disposait d'un excellent général, le prince Eugène de Savoie-Carignan (1663-1730).

N'ayant pas été utilisé par Louis XIV, il était entré au service de l'Autriche, avait combattu contre les Turcs puis contre la France. Il vainquit et tua en 1697 près de la Tisza le grand vizir Mohammed Elmas pacha, originaire de Bosnie.

En 1698, le général polonais Rzewuski vainquit à Choczin, au nord de la Moldavie, les Tatar alliés de la Turquie. Parallèlement Mustafa Daltaban, un général turc efficace, progressa en Bosnie au détriment des Autrichiens.

Le grand vizir Amoudja Zadé Koeprulu négocia en 1699 le traité de Karlowitz, en Slavonie. La Turquie céda la Hongrie à l'Autriche, la Morée à Venise et Azov à la Russie. Son reflux avait commencé.

*

* *

En Méditerranée, Alger était toujours un nid de pirates et un énorme marché d'esclaves chrétiens. À partir de 1587, la Turquie n'y avait plus nommé de beylerbey, mais des pachas dont l'autorité fut peu acceptée par les janissaires et les pirates.

Les janissaires prirent le pouvoir en 1659, par l'intermédiaire d'aghas plus ou moins obéis. Les pirates reprirent l'avantage en 1671 et Alger fut gouverné par des deys dont plusieurs furent des chefs pirates. Après le renversement de l'agha Ali, le premier dey, en 1671, fut Hadj Mohammed Triki, un marin. Il s'appuya sur son gendre Baba Hassan. Ce fut alors que Louis XIV réagit contre les pirates, ce qui aboutit à une guerre. La France donna ainsi l'impression de participer à la guerre contre la Turquie en réprimant la piraterie algérienne, qui l'insupportait, sans gêner elle-même l'offensive terrestre turque contre l'Autriche.

Avec l'escadre de Toulon, l'amiral Duquesne bombarda Alger en 1682 et 1683. Le dey Hadj Mohammed Triki partit de la ville. Baba Hassan lui succéda, traita avec l'amiral Duquesne, auquel Hadj Husseïn, surnommé Mezzo-Morto, chef de la flotille pirate d'Alger, fut remis comme otage. Duquesne exigeait la libération des esclaves d'Alger, mais la population, qui avait demandé un accord avec la France lorsque les bombes françaises pleuvaient sur Alger, voulait garder les esclaves.

Mezzo-Morto assura qu'il convaincrait Baba Hassan et fut libéré. Il fit tuer Baba Hassan, se proclama dey et fit tirer son artillerie sur l'escadre française, qui reprit son bombardement.

Saint Vincent de Paul, qui avait été esclave à Tunis au début du siècle et s'était évadé, avait fondé l'ordre des lazaristes, pour soulager les détresses, dont celles des chrétiens capturés par les pirates d'Afrique du Nord et vendus comme esclaves dans cette région. Un de ses meilleurs disciples fut le Père Le Vacher (1619-1683), qui, prêtre en 1647, avait habité Tunis une vingtaine d'années pour soulager les esclaves chrétiens et tenter d'en racheter pour leur rendre la liberté et leur permettre de retrouver leur patrie et leur famille. Il résidait depuis 1668 à Alger et s'était attiré le respect non seulement des esclaves chrétiens qu'il soutenait moralement, mais aussi de beaucoup de musulmans impressionnés par sa foi, son courage, son dévouement, son désintéressement et son altruisme. Mezzo-Morto le fit attacher à la bouche d'un canon dont le projectile le déchiqueta. Une vingtaine d'autres Français subit le même sort.

Mezzo-Morto traita l'année suivante, libéra les esclaves et signa avec la France un traité qu'il ne respecta pas. Le maréchal d'Estrées bombarda encore Alger en 1688 avec l'escadre de Toulon.

Mezzo-Morto fit pulvériser le consul de France et une quarantaine de Français, toujours en les faisant attacher à la bouche de canons qu'on faisait tirer. Les janissaires le renversèrent. Il s'enfuit à Istanbul où il fut nommé Kapoudan pacha, grand-amiral. Il combattit la flotte vénitienne dans la mer Égée. Son successeur à Alger, Hadj Cheiban, très sensible à l'énergie de Louis XIV, estima qu'il était plus prudent d'être l'ami de la France que son ennemi, conformément à des versets coraniques empreints de réalisme. Il combattit la Tunisie et le Maroc, fut tué en 1695 par les janissaires. Son successeur Hadj Ahmed intensifia la piraterie et mourut en 1698.

Hadj Mustafa, dey en 1700, combattit la Tunisie et périt quelques années plus tard. Mais la piraterie nord-africaine et le trafic d'esclaves chrétiens continuèrent.

3. DU TRAITÉ DE KARLOWITZ À CELUI DE BELGRADE

Le grand vizir Amoudja Zadé Koeprulu, qui avait négocié la paix de Karlowitz en 1699, tenta de réorganiser la Turquie en fondant des écoles pour élever le niveau intellectuel de la population, et en améliorant la condition des chrétiens sujets ottomans pour leur inspirer davantage d'attachement à cet empire. Il se heurta à l'opposition des autorités religieuses musulmanes, démissionna, et mourut peu après, en 1702.

Mustafa Daltaban, le général qui avait empêché les Autrichiens d'annexer la Bosnie en1698, devint grand vizir et tenta plus ou moins de poursuivre la politique d'Amoudja Zadé Koeprulu. Il se heurta lui aussi aux autorités religieuses musulmanes turques et fut exécuté en 1703. Le sultan Mustafa II fut renversé la même année par les janissaires et remplacé par son frère Ahmed III. Les sultans renversés n'étaient pas tous assassinés. Certains terminèrent leurs jours en détention dans le sérail. Cette époque fut appelée ère des Tulipes car Ahmed III aimait cette fleur. En outre, ce dernier entreprit de constituer une bibliothèque de plusieurs milliers de volumes.

Sérieusement vaincue en 1697 par les Autrichiens, la Turquie ne fut pas en mesure de reprendre la guerre contre eux à la faveur du nouveau conflit entre une partie de l'Europe et Louis XIV au sujet de la succession d'Espagne. L'Autriche s'en douta et s'engagea plus fortement contre Louis XIV que pendant la guerre de la Ligue d'Augsbourg, car elle se sentit moins menacée à l'est. Des troupes autrichiennes combattirent contre la France en Belgique et contre la France et l'Espagne en Lombardie et en Catalogne. L'Espagne, attaquée à l'ouest par les Anglo-Portugais et à l'est par les Autrichiens, se trouva en situation difficile. Les Turcs d'Alger en profitèrent pour reprendre le port algérien d'Oran à l'Espagne en 1708.

Le choc entre la Suède et la Russie fut également utile à la Turquie. L'armée suédoise était excellente, comme à l'époque de Gustave-Adolphe, et le roi Charles XII était un excellent général mais avait le tort de ne plus voir ses limites.

Le tsar de Russie Pierre le Grand était un forcené qui tentait d'européaniser la Russie avec une extraordinaire brutalité. L'antagonisme qui s'instaura entre ces deux titans ne pouvait que mal se terminer pour un des deux, ou pour les deux.

Charles XII s'enfonça dans l'Ukraine avec son armée afin de rejoindre les cosaques insurgés contre la Russie. On ne savait pas encore qu'il est préférable d'éviter de s'enfoncer dans la Russie et l'Ukraine. Mais même quand on le sut, à la suite de sa désastreuse expérience, cela ne servit de leçon ni à Napoléon, ni à Hitler.

Les Suédois furent écrasés par les Russes en 1709 à Poltava, à l'est du Dniepr. Charles XII se réfugia près du Dniestr, à Bender (Moldavie) en territoire turc. Les relations russo-turques s'envenimèrent. Le tsar marcha vers la Moldavie, ce qui provoqua des insurrections slaves dans les Balkans. Le prince Danilo de Monténégro fut particulièrement actif ; les montagnards monténégrins n'étaient pas des tendres et ne supportaient absolument pas la domination turque.

Mais une forte armée de Turcs et de Tatar encercla les Russes près du Pruth en 1711.

Pierre le Grand se tira de ce mauvais pas en rendant Azov à la Turquie. Les Turcs auraient pu pousser beaucoup plus loin leur avantage et on soupçonna certains de leurs dignitaires d'avoir été achetés par Catherine Rabe, une des maîtresses de Pierre le Grand, qu'il éleva par la suite au rang d'impératrice de Russie.

Charles XII de Suède commença à gêner la Turquie. Mais il résista avec acharnement aux Turcs qui l'appréhendèrent, s'évada, rejoignit son pays et finalement fut tué lors d'une nouvelle bataille.

La Turquie reprit les hostilités contre Venise en 1714 et lui enleva la Morée. Mais cette attaque venait à contretemps, comme souvent : la guerre contre Louis XIV se terminait. L'Autriche, malgré les pertes qu'elle y avait subies, soutint Venise. L'ascenseur social ayant fonctionné comme toujours en Turquie, Ali Coumourgi, fils d'un charbonnier, était devenu grand vizir. Mais il fut vaincu et tué par le prince Eugène en 1716 à Petervarad, près du Danube. Les Autrichiens prirent Belgrade l'année suivante.

La Turquie dut signer en 1718 le traité de Passarowitz par lequel elle conserva la Morée mais céda Belgrade, la Transylvanie et une partie de la Valachie à l'Autriche.

Comme l'Iran infligea plusieurs défaites à Ahmed III, les janissaires déposèrent celui-ci en 1730. Il fut remplacé par son neveu Mahmoud (1696-1754), fils de Mustafa II.

Peu après, les Espagnols réoccupèrent Oran en 1732.

À cette époque, le comte de Bonneval (1675-1747), tenta de moderniser l'artillerie turque. Colonel français, il avait combattu les Autrichiens en Italie au début du siècle mais s'était brouillé avec le secrétaire d'État à la Guerre. Il était alors passé du côté des Autrichiens qui l'avaient promu général, et avait lutté contre la France. Il avait ensuite secondé le prince Eugène contre les Turcs.

Mais c'était une forte nature et il se brouilla également avec le prince Eugène. Entré au service de la Turquie, il aurait pu redresser la situation militaire de cette dernière. Mais lui aussi se heurta aux autorités musulmanes turques qui refusaient la modernisation. L'artillerie turque demeura donc surclassée par celle des Européens.

Ce fut à cette époque que le trône de Pologne fut disputé en 1733 entre Stanislas Leczinski, soutenu par la France, et Auguste de Saxe, soutenu par l'Autriche et la Russie. La guerre éclata entre les deux parties. L'Espagne se joignit à la France et l'Autriche fut vaincue en Italie.

La Turquie entra en guerre aux côtés de la France et attaqua l'Autriche et la Russie. Elle remporta des succès dans la région de Belgrade.

La paix fut signée à Vienne et à Belgrade en 1738 et 1739. Stanislas Leczinski quitta la Pologne mais reçut la Lorraine qui devait revenir à la France après sa mort. L'Autriche se retira de l'Italie du Sud et rendit à la Turquie Belgrade et la Valachie occidentale.

La Turquie n'avait toutefois pu remporter ce succès sur l'Autriche que parce que cette dernière avait été vaincue en Italie par la France et l'Espagne, la Turquie n'était plus en mesure d'inquiéter l'Autriche à elle seule.

4. L'EUROPE EN CRISE ET LA TURQUIE EN SURSIS

Les grandes puissances européennes se lancèrent à partir de 1740 dans un nouveau cycle de guerres suicidaires qui leur auraient coûté cher si la Turquie avait encore été capable d'en profiter pour les attaquer.

À l'empereur Charles VI de Habsbourg, mort en 1740, succéda sa fille Marie-Thérèse. La France avait alors une vingtaine de millions d'habitants, la Russie, davantage, l'Autriche et ses possessions, un peu moins, la Grande-Bretagne, une dizaine de millions et l'Espagne, un peu moins que la Grande-Bretagne.

Les quatre principaux États allemands étaient la Prusse, la Saxe, la Bavière et le Hanovre. Le protestantisme dominait dans le nord et l'est de l'Allemagne (Hanovre, Prusse, Saxe), le catholicisme, au sud et à l'ouest (Bavière et Rhénanie). Les deux religions s'étaient rapprochées après la terrible guerre de Trente Ans du siècle précédent. Le Hanovre était uni à la Grande-Bretagne car Georges de Hanovre, arrière-petit-fils du roi d'Angleterre Jacques Ier Stuart, était devenu roi de Grande-Bretagne en 1714.

La Prusse, peuplée d'environ deux millions d'habitants, se dota d'une excellente armée de 80 000 hommes et devint très puissante. Elle prit la province de Silésie à l'Autriche avec l'aide de la France, toujours hostile à l'Autriche. La Grande-Bretagne et la Hollande se prononcèrent pour l'Autriche.

La flotte française tint tête à celle de la Grande-Bretagne. La guerre s'étendit hors d'Europe car la Grande-Bretagne et la France se disputaient les Indes et l'Amérique du Nord. La France maintint ses positions dans ces deux régions.

La paix revint en 1748. La France avait conquis la Belgique au prix de lourdes pertes. Louis XV la rendit à l'Autriche pour montrer son élégance. Il aurait été encore mieux inspiré en ne se lançant pas dans cette guerre qui ne servit qu'à renforcer la Prusse[1]. S'étant rendu compte de son erreur, Louis XV s'allia avec l'Autriche et la Russie pour rendre la Silésie à l'Autriche, et il ajouta ainsi une seconde erreur à la première.

La Grande-Bretagne se prononça pour la Prusse. Une nouvelle guerre se déroula de 1756 à 1763. La Prusse parvint à tenir tête à l'Autriche et à la Russie, tandis que Français et Anglo-Hanovriens s'affrontaient en Allemagne. La flotte française résista de son mieux à celle de la Grande-Bretagne, mais Louis XV ne comprit pas l'intérêt que présentait l'Amérique du Nord. Il ne renforça pas ses troupes coloniales et fut vaincu aux Indes et au Canada, qu'il perdit au profit de la Grande-Bretagne.

Les possessions françaises d'Amérique s'étendaient du Canada à la Louisiane en passant par la vallée du Mississipi. Une victoire française en Amérique du Nord aurait influé sur l'Histoire du monde.

*

* *

La Turquie évita sagement de prendre part à ces guerres où elle aurait eu beaucoup à perdre et bien peu à gagner. Elle fut d'ailleurs confrontée à des difficultés intérieures. En Arabie, le réformateur Al Wahhab, partisan d'un islam très rigoriste, s'appuya sur son gendre Ibn Saoud et combattit les Turcs.

Le sultan Mahmoud mourut en 1754. Après le court règne d'Osman III, Mustafa III, fils d'Ahmed III, devint sultan. Il fut confronté à des révoltes en Irak. Le bey d'Égypte, Ali, tenta de se rendre indépendant de la Turquie. Les Monténégrins remportèrent des succès sur les Turcs.

La Turquie était curieusement gouvernée par des sultans qui n'avaient presque plus de sang ottoman. Beaucoup parvenaient au pouvoir après avoir vécu enfermés dans le sérail, sans connaître sérieusement le monde extérieur, et en craignant d'être assassinés si un de leurs frères ou cousins était proclamé. Ils disposaient en principe d'un grand pouvoir mais vivaient souvent dans la peur d'être massacrés par leurs dignitaires ou les janissaires. Les grands vizirs, qui gouvernaient, étaient parfois compétents mais vivaient aussi dans la peur d'être exécutés par ordre de sultans incompétents ou massacrés lors de révoltes. Beaucoup n'étaient pas Turcs. Les autorités religieuses s'opposaient aux évolutions.

1. D'où l'expression « se battre pour le roi de Prusse ».

Les classes aisées ottomanes s'arianisaient en raison d'une descendance obtenue à partir d'esclaves européennes ou arméniennes. La paysannerie turque suivait la même voie par mariages avec des Grecques, Arméniennes et Kurdes. Le recrutement des janissaires se modifiait. Des Turcs pouvaient en faire partie, mais des mercenaires cosmopolites convertis à l'islam étaient enrôlés. Leur valeur militaire déclinait, ainsi que leur discipline.

Les femmes étaient en principe écartées du pouvoir. Certaines mères de sultans ou favorites de sultans exercèrent néanmoins une influence, généralement plus pour des intrigues que pour de grands projets. Elles cherchaient à écarter des rivales ou à pousser leur fils vers le trône.

CHAPITRE 8

Le déclin

1. LES VICTOIRES RUSSES

Tandis que la population turque stagnait en nombre, la Russie bénéficiait d'une forte natalité. Elle avait près de trente millions d'habitants et devenait un colosse. Elle était handicapée par l'immensité de son territoire, sa lourde administration, son aristocratie trop riche, le servage. Héritière de l'empire byzantin lui-même héritier de l'empire romain, elle en avait les faiblesses, à l'exception d'une démographie qui la rendait de plus en plus redoutable pour ses voisins.

À l'instar des sultans turcs qui n'avaient plus beaucoup de sang turc, les tsar de Russie étaient de moins en moins Russes, en raison de mariages avec des princesses allemandes qui les germanisaient de plus en plus.

Le tsar Pierre III, qui donnait des signes de démence, fut assassiné en 1762 lors d'un soulèvement militaire. Son épouse allemande devint l'impératrice Catherine II. Elle était énergique et dynamique, augmenta la puissance de la Russie, mais renonça à la libéraliser. Elle s'entendit avec Frédéric II de Prusse et Marie-Thérèse d'Autriche pour arracher à la Pologne une partie de ses territoires en 1768. La France n'intervint pas car Louis XV, échaudé par ses guerres désastreuses de 1740 à 1763, avait fini par comprendre ses erreurs. Mais la France avait de la sympathie pour la malheureuse Pologne et elle poussa la Turquie à entrer en guerre contre la Russie, ce qui ne fut pas bienveillant envers la Turquie sur laquelle elle exerçait une influence en raison de son alliance avec elle depuis plus de deux siècles. C'était, en effet, grâce à la France que la Turquie avait pu réoccuper en 1739 la partie de Serbie et de Valachie qu'elle avait perdue en 1718.

Les dirigeants turcs sous-estimèrent la puissance russe et surestimèrent l'appui que la France était disposée à leur accorder. Un incident de frontière avec la Russie les irrita. Bien que luttant contre la Pologne, la Russie contint les Tatar de Crimée et empêcha les Turcs d'opérer leur jonction avec les Polonais au nord de la Moldavie, Polonais qui avaient infligé de sévères défaites aux Turcs dans cet région pendant le siècle précédent.

Les Monténégrins défirent plusieurs fois les Turcs. L'armée russe, de son côté, entra en Moldavie et Valachie, atteignit le Danube, pénétra en Bulgarie. L'escadre russe de la Baltique effectua un immense mouvement tournant qui la mena en Méditerranée. Elle écrasa en 1770 la flotte turque à Tchesmé, sur la côte anatolienne, en face de l'île de Chio. Ghazi Hassan, un bon amiral turc qui avait eu une vie aventureuse et servi en Algérie, redressa partiellement la situation navale de la Turquie et vainquit l'escadre russe près de l'île de Lemnos.

La Turquie fit simultanément face à la révolte d'Ali bey et des mamelouk d'Égypte. Djezzar, un Bosniaque chrétien coupable de meurtre était devenu musulman et seconda Ali bey en assassinant un certain nombre de ses opposants. Ali bey fut assassiné à son tour en 1773. Son gendre Mohammed bey continua la lutte contre la Turquie et tenta d'occuper la Syrie.

L'impératrice Catherine II de Russie vint à bout de la résistance polonaise mais fut confrontée dans l'Oural à la révolte de Pougatchev, qui fut suivi par des cosaques, des serfs et des Turco-Mongols.

Le sultan Mustafa III mourut et son frère Abd ul-Hamid lui succéda en 1774. Il signa avec la Russie le traité de Koutchouk-Kaïnardji, sur la rive droite du Danube. La Russie évacua la Valachie, la Moldavie et la Bukovine. La Turquie lui rendit Azov et reconnut l'indépendance des Tatar de Crimée, du Kouban et de l'Ukraine méridionale.

En 1775, l'Autriche enleva à la Turquie la province de Bukovine, au nord de la Moldavie. La Turquie fut confrontée à une attaque iranienne contre le sud de l'Irak. Elle aida, cependant, le khan de Crimée Daoulet Gireï III, qui avait été déposé quelques années auparavant, à reprendre le pouvoir.

Mohammed bey, chef des mamelouk d'Égypte, révolté contre la Turquie mourut en 1776. Deux beys tcherkesses, Ibrahim et Mourad, prirent alors le pouvoir en Égypte.

En 1777, les Russes, quant à eux, renversèrent le khan de Crimée Daoulet Gireï III, favorable à la Turquie, et le remplacèrent par son cousin Chahin Gireï, favorable à la Russie. Mais Ghazi Hassan, grand amiral de la flotte turque, rétablit l'autorité du sultan à Saint-Jean-d'Acre, en Palestine, et obtint la soumission d'Ibrahim bey, de Mourad bey et des mamelouk d'Égypte. Il réprima en 1779 une révolte grecque en Morée.

Sur ces entrefaites, les colonies anglaises d'Amérique, révoltées contre leur métropole, furent soutenues par la France. La flotte française, développée par Louis XVI, remporta des victoires sur celle de la Grande-Bretagne aux Indes et en Amérique. Cette guerre déboucha sur l'indépendance de ces colonies anglaises et la naissance d'une future grande puissance, les États-Unis d'Amérique du Nord.

L'impératrice autrichienne Marie-Thérèse, qui se méfiait de la Russie, mourut en 1780. Son fils Joseph II se montra plus favorable à la Russie et envisagea de partager avec elle une partie des provinces conquises en Europe par la Turquie.

La Russie, de son côté, annexa en 1783 la Crimée et le Kouban, et accorda sa protection à la Géorgie menacée par l'Iran.

Le khan de Crimée Chahin Gireï fut expulsé par les Russes vers la Turquie, où il fut décapité. La Turquie fit face à de nouvelles révoltes au Monténégro.

La guerre recommença en 1787 entre la Turquie et la Russie tandis que la Suède attaquait la Russie en Finlande. L'Autriche se joignit à la Russie.

La Russie avait une trentaine de millions d'habitants, et l'Autriche, avec la Bohème, la Hongrie, la Croatie, la Slovénie, la Lombardie et la Belgique, en avait plus de vingt millions. Face à ces deux puissances, l'empire ottoman était peuplé de quelques millions de Turcs qui dominaient des millions de Slaves, Grecs, Arméniens, Kurdes, Arabes et autres, peu satisfaits de leur domination. Malgré la diversion suédoise qui retint des troupes russes en Finlande, la Turquie se trouva dans une situation difficile. Elle fit face à des révoltes de Monténégrins au nord de l'Albanie, de Souliotes au sud de l'Albanie, d'Arabes chiites dans le sud de l'Irak et à l'agitation des Wahhabites, sunnites rigoureux, en Arabie.

La place forte turque d'Otchakov, entre le Bug et le Dniestr, opposa une résistance acharnée aux Russes et tomba en 1788. Il y eut d'énormes pertes dans les deux camps. Les Autrichiens prirent Belgrade en 1789 mais une révolte serbe contre leur domination soulagea la Turquie.

Le sultan Abd ul-Hamid mourut en 1789 et fut remplacé par son neveu Sélim III, fils de Mustafa III. L'empereur Joseph II de Habsbourg mourut à son tour en 1790. Son frère Léopold II lui succéda, signa la paix avec la Turquie en 1791 et lui rendit Belgrade.

Les Russes progressèrent en Moldavie et atteignirent le Danube. La Turquie signa avec eux le traité de Iassy au début de 1792, et leur abandonna la partie de l'Ukraine située entre le Bug et le Dniestr.

Sélim III tenta d'opérer des réformes en Turquie et se heurta à une forte opposition conservatrice. Le Bosniaque Pasvan Oghlou, révolté contre lui, se constitua un fief en Bulgarie, autour de Vidin, et tint l'Armée turque en échec, en 1796 et 1798.

Hassan Baba, dey d'Alger de 1791 à 1798, réoccupa Oran, que les Espagnols évacuèrent en 1791.

*
* *

La France sema de nouveau la perturbation en Europe, comme à l'époque de Louis XIV, ce qui fixa l'Autriche à l'ouest et donna un répit à la Turquie de ce côté. Catherine II de Russie s'intéressa surtout au partage de la Pologne avec l'Autriche et la Prusse en 1793-1794, et mourut en 1796. Son fils Paul Ier était en piètre état mental, ce qui donna aussi un répit à la Turquie face à la Russie. Sélim III ne tenta pas d'exploiter les défaites de l'Autriche face à la France pour tenter de lui reprendre les territoires perdus par la Turquie en Serbie et Hongrie.

Avec plus de vingt-cinq millions d'habitants en 1789, la France était moins peuplée que la Russie mais plus que l'Autriche et ses dépendances. La Grande-Bretagne avait une douzaine de millions d'habitants, l'Espagne, une dizaine de millions, la Prusse, sept millions.

La France était encore une nation surtout agricole. Elle avait besoin de réformes administratives, politiques, économiques, judiciaires et fiscales. Elle avait enduré les guerres évitables et les maîtresses ruineuses d'un nombre conséquent de rois, et elle se révolta contre Louis XVI qui était vertueux, bien intentionné, instruit et clairvoyant, mais velléitaire. Comme Sélim III qui n'était pas turc et Catherine de Russie qui était Allemande, Louis XVI était assez peu Français.

Fils de Marie-Josèphe de Saxe et petit-fils de Marie Leczinska, il était à moitié Allemand et un quart Polonais. Son dernier quart était français, italien, espagnol et autrichien car il descendait de Marie de Médicis, d'Anne d'Autriche et de Marie-Thérèse d'Autriche. Il était un peu Habsbourg. Comme Louis XV avait fini par comprendre que l'antagonisme franco-autrichien n'avait plus aucune raison d'être, Louis XVI était marié avec Marie-Antoinette d'Autriche, sœur des empereurs Joseph II et Léopold II de Habsbourg.

Louis XVI comprit qu'il fallait réformer la France mais ne soutint pas son ministre Turgot, qui aurait pu éviter la révolution française, et se heurta à l'opposition d'une partie de la cour de France. Louis XVI développa la marine française et affaiblit la Grande-Bretagne qui avait affaibli la France pendant le règne de Louis XV.

La crise des finances françaises l'obligea à réunir les États généraux, composés de députés élus par les collèges distincts de la noblesse, du clergé et du reste des Français, en 1789. Ils se proclamèrent en Assemblée constituante. Louis XVI voulut les renvoyer mais se heurta à des troubles à Paris et en province et à la création d'une garde nationale surtout composée de bourgeois et de paysans, et encadrée principalement par d'anciens militaires et des intellectuels libéraux.

La Constituante procéda à une réorganisation administrative, judiciaire et fiscale et accorda le droit de vote aux citoyens imposables. Elle le refusa aux pauvres et aux femmes. Elle décida de faire élire les évêques par les électeurs civils, qui n'étaient pas tous croyants, et pas par les catholiques pauvres et les femmes catholiques qui n'avaient pas le droit de vote. Elle s'aliéna ainsi beaucoup de catholiques initialement favorables aux réformes.

La majorité des officiers nobles émigra, surtout vers la Rhénanie, et y constitua une petite armée favorable au rétablissement de Louis XVI dans ses pouvoirs.

Les monarchies européennes accueillirent d'abord assez favorablement cet affaiblissement de la France. L'Assemblée législative, élue par les citoyens imposables de sexe masculin, déclara assez inconsidérément la guerre à l'Autriche en avril 1792 et subit des revers car son armée était quelque peu désorganisée par l'émigration d'une majorité d'officiers.

Les royaumes de Prusse et de Savoie-Piémont-Sardaigne se joignirent à l'Autriche. Une armée austro-prussienne marcha vers Paris depuis la Belgique et la Rhénanie. Les révolutionnaires parisiens internèrent Louis XVI.

La petite armée française de métier fut renforcée par de nombreux bataillons de volontaires en partie formés à partir de la Garde nationale. Des sous-officiers montés en grade remplacèrent les officiers émigrés.

Une nouvelle assemblée, la Convention, fut élue par les électeurs révolutionnaires. Elle fut peu représentative car les candidats royalistes, modérés et catholiques ne purent pas se présenter. L'Armée française arrêta l'offensive austro-prussienne, contre-attaqua et occupa la Belgique, la Rhénanie et la Savoie. Assez paradoxalement, ces troupes françaises en partie improvisées réussirent rapidement à donner à la France ses frontières naturelles alors que Louis XIV et Louis XV n'y étaient pas parvenus. À une époque où les sentiments nationaux allemands n'étaient pas encore bien établis, les Rhénans auraient pu s'intégrer dans le peuple français comme les Alsaciens également germaniques, ainsi que les Belges flamands et wallons, d'autant plus que la République française, proclamée par la Convention, les libérait de leur aristocratie. Mais la Convention voulut leur imposer les mesures anticléricales adoptées en France et se coupa d'une partie de ces populations.

Elle fit, en outre, guillotiner Louis XVI au début de 1793, alors que n'importe qui aurait pu lui prédire que ce serait mal perçu par les monarchies européennes. La Grande-Bretagne, l'Espagne et la Hollande se joignirent à l'Autriche, à la Prusse et au royaume de Piémont-Sardaigne. La France fut attaquée sur toutes ses frontières et procéda à une levée en masses qui fut mal accueillie dans l'ouest.

Un soulèvement royaliste et catholique éclata en Vendée et s'étendit à la Bretagne. La Convention riposta par une guerre d'extermination dans les régions insurgées. Elle guillotina ou emprisonna ses députés modérés et devint encore moins représentative.

Ses opposants royalistes et modérés se révoltèrent à Lyon, en Aquitaine, en Provence et dans une partie du Massif central. La Convention proclama la Terreur. Des tribunaux révolutionnaires firent guillotiner des milliers de Français dans des conditions juridiques aberrantes. Des exécutions sommaires massives eurent lieu par fusillade et noyade. Des arrestations massives furent opérées. Les provinces révoltées furent écrasées et les armées étrangères furent repoussées.

Les victoires françaises furent attribuées à la Terreur alors qu'elles furent surtout obtenues avant et après. La Convention ralentit la Terreur à partir de juillet 1794. Les troupes françaises réoccupèrent la Belgique et la Rhénanie, entrèrent en Hollande et y proclamèrent la République batave, qui sympathisa avec la France.

La Prusse et l'Espagne signèrent la paix avec la France en 1795. Un nouveau régime, le Directoire, fut instauré en France. Il se heurta à une double opposition royaliste et révolutionnaire et se maintint par des coups de force, en destituant des députés élus par le corps électoral, et en proclamant élus d'autres qui ne l'avaient pas été.

En 1796-1797, le général Bonaparte et l'armée française d'Italie vainquirent les forces du Piémont et de l'Autriche, qui demandèrent la paix. La Grande-Bretagne continua seule la guerre. Des républiques furent créées par la France en Italie et en Suisse.

La France entra alors en guerre contre la Turquie, laquelle ne lui était pourtant en rien hostile.

2. SÉLIM III

Les dirigeants français eurent l'idée assez étonnante d'occuper l'Égypte, qui était depuis le XVIe siècle au pouvoir de la Turquie, afin de couper la route des Indes et de soutenir les principautés indiennes qui résistaient à la Grande-Bretagne.

Le canal de Suez n'était pas encore percé, et la voie maritime entre la Grande-Bretagne et les Indes passait par l'océan Atlantique et le sud de l'Afrique. L'occupation de l'Égypte ne la coupait pas. Pour aller de l'Égypte aux Indes, il fallait naviguer sur la mer Rouge et l'océan Indien, alors que la Grande-Bretagne avait la suprématie navale. La flotte française, qui avait surclassé celle de la Grande-Bretagne sous Louis XVI, avait été désorganisée par l'émigration de nombreux officiers de marine et n'était plus au niveau voulu.

Pour aller par terre de l'Égypte aux Indes, il fallait traverser la Syrie, l'Irak, l'Iran et l'Afghanistan, ce qui était peu réalisable.

L'expédition d'Égypte ne pouvait ni beaucoup gêner la Grande-Bretagne, ni beaucoup aider les Indiens, et elle opposait la France à la Turquie jusque-là plutôt bien disposée envers elle. Elle éloigna le général Bonaparte, dont l'ambition inquiétait le Directoire, et Bonaparte s'illusionna sur les buts qu'il pouvait atteindre en Orient. Une quarantaine de milliers de soldats fut embarquée sur une forte flottille escortée par l'escadre de Toulon, au risque de faire couler tout cela par l'escadre britannique de l'amiral Nelson, qui était très performante.

La flottille française eut la chance de ne pas être interceptée. Elle fut en partie sauvée par sa lenteur car elle mit plus d'un mois pour aller de la France à l'Égypte. L'amiral Nelson la manqua.

Débarqué près d'Alexandrie d'Égypte, le corps expéditionnaire français marcha sur Le Caire en juillet 1798 et réussit là où Saint Louis avait échoué en 1250.

Le 21 juillet près des Pyramides, les mamelouk chargèrent les troupes françaises qui se formèrent en carrés, les repoussèrent et passèrent à l'attaque. Beaucoup de mamelouk se noyèrent dans le Nil. Les Français prirent Le Caire,

Le 1er août, l'escadre de l'amiral Nelson écrasa l'escadre française à Aboukir. Onze navires français furent coulés. L'amiral français Brueys fut tué.

Le corps expéditionnaire français d'Égypte fut coupé de la France et se heurta à une révolte cairote au cours de laquelle fut tué le général Dupuy.

La Turquie déclara la guerre à la France et concentra une armée en Palestine. Bonaparte attaqua en février 1799, prit Jaffa en mars. Près de 5 000 Turcs y périrent. Bonaparte fut accusé d'en avoir fait fusiller beaucoup parce qu'il manquait de vivres pour les nourrir. Ses partisans objectèrent qu'il s'agissait de Turcs libérés après s'être engagés à ne plus combattre, et qui n'avaient pas tenu parole.

Bonaparte assiégea Saint-Jean-d'Acre que défendirent un officier français émigré et entré au service de la Turquie, Phélippeaux, et une garnison turque.

L'escadre britannique de Sidney Smith ravitailla la ville et soutint ses défenseurs. Djezzar pacha tenta de débloquer la ville. Bosniaque converti à l'islam, il avait servi sous les ordres d'Ali bey, révolté contre la Turquie et mort en 1773. Ensuite rallié à la Turquie, Djezzar avait été mis à la tête des troupes turques de Damas.

Bonaparte le vainquit en avril 1799 au mont Thabor mais ne put pas prendre Saint-Jean-d'Acre. Le général Caffarelli fut blessé et mourut aussi. La peste frappa les Turcs et les Français. Phélippeaux, défenseur de Saint Jean d'Acre en perdit aussi la vie.

Bonaparte ramena ses troupes en Égypte. En juillet 1799, une escadre britannique débarqua plusieurs milliers de Turcs à Aboukir. Ils furent vaincus par Bonaparte.

Tandis que la France piétinait en Égypte, l'Autriche et la Russie lui avaient déclaré la guerre en mars 1799. Les troupes françaises durent évacuer l'Italie mais se rétablirent sur les Alpes. Elles écrasèrent une armée russe en Suisse et une armée russo-britannique en Hollande, arrêtèrent les Autrichiens sur le Rhin.

Bonaparte abandonna ses troupes en août 1799 et regagna la France sur une frégate. L'Histoire du monde aurait été sérieusement modifiée s'il avait été intercepté et capturé par la flotte britannique. Il aurait pu être accusé d'abandon de poste devant l'ennemi mais eut la chance de prendre le pouvoir, dans des conditions qui suscitèrent diverses réserves.

Le général Kléber lui succéda à la tête de ce qui restait de l'armée française d'Égypte et vainquit une armée turque à Héliopolis, dans le delta du Nil. Les mamelouk se divisèrent. Mourad bey se rallia aux Français, alors qu'Ibrahim bey continua la guerre contre eux.

Le général Kléber fut assassiné par un musulman en juin 1800 et remplacé par le général de Menou, converti à l'islam. Un corps britannique, commandé par le général Abercromby, débarqua dans le delta du Nil. Abercromby fut tué en 1801 près d'Alexandrie. Mourad bey périt de la peste en tentant de débloquer la garnison française du Caire.

Husseïn pacha, un Géorgien qui avait pris le commandement de la flotte turque, bloqua les côtes d'Égypte. Le général de Menou dut déposer les armes, et la flotte britannique le ramena en France avec les rescapés du corps expéditionnaire français d'Égypte.

Bonaparte avait vaincu les Autrichiens en Italie, tandis que le général Moreau les vainquait en Bavière. L'Autriche signa la paix en 1801 et la Grande-Bretagne en 1802. La Russie s'était également retirée de la guerre. Bonaparte se réconcilia avec la Turquie, réorganisa la France, vint à bout de sa crise financière.

La Grande-Bretagne reprit la guerre contre la France en 1803.

*

*   *

Sélim III fut confronté à plusieurs problèmes. En Bulgarie, Pasvan Oghlou était plus ou moins indépendant.

Au sud de l'Albanie, le pacha Ali de Janina écrasa en 1803 l'insurrection des Souliotes. Des femmes souliotes se jetèrent du haut de rochers pour ne pas être capturées par les troupes turques, ce qui inspira plus tard un célèbre tableau au peintre Ary Scheffer.

Le patriote serbe Karageorges prit la direction d'une insurrection contre les Turcs en 1804 et libéra une partie de la Serbie.

Par ailleurs, les troupes russes progressèrent dans le Caucase au détriment des Tchetchènes, Tcherkesses et Azeris musulmans que soutenait la Turquie. Le khan Djavad fut tué en 1804 alors qu'il combattait les Russes en Azerbaïdjan.

En Égypte, le pacha Méhémet Ali, originaire de Roumélie, s'empara du pouvoir et prit ses distances avec la Turquie.

Napoléon Bonaparte se proclama empereur en 1804 et prépara un débarquement en Angleterre. L'Autriche et la Russie lui déclarèrent la guerre. Il ramena son armée vers le Rhin et la vallée du Danube, prit Vienne et écrasa en 1805 l'armée austro-russe à Austerlitz, en Moravie. L'Autriche demanda la paix. La Prusse entra en guerre contre Napoléon en 1806 et fut vaincue à son tour.

Aussi Sélim III se rapprocha de la France victorieuse. Une escadre britannique força alors le détroit des Dardanelles et attaqua Istanbul, qui fut défendue avec le concours du général Sébastiani, ambassadeur de France et futur maréchal.

Une armée russe pénétra par contre en Moldavie et Valachie. Mais les réformes tentées par Sélim III suscitèrent l'opposition des janissaires qui le renversèrent en 1807 et mirent au pouvoir son cousin Mustafa IV, fils d'Abd ul-Hamid. À cette nouvelle, le pacha de Roustchouk, Mustafa Baïrakdar, marcha sur Istanbul avec des troupes provinciales pour rétablir Sélim III en 1808. Mais des partisans de Mustafa IV massacrèrent Sélim III.

Mahmoud Khan II, demi-frère de Mustafa IV, fut reconnu comme sultan par Mustafa Baïrakdar, qui devint grand vizir. Une nouvelle révolte de janissaires éclata. Mustafa Baïrakdar se fit sauter avec sa réserve de poudre. Mahmoud Khan II fit tuer Mustafa IV et se maintint au pouvoir.

3. MAHMOUD KHAN II

Vainqueur en 1807 de l'Armée russe en Prusse orientale, Napoléon tenta de se réconcilier avec le tsar Alexandre de Russie.

Il était disposé à le laisser occuper la Valachie et la Moldavie, mais pas Istanbul.

L'amiral anglais Nelson avait écrasé en 1805 la flotte franco-espagnole à Trafalgar, au sud de la côte espagnole, et avait été tué au cours de cette bataille qui confirmait la suprématie maritime de la Grande-Bretagne. Napoléon espérait ruiner la Grande-Bretagne et l'acculer à la paix en empêchant l'Europe de commercer avec elle. Or, la Russie tenait à conserver ses liens commerciaux avec la Grande-Bretagne. Napoléon annexa à la France la Hollande et le nord de l'Allemagne jusqu'à Hambourg, l'Italie jusqu'à Rome, institua son protectorat sur l'Allemagne de l'Ouest, la Pologne, la Suisse, la partie non annexée de l'Italie et la Dalmatie.

Il fit occuper en 1807 le Portugal qui commerçait avec la Grande-Bretagne. À la faveur d'un désaccord entre le roi d'Espagne et son fils, il les attira en France, en 1808, les y maintint, et proclama roi d'Espagne son frère Joseph Bonaparte.

L'Espagne se souleva contre cette proclamation et la présence des troupes françaises ; elle fut soutenue par une armée britannique débarquée au Portugal. Une guerre sanglante de partisans se déroula en Espagne où Napoléon subit des pertes énormes et dut maintenir 200 000 soldats.

L'Autriche reprit la guerre contre la France en 1809, fut vaincue, et dut abandonner la Slovénie et la Croatie, que Napoléon réunit à la Dalmatie pour former les provinces illyriennes sous administration française. Il y eut alors des heurts entre les Croates, appuyés par la France, et les Turcs.

Le pacha d'Égypte Méhémet Ali se détachait de plus en plus de la Turquie. Il fit massacrer en 1811 les mamelouk d'Égypte qui lui obéissaient peu, et renforça son pouvoir.

Une guerre devint prévisible entre la France et la Russie, ce qui incita la Russie à signer la paix avec la Turquie pour ne pas avoir à lutter sur deux fronts. Mahmoud Khan II fut confronté à un choix difficile. En aidant Napoléon à vaincre la Russie, il pouvait reprendre aux Russes l'Ukraine méridionale, la Crimée et le Kouban. En cas de défaite, il risquait de perdre la Moldavie, la Valachie, la Bulgarie, la Serbie, et peut-être Istanbul. Il courait le même risque en favorisant la victoire de la Russie sur la France. Il ne parut pas croire à la victoire de Napoléon, même avec l'aide turque, et accepta en mai 1812 le traité de Bucarest, paix de compromis avec la Russie. Cette dernière annexa la Bessarabie, partie orientale de la Moldavie entre le Dniestr et le Pruth, mais rendit à la Turquie la Valachie et la partie occidentale de la

Moldavie, et cessa de soutenir l'insurrection serbe de Karageorges.

Les 200 000 soldats russes, que les Turcs auraient pu fixer en continuant la guerre, redevinrent disponibles contre la France, alors que 200 000 Français étaient fixés dans la péninsule ibérique par les Espagnols, Portugais et Britanniques.

Napoléon envahit inconsidérément la Russie en 1812 avec l'espoir d'écraser son armée. Mais cette dernière se déroba. Napoléon la poursuivit vers Moscou en étirant démesurément ses communications avec la Pologne. Une partie de son ravitaillement fut interceptée par les Russes qui pratiquèrent une tactique de terre brûlée pour empêcher l'armée napoléonienne de vivre sur le pays. Napoléon prit Moscou, s'y enferra inutilement, retraita trop tard, effectua un repli désastreux dans la neige, perdit la plus grande partie de ses troupes. Il fut chassé d'Allemagne en 1813 par la Russie à laquelle se joignirent l'Autriche, la Prusse et la Suède. La Saxe, la Bavière et d'autres États allemands se retournèrent contre la France qui fut envahie en 1814. Napoléon abdiqua et se retira dans l'île d'Elbe, au large de l'Italie. Louis XVIII, frère de Louis XVI, devint roi de France. Napoléon reprit le pouvoir en 1815 et une coalition européenne se reconstitua contre lui. Il tenta de vaincre l'armée britannique et prussienne qui se concentra en Belgique, mais fut écrasé à Waterloo et déporté par les Britanniques dans l'île de Sainte-Hélène, loin de l'Europe.

Louis XVIII redevint roi de la France ramenée à ses frontières de 1789. La France avait perdu près de deux millions de morts depuis 1792 et ne se remit pas de cette catastrophe nationale. Elle fut peu à peu rattrapée sur le plan démographique par l'Allemagne, l'empire d'Autriche, la Grande-Bretagne et l'Italie, et largement dépassée par la Russie. Elle perdit sa prépondérance antérieure.

L'industrialisation de la Grande-Bretagne, de la France, de l'Allemagne et des États-Unis d'Amérique du Nord accrut leur puissance par rapport au reste de l'Europe qui s'industrialisa moins et plus lentement et agrandit encore plus l'écart de développement avec l'empire ottoman qui resta à la traîne.

Une nouvelle insurrection éclata en Serbie sous la conduite du patriote Miloch Obrénovitch, qui obtint une certaine autonomie pour son pays.

De nombreux officiers français favorables à Napoléon s'exilèrent. Certains partirent dans l'empire ottoman. Le capitaine Sèves se mit au service du pacha d'Égypte, Méhémet Ali, et contribua à moderniser son armée. Le capitaine Bacheville se mit au service du pacha Ali de Janina et joua un rôle comparable mais le quitta en raison de la dureté du pacha.

Mahmoud Khan II tenta aussi de moderniser l'Armée turque. Il passait paradoxalement pour à moitié Français. Diverses études font penser que sa mère, une Française originaire des Antilles, avait été capturée avant 1785 par des pirates barbaresques lors d'un voyage en Méditerranée et envoyée par le dey d'Alger au sultan Abd ul-Hamid qui l'épousa et eut d'elle Mahmoud Khan II.

Le tsar Alexandre de Russie, hostile aux mouvements nationaux, libéraux et révolutionnaires, ne soutint pas les peuples européens dominés par la Turquie, ce qui prolongea la survie de l'empire ottoman. Mais ses troupes continuèrent de progresser dans le Caucase, par exemple en Kabardie.

Le principe des nationalités, invoqué par les révolutionnaires français, convenait à la France qui était homogène, comme le Portugal et les royaumes scandinaves. Mais il pouvait disloquer les États multinationaux et il était donc ressenti par eux comme une menace.

La Russie groupait des Russes, des Ukrainiens, des Polonais, des Baltes, des Finnois, des Turco-Mongols, des Caucasiens et d'autres ethnies.

L'Autriche : des Allemands, des Hongrois, Tchèques, Slovaques, Polonais, Roumains, Slovènes, Croates, Italiens.

La Suisse : des Suisses allemands, français et italiens.

L'Espagne : des Espagnols, Catalans et Basques.

La Grande-Bretagne : des Anglais, Écossais, Gallois et Irlandais.

L'empire ottoman : des Turcs, Kurdes, Grecs, Arméniens, Bulgares, Roumains, Serbes, Albanais, Arabes, etc. Même la Prusse englobait une minorité polonaise.

Dans les États multinationaux, les nationalités étaient parfois mêlées. L'éclatement de ces États risquait de donner naissance à de petits États où la nationalité dominante dominerait des minorités à leur tour désireuses de se séparer, avec risques de guerres internes et d'atomisation territoriale.

Les empires de Russie et d'Autriche étaient particulièrement vulnérables en ce domaine et souhaitaient le maintien des frontières instituées en 1815.

Alexandre de Russie fut très conscient de ce problème. En soutenant les Serbes, Monténégrins, Grecs, Albanais, Roumains, Arméniens et autres, désireux de se libérer de la domination turque, il risquait, par contagion, de disloquer l'empire d'Autriche et d'encourager les Ukrainiens, Polonais, Finlandais, Baltes, Caucasiens et Turco-Mongols à se libérer de la domination russe. Ce risque lui parut primordial, ce qui lui fit renoncer à libérer les Slaves et Grecs inclus dans l'empire ottoman et à réoccuper Constantinople, alors que ces objectifs avaient été ceux de plusieurs de ses prédécesseurs. L'Autriche, la Prusse, la Grande-Bretagne et la France, qui souhaitaient maintenir un équilibre européen, ne voulaient pas laisser la Russie prendre Constantinople et devenir trop puissante.

Ces considérations aidèrent Mahmoud Khan II à faire face à une situation difficile en raison de la révolte du Monténégro, de l'hostilité de l'Iran chiite et des wahhabites arabes, de l'indiscipline des pachas d'Égypte et de Janina, et de son peu d'autorité sur les beys de Tunis et les deys d'Alger.

Le prince Alexandre Ypsilanti (1792-1828), officier grec au service de la Russie, provoqua un soulèvement en Moldavie au début de 1821. Il fut rejoint par un autre officier grec, Georgakis, surnommé l'Olympiote, qui avait servi dans l'armée turque et lui amena des volontaires albanais et grecs. La Russie ne les soutint pas, ce qui évita à la Turquie de perdre la Moldavie et la Valachie, et peut-être aussi la Bulgarie et la Grèce. Ypsilanti fut écrasé par une armée turque. Georgakis couvrit sa retraite, fut encerclé dans un couvent avec environ 350 hommes par un millier de Turcs et se fit sauter avec ses volontaires et beaucoup de Turcs. Ypsilanti se réfugia en Autriche et y fut interné.

*
* *

Pendant que se déroulaient ces événements, les pirates d'Alger continuaient leurs activités en Méditerranée occidentale. Ils capturaient moins d'esclaves européens car ils étaient contrés par les marines de l'Europe, et Alger périclitait économiquement. Sa population avait beaucoup diminué.

Les pirates turcs et nord-africains demeuraient toutefois redoutables pour les navires et les côtes de l'Europe.

Ahmed, dey d'Alger de 1805 à 1808, commit des déprédations et fut massacré par ses troupes.

Hadj Ali, qui lui succéda de 1808 à 1815, tua beaucoup d'israélites et entra en conflit avec Tunis, le Portugal et même les États-Unis d'Amérique du Nord dont les navires allaient jusqu'en

Méditerranée pour commercer et étaient parfois attaqués. Une centaine d'Américains était réduite en esclavage à Alger.

Hadj Ali fut assassiné et son successeur Hadj Mohammed subit rapidement le même sort. Le nouveau dey, Omar, traita avec les États-Unis. Il s'attira une démonstration navale hollandaise et surtout, en 1816, un bombardement d'Alger par l'escadre britannique de Lord Exmouth. Omar dut libérer environ 1 200 esclaves qu'il détenait et fut massacré l'année suivante lors d'une émeute. Son successeur Ali khodja mourut de la peste en 1818 et fut remplacé par Husseïn, né à Smyrne ou dans les environs vers 1765. La démographie algérienne stagnait en raison d'épidémies de peste et d'autres maladies, de famines, de révoltes berbères réprimées par les Turcs et les tribus maghzen, auxiliaires des Turcs en échange d'avantages fiscaux. Une influente communauté israélite vivait à Alger. Elle reprit son importance économique après la mort de Hadj Ali en 1815 et conseilla parfois le dey.

CHAPITRE 9

La décadence

1. LA LIBÉRATION DE LA GRÈCE

Les Grecs exploitèrent la révolte du pacha Ali de Janina contre le sultan Mahmoud Khan II. L'archevêque de Patras, Mgr Germanos, les appela à la révolte en 1821. Demetrios Ypsilanti, frère d'Alexandre Ypsilanti que nous avons évoqué, souleva la Morée et prit Tripolitza. Diakos souleva la Thessalie mais fut capturé par les Turcs et empalé.

Trikoupis, Maurokordato et Botzaris combattirent les Turcs dans la région de Missolonghi, au nord de golfe de Patras. Les marins grecs Kanaris et Miaoulis infligèrent de lourdes pertes à la marine turque. En réaction, des massacres de Grecs furent perpétrés à Istanbul.

Ali de Janina fut tué en 1822 et les Turcs reprirent le contrôle de cette région. Botzaris trouva la mort à son tour en 1823. Les Turcs procédèrent dans l'île de Chio à un massacre de Grecs que rappela un tableau de Delacroix.

Des Européens se joignirent individuellement aux Grecs, comme le poète anglais Byron, le comte italien de Santa Rosa, le colonel français Fabvier. Byron mourut à Missolonghi en 1824. Santa Rosa fut tué dans l'île de Sphactérie, au large de la Morée.

Le sultan Mahmoud Khan II demanda l'aide de l'Égypte d'où Méhémet Ali envoya son fils Ibrahim avec une escadre égyptienne et plusieurs milliers de soldats. Ibrahim réoccupa une grande partie de la Morée et attaqua Missolonghi, où les derniers défenseurs grecs de la citadelle se firent sauter avec leur réserve de poudre.

À la mort du tsar Alexandre Ier de Russie en 1825, son frère Nicolas Ier lui succéda et se montra plus favorable aux Grecs.

Pendant cette période, le sultan Mahmoud Khan II tenta de moderniser la Turquie, se heurta à l'opposition des janissaires, en fit massacrer des milliers en 1826 et supprima leur corps. Il ne put néanmoins imposer que des réformes assez modestes, comme le remplacement du turban par le fez dans l'administration.

Cependant, la guerre continuait en Grèce. Les Turcs assiégèrent l'acropole d'Athènes, que défendaient plusieurs centaines de Grecs.

Le patriote grec Karaïskakis fut tué en 1827 en tentant de les secourir. Le colonel Fabvier, ancien officier de Napoléon, blessé en Espagne et en Russie, opposé à Louis XVIII et Charles X, ravitailla Athènes mais néanmoins les Turcs reprirent la ville.

Comme l'opinion publique occidentale était très favorable à la Grèce, la Grande-Bretagne, la France et la Russie envoyèrent une escadre sur les côtes de Morée pour faire pression sur les Turcs. Une forte escadre turque et égyptienne était stationnée à Navarin, un port de Morée. La Tunisie avait aussi envoyé des navires.

Le but recherché était de faire évacuer Navarin par l'escadre turco-égyptienne, mais cela ne fut pas indolore. Un incident eut lieu et dégénéra en bataille (octobre 1827). L'escadre alliée était en lourde infériorité numérique mais avait une bonne artillerie. Elle coula plusieurs dizaines de navires adverses en ne subissant que des pertes légères.

Les sphères dirigeantes britanniques voulaient libérer la Grèce, d'autant plus que leur opinion publique les y poussait, mais elles voulaient maintenir le reste de l'empire turc. L'amiral britannique Codrington ne fut pas du tout félicité du résultat de cette bataille.

La Turquie refusait de céder, et un corps expéditionnaire français débarqua en Morée sous les ordres du général Maison, un ancien volontaire de la République monté en grade, qui fut promu maréchal après avoir libéré la Morée.

La Russie déclara la guerre à la Turquie qu'elle attaqua par les Balkans et le Caucase. Son armée de l'ouest approcha de Constantinople en 1829, tandis que son armée de l'est pénétrait en

Arménie. La Turquie reconnut l'indépendance d'une partie de la Grèce et évacua Athènes, mais conserva la Thessalie, Salonique, la Crète, Chypre et Rhodes. La Grèce fut érigée en royaume.

2. LA PERTE DE L'ALGÉRIE

Je pense devoir développer ce sous-chapitre parce que la colonisation de l'Algérie par la France, ce dont la Turquie fut en partie responsable, provoque toujours une controverse franco-algérienne et franco-française, et aussi parce qu'une partie des Turcs se rallia à la France et fut à l'origine des spahis et tirailleurs algériens qui tinrent une grande place dans l'armée française jusqu'en 1962.

Nous avons vu dans les précédents chapitres qu'Alger était depuis des siècles une des principales bases des pirates esclavagistes arabes et turcs.

Plusieurs États européens et les États-Unis d'Amérique du Nord en étaient réduits à payer le dey d'Alger pour tenter de préserver leurs navires. Selon la comtesse Drohojowska[1], le royaume de Naples, le Portugal, la Suède et le Danemark versaient un tribut annuel, le royaume de Savoie-Piémont-Sardaigne, l'Espagne, la Grande-Bretagne, la France et les États-Unis effectuaient des dons lors de leurs changements de consuls. Le dey s'efforçait donc de les faire changer souvent.

Un litige financier très embrouillé amena une rupture entre la France et le dey d'Alger. La République française avait acheté du blé à l'Algérie, sans le payer vu le piteux état de ses finances. Hassan Baba, dey d'Alger de 1791 à 1798 alors favorable à la France, était en guerre dès 1793 contre l'Espagne à laquelle il avait repris le port d'Oran. Il prêta à la France une somme évaluée à un million de francs par Amar Naroun[2]. Cette somme fut confiée à la firme israélite Busnach et Bacri, chargée de la livraison. En 1801, cette firme réclama un acompte de quatre millions de francs[3] en invoquant d'autres livraisons et des intérêts de retard. Le ministre Talleyrand insista pour les leur faire verser. Napoléon s'irrita contre Alger et fit étudier en 1808 le moyen d'attaquer cette ville. D'autres préoccupations l'en empêchèrent. Parvenu au pouvoir en 1814 et revenu en 1815 après avoir été

1. Comtesse Drohojowska, *L'Algérie française,* Librairie Paul Dupont, Paris, 1864.
2. Amar Naroun, *Histoire parallèle, la France en Algérie* (seconde partie), Librairie académique Perrin, Paris, 1963.
3. Maddy Degen, *Le bastion de France* (éd. Confrérie Castille, 22820 Plougrescant, 1993) se référant à Charles-André Julien, *Histoire de l'Afrique du Nord*, Payot, Paris, 1975.

renversé par Napoléon et rétabli par la victoire anglo-prussienne sur ce dernier, Louis XVIII voulut régler la dette française et se vit réclamer vingt-deux millions, qui lui parurent pour le moins abusifs. Une commission française étudia les comptes qu'elle put obtenir et estima que la France devait en réalité sept millions, ce qui fut approuvé en 1820 par le Parlement[1]. La firme israélite ayant fait faillite, une partie de cette somme fut bloquée en faveur des créanciers, à charge pour la Justice française de vérifier leurs droits, ce qui se révéla bien difficile.

Le dey d'Alger, Husseïn, réclama cette somme mais sa créance se révéla juridiquement mal établie. La Justice française, déjà peu rapide, se montra encore plus lente dans cette affaire complexe. L'affaire traîna pendant des années et le dey Husseïn finit par s'impatienter, d'autant plus que la patience n'était pas son fort.

La comtesse Drohojowska l'a décrit comme né en ou vers 1765 à Smyrne ou à proximité, fils d'un officier d'artillerie, monté en grade dans ce corps, indiscipliné, réfugié à Alger, enrôlé dans les janissaires, remonté en grade et devenu dey en 1818, ferme, équitable, désireux de faire progresser l'Algérie, mais orgueilleux et violent.

La situation se dégrada en 1827. Husseïn écrivit à Charles X qui lui fit répondre par son consul à Alger. Le dey s'en montra vexé et frappa le consul français, Deval, avec son chasse-mouches, un éventail garni de plumes. Selon lui, le consul s'était montré insolent. Le gouvernement français estima que la France avait été frappée à travers son consul et rapatria ses résidents en Algérie. Il réclama des excuses au dey, qui refusa. Une escadre française bloqua le port d'Alger mais les navires français ne pouvaient pas se rapprocher exagérément de la côte en raison de leur tirant d'eau, des rochers, et des vents qui pouvaient les y pousser. Les légers bâtiments turcs pouvaient longer cette côte que leurs équipages connaissaient parfaitement. Le blocus d'Alger se révéla inefficace, et fut coûteux pour la France. La dépense fut évaluée à sept millions de francs par an[2]. Le dey fit saccager le comptoir français de La Calle.

En juin 1829, un bâtiment léger français s'échoua sur la côte. Deux officiers et vingt-deux marins furent massacrés.

---

1. Maréchal Juin, *Histoire parallèle, la France en Algérie* (première partie), Librairie académique Perrin, Paris, 1963.
2. Chancelier Pasquier, *Histoire de mon temps,* Plon-Nourrit, Paris, 1908.

Le gouvernement français tenta encore de négocier, mais le navire français envoyé à Alger en mission parlementaire fut canonné en août par l'artillerie turque d'Alger. Le dey s'excusa et déclara qu'il avait fait décapiter les commandants des batteries qui avaient tiré, mais le gouvernement français était à bout de patience et pensait qu'une expédition victorieuse consoliderait sa position intérieure difficile.

Le vice-roi d'Égypte, Méhémet Ali, était plutôt favorable à la France bien que cette dernière eût contribué à lui couler une escadre à Navarin en 1827. Il offrit, par l'intermédiaire du consul de France, Drovetti, d'occuper Tripoli, Tunis et Alger au nom du sultan ottoman, d'établir une administration régulière et d'empêcher la piraterie. La Grande-Bretagne, qui voulait contrôler la Méditerranée, s'opposa à l'idée d'un pouvoir musulman fort et allié à la France s'étendant de l'Égypte à l'Algérie.

Le gouvernement français décida alors de faire débarquer un corps expéditionnaire près d'Alger. La Grande-Bretagne s'y opposa aussi mais la France passa outre. Comme le pensait le ministre de la Marine, d'Haussez[1], la Grande-Bretagne n'osa pas intercepter l'expédition française. Elle encouragea le dey Husseïn à résister. La France fit partir de Toulon, en mai 1830, une centaine de navires de guerre qui escortaient plusieurs centaines d'autres navires chargés de transporter un corps expéditionnaire de près de 40 000 hommes avec son matériel et son ravitaillement. La Grande-Bretagne exigea l'assurance que la France ne se maintiendrait pas en Algérie[2]. Le gouvernement français admit plus ou moins nettement qu'une conférence règlerait le problème de ce nid de pirates quand il serait occupé. La Grande-Bretagne, qui luttait pour l'abolition de l'esclavage, pouvait difficilement s'opposer à une action contre Alger où ne restaient toutefois plus beaucoup d'esclaves car les pirates turco-algériens en capturaient plus difficilement que lors du siècle précédent. Les puissances européennes dont les marines marchandes étaient menacées par les pirates turco-algériens n'étaient, dans l'ensemble, pas mécontentes de l'action effectuée par la France.

Le gouvernement turc reconnaissait qu'il n'était pas obéi par le dey d'Alger. La Grande-Bretagne l'encouragea à faire quelque chose pour contrer l'intervention française. Un envoyé du sultan, Taher pacha, tenta de faire valoir les droits de la Turquie sur

1. Baron d'Haussez, *Mémoires*, Calmann-Lévy, Paris, 1897.
2. Le terme « Algérie » a été utilisé ultérieurement. On parlait à l'époque de « Régence d'Alger ».

l'Algérie, mais sa démarche ne fut pas prise en compte par le gouvernement français.

Le succès du débarquement n'était pas assuré, en raison des échecs subis par l'Espagne au XVIIe siècle. Il réussit néanmoins, en juin 1830.

Le dey Husseïn put rassembler des forces assez considérables, qui furent évaluées à 5 000 janissaires turcs, 5 000 Koulougli (métis de Turcs et d'Algériennes), 10 000 Kabyles berbères, 10 000 Maures (Berbères arabisés) et environ 30 000 Arabes.

L'Algérie de 1830 rassemblait de 300 à 500 tribus selon les évaluations, avec environ 15 % d'Arabes, 30 % de Berbères demeurés berbérophones (surtout dans le Constantinois avec la Kabylie et les Aurès-Nementcha) et 55 % de Berbères arabisés.

Une quinzaine de milliers de Turcs y maintenaient leur domination en s'appuyant sur des tribus dites Maghzen fiscalement favorisées qui aidaient les Turcs à réprimer les révoltes d'autres tribus.

Le dey disposait de la supériorité numérique, mais son armement ne valait pas celui des Français. Après des combats qui coûtèrent plus de 400 morts aux Français et des pertes non connues aux Turcs et Algériens, les Français occupèrent Alger au début de juillet 1850. Ils s'engagèrent à respecter la religion et les femmes musulmanes et firent preuve d'une discipline qui fut signalée par divers observateurs. La population d'Alger s'attendait à des exactions et se montra soulagée.

Le général de Bourmont, qui commandait le corps expéditionnaire français, fut promu maréchal. Il libéra les derniers esclaves détenus à Alger et y abolit l'esclavage. Le dey Husseïn se retira en Italie, puis en Égypte.

Une partie des janissaires demanda à partir en Turquie, où leur corps avait été supprimé en 1826 par le sultan Mahmoud Khan II, ce qui n'avait pas été suivi d'effet en Algérie.

À la fin de juillet 1830, une révolution éclata à Paris. Charles X fut renversé au profit de son cousin Louis-Philippe. Le maréchal de Bourmont fut remplacé à Alger par le général Clauzel (1772-1840), qui avait combattu pour la République et Napoléon et s'était exilé en 1815.

Louis-Philippe et Clauzel se trouvèrent dans une situation complexe. Charles X avait décidé l'occupation d'Alger sans trop savoir que faire ensuite. Un retrait français aurait débouché sur la réinstallation d'un dey turc et de pirates à Alger.

Les Turcs avaient durement gouverné l'Algérie et n'y étaient pas populaires. Mais leur renversement débouchait sur un vide propice aux guerres tribales et au chaos. Louis-Philippe et Clauzel n'envisageaient pas d'assumer la charge de maintenir l'ordre en Algérie : il y aurait fallu des effectifs et des dépenses quelque peu disproportionnés par rapport aux possibilités françaises et, face à des tribus médiévales et belliqueuses, se retrouver dans la situation qu'avait connue l'Armée française en Vendée et en Espagne. Le recours aux méthodes turques n'était pas souhaitable. Trois beys turcs demeuraient en fonctions à Oran, Médéa et Constantine. Clauzel envisagea de les appuyer en les modérant, pour maintenir autant qu'il était possible une certaine cohésion entre les tribus algériennes. Les Marocains pénétrèrent en Oranie puis dans l'Algérois, et des tribus arabes et arabisées s'agitèrent contre la France. Le bey d'Oran, Hassan, se retira en Égypte puis à La Mecque[1].

En raison des bonnes relations établies entre la France et le bey Husseïn de Tunis après la bataille de Navarin, Clauzel pensa au prince tunisien Ahmed comme bey d'Oran.

Mais les tribus d'Oranie risquaient de mal accepter la nomination d'un Tunisien, bien qu'elles eussent supporté un bey turc faute de pouvoir le renverser, la Grande-Bretagne s'opposait à ce que la France exerçât une sorte de protectorat sur tout ou partie de l'Algérie. Bien que la Tunisie fût théoriquement vassale de la Turquie, cette dernière admettait mal le remplacement d'un bey turc par un bey tunisien. Le général (puis maréchal) Sébastiani, ministre des Affaires étrangères de Louis-Philippe, avait été ambassadeur de Napoléon en Turquie, et était proche de la position turque. La solution tunisienne ne fut pas retenue. Au cours des années suivantes, des pressions diplomatiques et navales françaises sur le Maroc aboutirent au retrait des troupes marocaines entrées en Algérie, et l'émir Abd el-Kader prit la tête de tribus arabes d'Oranie contre la France. Il n'était pas tendre et fut combattu par d'autres tribus. La France envisagea de soutenir Abd el-Kader mais celui-ci ne lui était pas favorable, ce qui engendra une longue guerre, un engagement français de plus en plus fort et la défaite d'Abd el-Kader.

L'équivalent d'un bataillon turc se trouvait à Mostaganem et à Tlemcen. Il combattit contre Abd el-Kader, fut un moment au service de la France, puis dissous.

---

1. J.-M. Bourget, « L'Algérie jusqu'à la pénétration saharienne », *Cahiers du Centenaire,* Alger, 1931.

Dans l'Algérois, le bey turc Bou Mezrag combattit contre la France depuis Médéa. Le général Clauzel prit Médéa en novembre 1830 et remplaça Bou Mezrag par un Maure (Berbère arabisé) qui ne put pas se maintenir dans la ville et fut replié par la suite.

Or, Bou Mezrag était impopulaire parmi les tribus algériennes des environs, et comprit rapidement qu'il était en danger parmi elles. Il se rendit au général Clauzel et se retira en Turquie[1].

Le troisième bey turc, Ahmed de Constantine, peu tendre envers les tribus qui lui obéissaient peu ou pas, fut un adversaire irréductible de la France.

Clauzel le destitua et envisagea de le remplacer par un autre prince, tunisien, ce qui demeura théorique car il n'était pas facile de déloger Ahmed, retranché dans la puissante forteresse naturelle de Constantine.

Le gouvernement français refusa de nouveau ce projet tunisien et rappela Clauzel. Auparavant, ce dernier avait souhaité lever des troupes algériennes et des Kabyles de la tribu des Zouaoua, qui constituèrent deux bataillons de « zouaves ». Ce corps fut plus tard francisé et porté à plusieurs régiments.

Le capitaine Marey (1796-1863), plus tard général, leva, de son côté, un escadron de chasseurs spahis, essai qui connut un grand développement. Un personnage extraordinaire, Yusuf, le seconda.

Celui-ci était né vers la fin de 1808 dans l'île d'Elbe ou en Italie, dans la région de Livourne. On ne savait pas s'il était d'origine française ou italienne. Pauline Bonaparte s'intéressa à lui pendant son séjour de 1814-1815 dans l'île d'Elbe auprès de Napoléon. Envoyé vers l'Italie pour y faire ses études, il fut capturé par des pirates turcs et vendu comme esclave à Tunis. Il fut alors incorporé parmi les mamelouk de Tunis (les mamelouk d'Égypte avaient été supprimés en 1811 par Méhémet Ali, mais non par ceux du bey de Tunis). Yusuf sembla avoir une liaison dans les jardins du bey Husseïn avec une fille de ce dernier et s'enfuit en 1830 de Tunis avec l'aide de Ferdinand de Lesseps (celui qui creusa plus tard le canal de Suez), le fils du consul de France à Tunis. Arrivé à Alger, Yusuf recruta un peloton de Turcs et d'Arabes en novembre 1830, participa à la prise de Médéa, fut promu capitaine, enrôla d'autres Turcs, constitua un escadron. En parcourant la Mitidja que sillonnaient des milliers d'Arabes armés et hostiles, il fut blessé.

1. Cf. comtesse Drohojowska, ouvrage cité.

En mars-avril 1832, il se rallia environ 120 Turcs retranchés dans la kasbah de Bône, en recruta d'autres et forma un second escadron avec lequel il combattit les cavaliers du bey Ahmed et soutint les tribus opposées à Ahmed. Il fut plusieurs fois cité, promu chef d'escadrons et reçut la Légion d'Honneur.

Louis-Philippe décida en 1834 de ne pas évacuer l'Algérie. Talleyrand, ambassadeur à Londres, persuada le gouvernement britannique d'accepter cette solution.

Le général Clauzel, entre temps promu maréchal, fut renvoyé en 1835 à la tête du corps expéditionnaire d'Algérie et, depuis Oran, attaqua Mascara, une des capitales d'Abd el-Kader. Il réclama le retour de Yusuf, qui débarqua à Oran et rejoignit Clauzel à Mascara en traversant presque seul une contrée parcourue par des milliers de partisans d'Abd el-Kader qui l'auraient probablement décapité s'ils l'avaient intercepté.

Clauzel nomma ensuite Yusuf bey de Constantine au début de 1836 et le renvoya à Bône. Yusuf reprit le commandement de son escadron turc, recruta un second escadron, arabe, constitua un bataillon d'infanterie à base de Turcs, et deux sections d'artillerie à base d'Algériens. Son bataillon fut à l'origine des régiments de tirailleurs algériens, qu'on appela longtemps des Turcos. Il fut renforcé par des centaines de partisans arabes, se trouva à la tête de 1 350 Turcs et Algériens et fut promu lieutenant-colonel.

Beaucoup de dirigeants français et une partie de l'opinion publique réclamaient l'évacuation de l'Algérie. Un ancien officier d'ordonnance de Napoléon, Planat de la Faye, résuma cette opinion dans un rapport adressé au parlement et intitulé *De la nécessité d'abandonner Alger*. Il invoqua comme arguments : une côte inhospitalière, pas de commerce, un climat dévorant, une population fanatique, 400 000 « bandits » armés ne vivant que pour les combats, 30 millions de francs dépensés par an, etc.

Mais l'évacuation impliquait l'abandon aux représailles d'Ahmed et d'Abd el-Kader de nombreuses tribus qui avaient demandé la protection française en Oranie, dans l'Algérois et dans le Constantinois. Si Yusuf devenait bey de Constantine et étendait son autorité sur l'Algérois, Abd el-Kader ne pourrait pas le vaincre, une partie de l'Algérie pourrait se moderniser avec le soutien de la France, les tribus d'Oranie opposées à Abd el-Kader pourraient s'y replier et la France pourrait se désengager progressivement sans laisser l'Algérie en plein chaos.

Les troupes françaises semblaient assez mal supporter la chaleur. Le moment favorable pour une forte expédition militaire se situait vers mai-juin, après les pluies de mars-avril et avant les grosses chaleurs estivales, ou à défaut en septembre, après les grosses chaleurs et avant les pluies d'octobre et l'hiver. Mais le maréchal Clauzel hésita à retirer des troupes de l'Oranie et de l'Algérois pour les diriger contre Constantine, car il ne voulait pas se dégarnir face à Abd el-Kader. Il partit en France réclamer des renforts, se heurta à des réticences, fut retardé par un changement de gouvernement et revint en Algérie sans rien avoir obtenu. Il fit néanmoins embarquer pour Bône des troupes retirées d'Alger et d'Oran mais fut encore retardé par des vents contraires. Cependant 7 400 militaires français furent concentrés à Bône pour appuyer les Turco-Algériens de Yusuf ; or la saison était très avancée, 1 500 mulets avaient été groupés à Bône pour porter le ravitaillement de la colonne mais l'intendance n'avait pas prévu de payer les muletiers arabes si longtemps et les deux-tiers s'en allèrent. Il ne resta que 500 mulets, ce qui entraîna un ravitaillement bien moindre que prévu, y compris en munitions.

Le maréchal Clauzel n'osa pas attendre le retour du printemps en laissant des troupes insuffisantes face à Abd el-Kader. Il hésita à renvoyer les troupes déjà sur place et à les faire revenir au printemps, car cela pouvait donner l'impression qu'il craignait le bey Ahmed, et renforcer ce dernier. Espérant un mois de novembre sec et pas trop froid entre les pluies d'octobre et les gros froids de décembre-janvier, il marcha sur Constantine en novembre 1836, avec Yusuf et ses troupes turco-algériennes en tête. Les tribus environnantes opposées à Ahmed avaient envisagé de fournir plusieurs milliers de partisans pour renforcer la colonne française mais elles ne crurent pas à sa réussite et Yusuf dut se contenter des quelques centaines de volontaires qui l'avaient rejoint.

La pluie recommença à tomber et le froid arriva. Des chariots s'embourbèrent. D'autres muletiers s'en allèrent. Il fallut encore alléger le ravitaillement transporté. Un vent glacial se leva. Une neige épaisse tomba. Des rivières souvent à sec furent traversées avec de l'eau glaciale jusqu'à la ceinture. Des soldats moururent de froid. Beaucoup eurent les mains et les pieds gelés. Certains se suicidèrent pour mettre un terme à leurs souffrances. Des chevaux et mulets furent emportés par le courant avec leurs charges.

Le bey Ahmed manœuvra habilement. Il ne voulut pas se laisser enfermer dans Constantine comme Vercingétorix à Alésia. Il laissa dans la ville 500 excellents artilleurs turcs munis d'une soixantaine de canons, et 1 500 fantassins kabyles et turcs très déterminés. La ville était un énorme bloc rocheux entouré de ravins vertigineux. Ahmed rassembla environ 6 000 Arabes et Kabyles pour attaquer la colonne française par derrière. Ils s'abattirent sur le convoi français embourbé, que protégeait un régiment qui perdit 140 morts. Or, le maréchal Clauzel avait juste assez d'obus pour revenir à Bône. Aussi ne voulut-il pas s'obstiner comme Saint Louis à Mansoura et Napoléon à Moscou, et risquer le massacre de sa colonne avec la perte de milliers de soldats. Ses assauts contre Constantine avaient échoué. Son adjoint, le général Trézel, était blessé. Ainsi, la retraite française commença alors que la garnison turque de Constantine allait se rendre une heure plus tard.

Il fallut abandonner les malades intransportables, que les partisans du bey Ahmed décapitèrent. Les spahis et Turcos de Yusuf résistèrent fort bien au froid et à la neige, et chargèrent pour permettre le passage de la colonne. Ils eurent peu de pertes. Parmi les Français, il y eut des centaines de morts, des centaines de membres gelés, des dizaines d'amputations de jambes, de très nombreuses amputations de doigts. Mais le gros de la colonne fut sauvé.

Le maréchal Clauzel et le colonel Yusuf furent rappelés en France. On renonça donc à nommer Yusuf bey de Constantine, alors que ce désastre était réparable et fut effectivement réparé en 1837. On s'achemina dès lors vers une administration française directe qui n'était pas souhaitable.

Le général de Danrémont, successeur du maréchal Clauzel, attaqua Constantine en octobre 1837, à nouveau trop tard et sous la pluie. La ville fut défendue par les 500 artilleurs turcs, 1 500 Kabyles et 2 000 miliciens locaux. Ahmed harcela les arrières des Français avec 4 000 Algériens arabes et kabyles. Le bois et le fourrage manquèrent du côté français. Aussi, beaucoup de chevaux et de mulets moururent de faim. Les généraux de Danrémont et Perrégaux furent tués, le général Rulhière, blessé. La colonne française réussit néanmoins à prendre Constantine sous les ordres du général Valée, au prix de centaines de tués et blessés. Ainsi, le colonel Combes, ancien chef de la Légion étrangère, mourut à la tête d'un régiment de ligne et le colonel de Lamoricière fut gravement blessé à la tête des zouaves. Les capitaines de Mac Mahon et Canrobert, futurs maréchaux, furent quant à eux blessés. Le capitaine de Saint-Arnaud, autre futur maréchal, se distingua dans les rangs du bataillon de Légion. Nous les retrouverons tous les trois, cette fois aux côtés des Turcs, lors de la guerre de Crimée. En outre, beaucoup de Français périrent du choléra, dont le général de Caraman.

Le bey Ahmed se replia dans l'Aurès et continua la lutte contre la France jusqu'en 1848. Puis il se rendit, fut autorisé à résider à Alger et y mourut peu après. Ce fut la fin de la résistance turque à la France en Algérie.

Abd el-Kader attaqua les environs d'Alger en 1839, fut repoussé. Le général (puis maréchal) Bugeaud mena contre lui une guerre acharnée. Abd el-Kader se rendit à la fin de 1847, fut détenu en France puis astreint à résidence et enfin libéré. Il se retira en Syrie, où nous le retrouverons.

Yusuf obtint un grand succès à Paris où il arriva avec une réputation de massacreur alors que des témoignages irréfutables montrent sa grande popularité parmi de nombreuses tribus du Constantinois. On vit arriver un jeune homme petit et frêle, cultivé, charmeur, qui fut l'ami du peintre Horace Vernet et rencontra Delacroix, Victor Hugo et Alexandre Dumas père. Il fut nommé colonel des spahis de l'Oranie, mis à la tête des 20 escadrons de spahis algériens, combattit contre Abd el-Kader, fut général commandant la subdivision de Médéa. Nous le retrouverons lui aussi en Crimée à la tête des Bachi Bozouk turcs puis de la Garde impériale turque, avant de commander la division d'Alger et, par intérim, toute l'Armée française d'Algérie.

Ce personnage légendaire fut un trait d'union entre l'Orient et l'Occident, entre l'islam et la France.

Les gouvernements français favorisèrent l'installation en Algérie de pauvres immigrants européens et durent ainsi faire coexister deux populations qui ne fusionnèrent pas car les Européennes ne voulaient généralement pas tomber sous la condition feminine musulmane, et les musulmans refusaient dans l'ensemble de laisser leurs filles et leurs sœurs épouser des non musulmans. La Seconde République déporta en Algérie 4 000 socialistes parisiens qui s'étaient insurgés en 1848. Après son coup d'État de 1851, Napoléon III y déporta 10 000 opposants socialistes et républicains.

Il les amnistia en 1859, mais beaucoup refusèrent son amnistie. Il freina l'arrivée en Algérie de nouveaux immigrants européens pour ne pas submerger la population algérienne et lui éviter le sort des autochtones des États-Unis, d'Australie et de Nouvelle-Zélande. Mais, lié au capitalisme international, il concéda d'immenses étendues à des multinationales. Il parla de royaume arabe pour envisager l'avenir de l'Algérie car il ignorait peut-être que c'était un pays berbère colonisé par les Arabes.

Il avait du moins pressenti qu'il y avait une difficulté à faire administrer des Orientaux par des Français, mais il n'eut pas l'idée d'accorder l'autonomie à l'Algérie et de la faire gouverner par Yusuf et des Algériens, avec un soutien français et la possibilité de désengager peu à peu la France au profit d'un gouvernement algérien. Le maréchal de Mac Mahon, nommé gouverneur, fit muter en France Yusuf qui était plus brillant que lui, et Yusuf mourut, en partie à cause de la peine qu'il éprouva en quittant sa chère Algérie.

La IIIe République accorda le droit de vote aux israélites d'Algérie et pas aux musulmans dont tant s'étaient battus pour la France, ce qui lui attira une révolte impressionnante, surtout dans le Constantinois. Ses dirigeants comprirent alors que l'électorat musulman voterait plutôt royaliste. Tandis que le christianisme était combattu en France à partir de 1880, l'islam fut encouragé en Algérie. Au lieu de s'en tenir à la tolérance et à la neutralité, l'administration française fut représentée lors de cérémonies musulmanes. Des écoles coraniques enseignèrent impavidement, avec l'apparente approbation de l'administration française, des versets coraniques tels que : « Ne prenez pas pour amis les juifs et chrétiens » (Coran 5,51), « Combattez les gens du Livre qui ne pratiquent pas la vraie religion (juifs et chrétiens) jusqu'à ce qu'ils soient soumis » (9,29). « Tuez ceux qui se détournent » (4,89). « Les hommes ont prééminence sur les femmes » (2,228). « Coupez les mains du voleur et de la voleuse » (5,38). « 100 coups de fouet pour le débauché et la débauchée » (24,2), etc.

L'administration française privilégia par ailleurs la langue arabe par rapport au berbère et conforta paradoxalement la colonisation arabe de l'Algérie.

Dans une lettre qu'il écrivit le 16 novembre 1894 à sa sœur, le futur maréchal Lyautey déclara qu'il avait constaté en Algérie l'absurdité d'une administration française directe. Lorsqu'il intervint au Maroc où le sultan n'était pas obéi par des tribus qui attaquaient l'Algérie, Lyautey se prononça pour un régime de protectorat qui rétablit l'autorité du sultan, favorisa l'évolution du Maroc et permit à la France de se désengager plus facilement et moins douloureusement que d'Algérie.

L'engagement direct français en Algérie découla d'ailleurs d'un enchaînement de circonstances. Le débarquement français à

Alger eut lieu parce que la piraterie algérienne exaspérait l'Europe depuis des siècles et parce que le dey Husseïn s'était montré plus obstiné que diplomate. Les autorités françaises avaient tenté de s'entendre avec les trois beys turcs mais Hassan s'était retiré, et Bou Mezrag et Ahmed avaient refusé. Clauzel avait songé à introniser deux princes tunisiens à Oran et Constantine, mais ce projet n'avait pu aboutir. Il n'avait toutefois pas pensé à nommer Yusuf bey de l'Algérois en 1830 à la place de Bou Mezrag.

Les tentatives d'entente avec Abd el-Kader n'avaient pas non plus réussi. Le gouvernement français avait renoncé à nommer Yusuf bey de Constantine en 1837, puis Napoléon III n'avait pas fait appel à lui en 1860.

3. L'OFFENSIVE DE L'ÉGYPTE CONTRE LA TURQUIE

Pendant que la Turquie perdait l'Algérie, elle fit difficilement face à une offensive égyptienne. Le pacha d'Égypte Méhémet Ali avait modernisé l'Égypte et son armée, et recruté des instructeurs étrangers. Un officier de Napoléon opposé à Louis XVIII, le capitaine Sèves, se mit au service de Méhémet Ali, entraîna ses troupes, fut promu colonel. Un officier de marine, Besson, qui avait tenté d'empêcher Napoléon de tomber aux mains des Anglais en 1815, rejoignit aussi l'Égypte et modernisa la marine égyptienne.

En 1831, Méhémet Ali revendiqua la Syrie et la fit occuper, ainsi que la Palestine et le Liban, par son fils Ibrahim qui entra en Turquie, vainquit les Turcs à Konya et marcha sur Constantinople.

Le sultan Mahmoud Khan II demanda l'aide de la Russie, dont il se doutait qu'elle préférait maintenir une Turquie faible que laisser une Égypte forte conquérir la Turquie et mettre Méhémet Ali à la tête de l'empire ottoman.

La Russie envoya des troupes et une escadre au secours des Turcs. La Grande-Bretagne s'en inquiéta. Mahmoud Khan II céda en 1833 la Palestine, la Syrie et le Liban à l'Égypte (traité de Koutaieh) et accepta la protection russe (traité d'Unkiar-Skelessi).

La guerre reprit en 1839. Ibrahim vainquit l'Armée turque à Nezib, sur les confins de la Syrie et de la Turquie.

Mahmoud Khan II mourut sur ces entrefaites. Son fils Abdul-Medjid lui succéda et reçut le soutien en 1840 de la Russie, de la Grande-Bretagne, de l'Autriche et de la Prusse. L'escadre britannique de l'amiral Napier bombarda Saïda, Beyrouth et Saint-Jean-d'Acre. La France, qui soutenait Méhémet Ali, renonça à affronter les quatre autres grandes puissances. Les Égyptiens évacuèrent la Syrie.

Abd ul-Medjid parut un moment favorable aux réformes que son père n'avait pas réussi à imposer. Lui aussi envisagea l'égalité entre les musulmans et les chrétiens, pour consolider l'unité de cet empire et éviter la sécession successive des populations slaves d'Europe encore dominées par la Turquie. Il se heurta à l'opposition d'autorités religieuses musulmanes et de conservateurs turcs et recula.

Son général, Omer pacha (1806-1871), réprima une insurrection en Albanie et une autre au Kurdistan. C'était un Croate nommé Michel Lattas, converti à l'islam, installé à Istanbul, il devint précepteur d'Abd ul-Medjid, puis colonel en 1839, enfin général à trente-quatre ans.

Peu après, des Turcs procédèrent à un massacre de chrétiens assyro-chaldéens en Irak (1843).

La descendance de Méhémet Ali

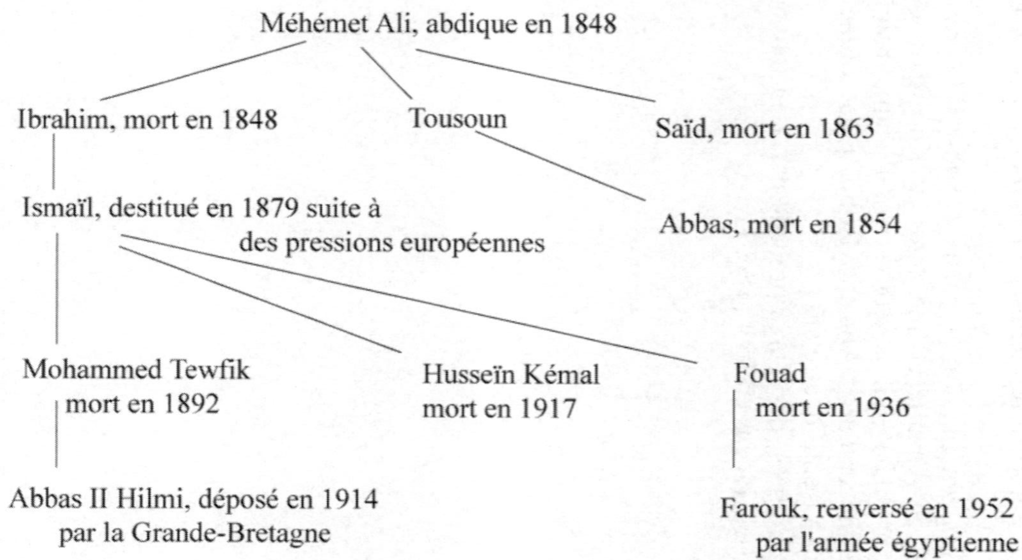

CHAPITRE 10

La perte des possessions turques d'Europe et d'Afrique

1. INABOUTISSEMENT DU TANZIMAT EN TURQUIE ET CRISE RÉVOLUTIONNAIRE EN EUROPE

Le Tanzimat est l'ensemble des réformes engagées par Mahmoud Khan II dans la charte de Gulkhané, qu'il inspira avant sa mort. Elles aboutirent peu, car ses successeurs furent dans l'ensemble réservés à leur sujet.

On croit souvent que le plus grand sultan ottoman fut Soliman II le Magnifique qui régna pendant l'apogée de cet empire. Mais ce fut plus probablement Mahmoud Khan II, qui accumula pourtant les échecs, car il est plus difficile de régner quand tout s'effondre que lorsque tout va bien. Il réussit du moins à débarrasser la Turquie des janissaires, et lui rendit ainsi un grand service.

Il aurait pu sauver l'empire ottoman s'il était parvenu à mener ses réformes à leur terme, et il ne fut probablement pas entièrement responsable de la dure répression menée en Grèce, car on peut supposer que ses subordonnés sur le terrain outrepassèrent ses directives.

Son fils Abd ul-Medjid lui succéda à seize ans, ne réussit pas à poursuivre les réformes voulues par Mahmoud Khan II et finit par y renoncer. Aussi l'empire ottoman ne fut pas en mesure d'exploiter la crise révolutionnaire qui ébranla l'Europe en 1848.

Cette crise commença en France par une révolution qui renversa le roi Louis-Philippe et institua la République, dont Louis-Napoléon Bonaparte, neveu de Napoléon Ier, fut élu président à la fin de l'année. La Constitution lui interdisait de se représenter pour un second mandat et il ne put obtenir le soutien d'un nombre suffisant de députés pour la modifier. Il effectua alors un coup d'État à la fin de 1851 puis se proclama empereur sous le nom de Napoléon III car il considéra que le fils de Napoléon Ier et de Marie-Louise de Habsbourg, mort en Autriche sans avoir régné sur la France, avait droit à l'appellation « Napoléon II ».

Des révolutions populaires et nationales éclatèrent en 1848 en Allemagne et en Italie. L'Autriche, où 8 millions d'Allemands dominaient 27 millions de Slaves, de Hongrois et d'Italiens de Lombardie-Vénétie, fut très ébranlée. Elle fit face à une insurrection de la Lombardie-Vénétie soutenue par le royaume de Piémont, à une agitation tchèque en Bohème, et polonaise en Galicie. La Hongrie se révolta. Il y eut même des troubles à Vienne.

L'armée autrichienne réprima ces soulèvements et vainquit l'armée piémontaise, mais ne put venir à bout de la Hongrie qu'avec l'appui d'une forte armée russe.

Des insurgés hongrois et polonais se réfugièrent en Turquie. Certains prirent du service dans l'armée turque, comme le Hongrois Georges Kmeyt (1814-1865) qui devint général sous le nom d'Ismaïl pacha, et le comte polonais Illinski (1814-1864), devenu général sous le nom d'Iskander bey.

Un autre Ismaïl pacha (1805-1861), né en Circassie dans le Caucase, devint aussi un général turc. Il exista un troisième Ismaïl pacha (1812-1871) qui était un Grec enlevé pendant son enfance par des pirates ; il fut vendu comme esclave et devint médecin, puis ministre d'Abd ul-Medjid.

2. LA GUERRE DE CRIMÉE

Une querelle éclata en 1850 entre moines orthodoxes et catholiques au sujet de la garde des lieux saints, grotte de la

Nativité à Bethléem et Saint-Sépulcre à Jérusalem. Le futur Napoléon III, à l'époque encore président de la République française, avait été pendant sa jeunesse un carbonaro, membre d'une société secrète favorable à l'unification de l'Italie, et ne pouvait pas être considéré comme un catholique très convaincu. Mais il souhaitait le soutien d'électeurs catholiques et se prononça pour les moines catholiques de Palestine. Le tsar Nicolas Ier appuya les moines orthodoxes. Le sultan ottoman Abd ul-Medjid, maître de la Palestine, fit traîner les choses et proposa en 1852 un compromis embrouillé qui ne satisfit complètement personne.

Nicolas Ier envoya à Istanbul en mai-juin 1853 un ambassadeur extraordinaire, Mentchikov, pour réclamer la protection par la Russie des chrétiens orthodoxes inclus dans l'empire ottoman. Abd ul-Medjid refusa.

Des troupes russes occupèrent en juillet 1853 la Moldavie et la Valachie, une fois de plus. Nicolas Ier souhaitait, en effet, l'indépendance des Slaves des Balkans et l'occupation d'Istanbul par la Russie. Il était disposé en échange de l'accord de la Grande-Bretagne à laisser celle-ci occuper l'Égypte et la Crète, mais elle n'avait pas besoin de l'assentiment russe pour occuper l'Égypte et le fit par la suite.

Les dirigeants britanniques voulaient contrôler la mer Méditerranée et en interdire l'accès à la flotte russe. Ils ne voulaient pas laisser la Russie devenir puissante en enlevant les Balkans à la Turquie. Ils ne voulaient même pas que la Russie disposât d'une force navale en mer Noire. Ils soutinrent donc la Turquie. Napoléon III, devenu empereur entre temps, tenait à l'alliance britannique pour ne pas être isolé en Europe où la Russie, l'Autriche, la Prusse et l'Espagne ne conservaient pas un bon souvenir de Napoléon Ier. Il suivit donc la Grande-Bretagne dans sa politique en faveur de l'empire ottoman d'autant plus que Nicolas Ier lui manifestait fort peu de sympathie.

La Turquie déclara alors la guerre à la Russie en octobre 1853. L'escadre russe de la mer Noire coula en novembre une douzaine de navires de guerre turcs à Sinope.

La Grande-Bretagne et la France déclarèrent la guerre à la Russie en mars 1854.

L'armée russe progressa vers Istanbul mais fut arrêtée par la forteresse turque de Silistrie, dans le nord de la Bulgarie. Le général Omer pacha, cité plus haut, opposa une résistance acharnée aux Russes.

Un corps expéditionnaire franco-britannique fut débarqué dans la presqu'île de Gallipoli sous les ordres du maréchal de Saint-Arnaud et de Lord Raglan.

Saint-Arnaud avait combattu contre les Turcs de Constantine lorsqu'il était capitaine dans la Légion étrangère de la France. Plusieurs des généraux français qui participèrent à cette guerre aux côtés des Turcs, les avaient également combattus à Constantine lorsqu'ils étaient capitaines, comme Canrobert, Forey, Morris, Niel et Mac Mahon. Ce fut un curieux renversement de situation. Le général Yusuf, autre ancien de Constantine, fut appelé auprès de Saint-Arnaud car il avait servi parmi les mamelouk de Tunis, parlait parfaitement turc et avait, comme rappelé ci-dessus, commandé en Algérie des Turcs entrés au service de la France.

Lord Raglan avait été un adjoint de Wellington, le vainqueur de Napoléon Ier. Il y eut là aussi un étonnant renversement de situation.

La flotte anglo-française, numériquement très supérieure à l'escadre russe de la mer Noire, eut la maîtrise de cette mer. Une autre escadre britannique se porta dans la mer Baltique pour empêcher la flotte russe de Cronstadt de se diriger vers la France, la Grande-Bretagne et la Méditerranée.

Par ailleurs, la division du général Canrobert fut débarquée à Varna, en Bulgarie, pour soutenir les Turcs de Silistrie.

Le général Yusuf fut mis à la tête de 3 000 Bachi Bozouk qui renforcèrent la division Canrobert. Les Bachi Bozouk étaient des irréguliers turcs portés sur le pillage, mais Yusuf leur expliqua qu'ils étaient là pour se battre contre les Russes, et ce n'était pas quelqu'un auquel on désobéissait, bien qu'il fût petit, frêle et très courtois. Il réussissait particulièrement bien avec les Turcs.

Il ne faut pas s'attendre à trop de reconnaissance en matière politique : bien que l'Autriche eût été sauvée par la Russie lors de l'insurrection hongroise de 1849, cette puissance ne voulait pas laisser la Russie devenir trop puissante en annexant une partie des Balkans et Istanbul, et elle était disposée à entrer en guerre contre la Russie aux côtés de la Turquie, de la Grande-Bretagne et de la France, d'autant plus qu'elle envisageait d'annexer elle-même une partie des Balkans.

La Russie ne pouvait pas tenir tête à une telle coalition, surtout si ses troupes de Moldavie-Valachie étaient prises de flanc par les Autrichiens. Elle les replia donc vers l'Ukraine.

Par contre, elle attaqua par le Caucase en direction de l'Arménie. La division Canrobert fut rembarquée, mais elle avait contracté le choléra qui frappa durement tout le corps expéditionnaire franco-britannique. Yusuf et ses Bachi Bozouk couvrirent le rembarquement de Canrobert. Beaucoup moururent aussi du choléra. D'autres désertèrent car Yusuf ne les laissait pas piller, et la guerre contre des troupes russes bien armées les intéressait moins que la répression de soulèvements slaves et autres.

Leur corps fut dissous et Yusuf prit, pour la suite de la guerre, le commandement de douze bataillons de la Garde impériale turque, l'équivalent d'une division. Il retourna ensuite en Algérie et c'est alors qu'il fut mis à la tête de la division d'Alger.

Le roi de Prusse avait tenté en 1850 d'être reconnu empereur par les États allemands mais avait été contré par l'Autriche qui ne tenait pas à voir l'Allemagne s'unifier et devenir ainsi plus puissante qu'elle. La Prusse pouvait être tentée de soutenir la Russie en cas d'entrée en guerre de l'Autriche, ce qui contribua à la neutralité de cette dernière.

La Grande-Bretagne voulait surtout empêcher qu'une force navale russe de la mer Noire pût lui disputer la maîtrise de la Méditerranée, et insista pour détruire le port de Sébastopol, en Crimée, car c'était le principal arsenal et port militaire russe de la mer Noire.

Le corps expéditionnaire franco-britannique fut donc débarqué en septembre 1854 à Eupatoria, en Crimée, et marcha vers Sébastopol. Ce pouvait sembler suicidaire mais ne l'était pas trop car la Russie manquait de voies ferrées pour acheminer facilement des renforts et leur ravitaillement vers la Crimée alors que la flotte anglo-française, grâce à sa puissance, pouvait renforcer et ravitailler par mer son corps expéditionnaire, qui incluait aussi des Turcs. Assez curieusement, dans cette guerre, la Turquie ottomane eut des étrangers comme généraux, le Croate Omer pacha, le Polonais Iskander bey, le Hongrois Ismail pacha et le Français Yusuf.

Les alliés bousculèrent les troupes russes à l'Alma. Le maréchal de Saint-Arnaud mourut d'épuisement et de maladie. Le général Canrobert lui succéda et entreprit le siège de Sébastopol. La garnison russe et des troupes de secours livrèrent plusieurs batailles aux alliés, dont, pendant l'automne, Balaklava où une brigade de cavalerie légère britannique fut à peu près anéantie lors d'une charge mémorable, et Inkermann.

Pendant ce temps, l'armée russe du général Mouraviev attaqua la Turquie depuis le Caucase, entra en Arménie et fut arrêtée devant Kars par les Turcs que conseilla le général britannique Williams.

Par ailleurs, d'importants renforts franco-britanniques furent envoyés en Crimée, tandis que le Piémont se joignait aux alliés et envoyait, lui aussi, des troupes en Crimée.

Au printemps de 1855, le général Canrobert fut remplacé par le général Pélissier, plus offensif. En juin, les alliés s'emparèrent de plusieurs positions russes, dont le Mamelon-Vert. En août, ils repoussèrent à Traktir une armée russe de secours

Enfin, ils prirent en septembre la redoute de Malakof, et les Russes évacuèrent Sébastopol. Mais le général Mouraviev s'empara de Kars. En progressant vers Istanbul, il pouvait couper de ses arrières le corps expéditionnaire allié de Crimée. Mais le problème de son ravitaillement par le Caucase n'était pas résolu.

Après la mort du tsar Nicolas Ier, son fils Alexandre II pouvait continuer la guerre car les alliés risquaient un désastre s'ils envahissaient la Russie, et finiraient par se lasser d'occuper la Crimée.

Il préféra cependant signer la paix. Il y avait eu des dizaines de milliers de morts de part et d'autre. Le traité de Paris, en mars 1856, accorda l'autonomie à la Moldavie et à la Valachie, et neutralisa la mer Noire. Abd ul-Hamid fut invité à démocratiser les institutions turques et à accorder l'égalité à ses sujets chrétiens ; il prit des mesures en ce sens et ne les fit pas appliquer.

*

* *

3. L'ÉVOLUTION DE LA SITUATION INTERNATIONALE

Pendant la vingtaine d'années qui suivit la guerre de Crimée, le monde évolua en divers domaines, alors que la Turquie se sclérosait.

L'Europe progressa démographiquement et passa d'un peu plus de 260 millions d'habitants à près de 300 millions, malgré sa forte émigration vers l'Amérique du Nord et d'autres contrées. La Russie devint un colosse de plus de 70 millions d'habitants auquel quelques millions de Turcs Ottomans pouvaient difficilement s'opposer. L'industrialisation, qui reposait surtout sur le fer et le charbon, progressa beaucoup en Grande-Bretagne, Allemagne, France et aux États-Unis. La Russie et l'Espagne suivirent plus lentement. La Turquie n'avait pas de fer ni de charbon, aussi resta-t-elle à la traîne.

À cette époque, le développement des voies ferrées en Europe et en Amérique du Nord facilita les déplacements et les échanges commerciaux tandis que les navires à vapeur supplantèrent les voiliers après 1870.

Le monde évolua aussi politiquement. Le Piémont, soutenu par la France, tenta en 1859 d'enlever la Lombardie-Vénétie à l'Autriche. Cette guerre montra le manque d'organisation de l'armée française et sa faiblesse en matière logistique et de service de santé. L'armée autrichienne avait aussi des points faibles, subit des défaites et recula en Lombardie. Mais elle pouvait ensuite trouver de meilleures positions défensives et infliger de lourdes pertes aux Franco-Piémontais. La Prusse ne voulait pas que la France fût renforcée par une Italie plus puissante et pouvait intervenir en faveur de l'Autriche. Napoléon III signa donc la paix avec l'Autriche, qui céda la Lombardie au Piémont.

Le révolutionnaire Garibaldi chassa le roi de Naples et de Sicile, dont le royaume fut réuni au Piémont, qui occupa l'Italie centrale à l'exception de Rome. L'unité italienne était à peu près faite tandis que la Savoie et Nice furent réunies à la France.

Les colonies anglaises d'Amérique du Nord, devenues indépendantes en 1783, avaient donné naissance aux États-Unis. Cette nouvelle puissance avait acheté en 1803 à la France la Louisiane et la vallée du Mississipi, ce qui lui permit de s'étendre à l'ouest de ce fleuve au détriment des peuplades amérindiennes. Elle acquit de l'Espagne la Floride en 1820, réunit en 1845 le Texas où les immigrants anglo-saxons avaient séparé cette région du Mexique. Elle enleva en 1848 au Mexique les territoires qui s'étendaient du Texas à la Californie. L'abolition de l'esclavage approuvée par les États du nord déboucha en 1861 sur la sécession des États du sud et sur une guerre entre le nord et le sud.

L'immigration européenne avait porté la population des États-Unis à plus de trente millions d'habitants.

Napoléon III profita de cette guerre pour tenter d'implanter au Mexique un régime monarchique avec comme empereur Maximilien de Habsbourg, frère de l'empereur d'Autriche, François-Joseph. Il espérait fédérer l'Amérique latine et la soustraire à la suprématie économique des États-Unis mais se heurta à la résistance des républicains mexicains. La guerre de Sécession se termina en 1865 par la victoire des États du nord, plus peuplés et plus industrialisés.

Les États-Unis reconstitués firent pression sur la France, qui évacua le Mexique où les républicains reprirent le pouvoir et fusillèrent, entre autres, l'empereur Maximilien qui n'avait pas voulu partir.

La Prusse, qui s'était renforcée grâce à la défaite de Napoléon Ier, s'efforçait d'unir l'Allemagne sous sa direction. Elle vainquit le Hanovre, la Bavière et l'Autriche en 1866. L'Italie enleva la Vénétie à l'Autriche, à la faveur de cette guerre.

L'Autriche partagea en 1867 le pouvoir avec la Hongrie, au détriment des Slaves. Le percement du canal de Suez, en 1869, favorisa le commerce maritime en reliant la Méditerranée à l'océan Indien.

Puis Napoléon III se laissa entraîner dans une guerre contre la Prusse en 1870, fut vaincu et capturé. La République française proclamée continua la guerre contre la Prusse et les autres États allemands, dut signer la paix et céder l'Alsace et la Moselle à l'empire d'Allemagne, institué sous l'autorité du roi de Prusse.

L'Italie occupa Rome, à l'exception du Vatican, et la Russie reconstitua sa puissance navale en mer Noire.

La dureté de la condition ouvrière engendra, aux États-Unis et en Europe, des grèves, l'organisation de syndicats, des soulèvements en France dont celui de Paris en 1871, enfin des attentats anarchistes, particulièrement en Russie. Les partis socialistes se développèrent en divers pays.

4. LA POURSUITE DU DÉMEMBREMENT DE L'EMPIRE OTTOMAN

La guerre de Crimée s'était terminée plutôt favorablement pour la Turquie, grâce à l'appui de la Grande-Bretagne et de la France, mais le sultan Abd ul-Medjid, mort en 1861, et son frère Abd ul-Aziz qui lui succéda n'en profitèrent pas.

Aucun des deux ne réforma sérieusement la Turquie et ils l'enfoncèrent dans un endettement qui la rendit dépendante de puissances européennes.

Abd ul-Medjid abandonna le vieux palais de Topkapi au profit de celui de Dolmabahçe, sur les bords du Bosphore, au nord de Galata. La construction de ce nouveau palais coûta une fortune. Il comporte une façade de marbre blanc de près de 250 mètres de long, de nombreuses pièces, des salons immenses, des hammam, une coupole de plus de 30 mètres de haut, un harem de 50 pièces, une tour de près de 30 mètres, une mosquée, un immense jardin.

Pendant cette période, les Balkans connurent de nombreux soubresauts qui devaient se perpétuer. Le prince Danilo de Monténégro remporta des succès contre les Turcs en 1858 mais fut assassiné en 1860. Son neveu Nikita lui succéda ; Mirko, frère de Danilo, fut régent, soutint une révolte contre les Turcs en Bosnie-Herzégovine.

La Serbie aida le Monténégro, et des Bulgares se joignirent à elle. La Turquie réprima la révolte bosniaque et maintint ses positions dans la région.

Au nord du Danube, la Valachie et la Moldavie élurent en 1859 le prince Couza et s'unirent ainsi pour constituer une seule principauté qui donna naissance à la Roumanie.

Le prince Couza abdiqua quelques années plus tard et les Roumains désignèrent le prince Charles de Hohenzollern pour lui succéder.

Les Russes, de leur côté, progressèrent dans le Caucase et vainquirent en 1859 le chef musulman Chamyl effendi qui leur résistait. Après plusieurs années de résidence forcée, Chamyl effendi fut autorisé par les Russes à se retirer en Arabie. Beaucoup de Tchetchènes émigrèrent en Turquie tandis que le Daghestan fut soumis par les Russes, et les Tcherkesses en 1864 ; beaucoup d'entre eux émigrèrent à leur tour vers la Turquie et la Syrie.

Au sud, les chrétiens libanais subirent un épouvantable massacre en 1860. Il y avait au Liban 360 000 chrétiens et 75 000 musulmans, dont 40 000 Druzes et 20 000 alaouites (appelés aussi ansarieh). Les alaouites avaient conservé des croyances polythéistes de la religion gréco-latine. Les Druzes avaient conservé des croyances bouddhistes, comme la métempsychose, et manichéistes.

Il y avait à Beyrouth environ 45 000 habitants, dont deux tiers de chrétiens et un tiers de musulmans.

Des milliers de chrétiens libanais furent massacrés, et la tuerie s'étendit à la Syrie.

L'émir algérien Abd el-Kader, qui résidait à Damas, hébergea des centaines de chrétiens et les sauva.

La France envoya alors pendant plusieurs mois quelques milliers de soldats au Liban, puis les retira.

Ensuite, la Turquie réprima en 1865 des troubles dans le nord de la Syrie, en 1867 une révolte de la Crète, en 1870 une insurrection dans le sud de l'Arabie.

Abd ul-Aziz augmenta les impôts pour rembourser une partie de l'endettement. Mais les Balkans ne laissèrent pas de répit. Une insurrection éclata en 1875 parmi les Bosniaques. Le prince serbe Pierre Karageorgevitch (1844-1921), petit-fils de Karageorges, combattit avec les Bosniaques. Il avait lutté contre l'Allemagne, en tant qu'officier de la Légion étrangère de la France, pendant la guerre franco-allemande de 1870-1871 et en gardait une certaine compétence.

Les Turcs écrasèrent l'insurrection bosniaque. Ils disposaient d'irréguliers, les Bachi Bozouk, que renforçaient les Pomak, des Bulgares convertis à l'islam. Or, la Bulgarie se révolta à son tour contre la Turquie. Grouiev, un des chefs de cette insurrection, fut capturé par les Turcs et décapité. Les Bachi Bozouk et Pomak procédèrent à des massacres en Bulgarie. Le parti conservateur de Disraéli, au pouvoir en Grande-Bretagne, persistait à vouloir maintenir l'empire ottoman pour empêcher la Russie de devenir plus puissante et refusait d'intervenir. Mais Gladstone, qui dirigeait le parti libéral dans l'opposition, s'émut du sort des Bulgares, comme une bonne partie de l'opinion européenne.

Un mouvement démocrate se développa en Turquie avec Midhat pacha (1822-1884) ; le sultan Abd ul-Aziz fut alors renversé à la fin de mai 1876 et remplacé par son neveu Mourad V, fils d'Abd ul-Medjid. Abd ul-Aziz périt peu après, assassiné ou suicidé, tandis que le maréchal Husseïn Avni pacha, qui avait contribué à sa chute, fut lui aussi assassiné par un officier tcherkesse favorable à Abd ul-Aziz.

Le prince Milan Obrénovitch de Serbie se porta au secours des Bulgares mais fut tenu en échec par les Turcs.

Le sultan Mourad V, qui souffrait de troubles mentaux, fut remplacé par son frère Abd ul-Hamid II, auquel Midhat pacha imposa en décembre 1876 une constitution accordant les mêmes droits aux musulmans et aux chrétiens. Abd ul-Hamid II le disgracia peu après. Midhat pacha fut exilé par la suite en Arabie et y mourut. La Constitution ne fut pas appliquée.

En avril 1877, une fois de plus, la Russie déclara la guerre à la Turquie. Une armée russe traversa la Roumanie, pénétra en Bulgarie et fut arrêtée en été à Plevna par un bon général turc, Osman pacha. Les Russes eurent des dizaines de milliers de tués et blessés mais prirent Plevna en décembre et progressèrent vers Istanbul. Les Serbes progressèrent en Macédoine. Les Grecs chassèrent les Turcs de Thessalie. L'armée russe du Caucase, commandée par le grand duc Michel Nicolaïevitch, frère du tsar Alexandre II, et par le général Loris-Mélikov, pénétra en Arménie et prit Kars.

La Turquie signa en mars 1878 le traité de San Stéfano, et accepta l'autonomie d'une grande Bulgarie s'étendant du Danube à la mer Égée. Cette nouvelle Bulgarie, cliente de la Russie donnait accès à la Méditerranée.

La Grande-Bretagne et l'Autriche-Hongrie protestèrent donc et parurent décidées à intervenir contre la Russie.

Le chancelier allemand Bismarck, désireux de valoriser l'Allemagne en Méditerranée, proposa une conférence qui eut lieu à Berlin en juin-juillet 1878. L'indépendance de la Roumanie, de la Serbie et du Monténégro fut enfin reconnue. La Bulgarie fut scindée en deux provinces autonomes, Bulgarie au nord et Roumélie au sud. La Turquie conserva l'Albanie, la Macédoine, Salonique, la côte de la mer Égée et la Thrace.

L'Autriche-Hongrie occupa la Bosnie-Herzégovine sur laquelle la souveraineté turque fut théoriquement maintenue. La Russie annexa Kars. Le sultan Abd ul-Hamid II céda l'île de Chypre à la Grande-Bretagne pour la remercier d'être intervenue en sa faveur. La Turquie eut, à l'époque, un grand écrivain, Namik Kemal (1840-1888), poète, dramaturge, romancier, historien.

*

* *

Le démembrement de l'empire ottoman se poursuivi néanmoins. Le khédive d'Égypte, Ismaïl, petit-fils de Méhémet Ali, avait fait d'énormes dettes et dû consentir à un contrôle européen sur ses finances. Il voulut s'y soustraire en 1879 et fut poussé par la Grande-Bretagne et la France à abdiquer en faveur de son fils Mohammed Tewfik.

Un officier, Arabi pacha, s'opposa à ce contrôle étranger et fut soutenu par Tewfik. Une escadre britannique bombarda Alexandrie en 1882 et un corps expéditionnaire britannique débarqua en Égypte, vainquit Arabi pacha, qui fut mis en résidence forcée dans l'île de Ceylan jusqu'en 1904. La Grande-Bretagne institua son protectorat sur l'Égypte, malgré les protestations de la France, à qui avait été proposé un coprotectorat, et disputa le Soudan égyptien au mahdi Mohammed Ahmed, qui prit Khartoum en 1885 et y tua le général anglais Gordon, envoyé défendre la ville.

En Tunisie, le bey Mohammed es-Saddok, descendant de Husseïn, fils d'un Grec converti à l'islam, était théoriquement vassal de la Turquie et ne parvenait pas à empêcher la peuplade des Khroumir d'attaquer les confins algériens.

Un corps expéditionnaire français occupa la Tunisie en 1881 et imposa le protectorat de la France au bey.

La Bulgarie et la Roumélie s'unirent en 1885 et leur assemblée désigna Ferdinand de Saxe-Cobourg comme prince de Bulgarie en 1887.

La Turquie continuait de s'endetter auprès de puissances européennes et de leur consentir des avantages économiques par mesure de compensation. Les impôts furent augmentés pour contribuer au service de la dette, ce qui frappa plus fortement les chrétiens, et les mécontenta. Abd ul-Hamid II répondit à ce mécontentement par des massacres de chrétiens en Arménie et en Macédoine, et parmi les Grecs d'Anatolie, de 1894 à 1896. Le nombre des victimes fut évalué à 200 000 ou 250 000, en plus de chrétiennes capturées et enfermées dans des harems musulmans, et d'enfants chrétiens enlevés à leurs parents et élevés dans la religion musulmane.

Abd ul-Hamid perdit ainsi beaucoup de contribuables fortement imposés, ce qui n'arrangea pas sa situation financière.

À son tour, la Crète se révolta contre la Turquie et fut soutenue par la Grèce, que la Turquie vainquit en 1897. Des pressions européennes obligèrent la Turquie à arrêter son offensive contre la Grèce et à reconnaître l'autonomie de la Crète.

Ce fut alors que l'empereur d'Allemagne Guillaume II effectua en 1898 une visite en Turquie et lui proposa un soutien économique, politique et militaire.

Une voie ferrée Berlin-Istanbul-Bagdad fut entreprise au début du XXe siècle. L'Allemagne livra du matériel militaire à la Turquie et lui proposa des instructeurs chargés de moderniser son armée.

Le début du XXe siècle fut marqué par le développement d'inventions considérables qui allaient modifier la situation du monde : automobile, aviation, radio, cinématographe, etc. Ainsi, le pétrole devenait une source d'énergie de plus en plus importante, ce qui aurait pu faire décoller économiquement la Turquie car elle contrôlait encore l'Irak et l'Arabie, riches en pétrole.

Avec plus de 150 millions d'habitants, la Russie était un colosse toutefois vulnérable. Elle était ethniquement très hétérogène, la condition ouvrière y était mauvaise, des troubles révolutionnaires l'affaiblissaient, sa production de charbon et d'acier, et sa flotte, étaient très inférieures à celles des USA, de la Grande-Bretagne et de l'Allemagne.

L'Allemagne, peuplée de plus de 60 millions d'habitants, avait la plus forte armée d'Europe et la seconde flotte après celle de la Grande-Bretagne. Elle produisait moins de charbon mais plus d'acier que la Grande-Bretagne.

La Grande-Bretagne avait plus de 40 millions d'habitants, la plus importante flotte du monde et un important empire colonial.

La France avait 40 millions d'habitants, produisait à peu près autant de charbon et d'acier que la Russie, avait une flotte moins importante que celles de la Grande-Bretagne et de l'Allemagne.

L'Autriche-Hongrie avait une cinquantaine de millions d'habitants, une assez faible production industrielle et des problèmes avec ses populations slaves, désavantagées politiquement par rapport aux Autrichiens et aux Hongrois.

Hors d'Europe, les États-Unis d'Amérique du Nord, grâce à une forte immigration européenne, se dirigeaient vers les 100 millions d'habitants, avaient la plus forte production mondiale de charbon et d'acier, la seconde flotte marchande après celle de la Grande-Bretagne, et des réserves de pétrole au Texas.

Le Japon, qui se modernisait, avait une cinquantaine de millions d'habitants, une bonne armée et une flotte puissante. La Chine était très peuplée mais économiquement et militairement peu performante.

L'Autriche-Hongrie voulait étendre son influence dans les Balkans, où le roi de Bulgarie lui était favorable bien que la population bulgare fût dans l'ensemble plus proche de la Russie slave et orthodoxe. La Serbie s'était un moment tournée vers l'Autriche, mais son roi Alexandre Obrénovitch, assassiné en 1903, avait été remplacé par Pierre Karageorgevitch, favorable à la France et à la Russie.

La Russie était méfiante à l'égard de l'Autriche, qui l'avait empêchée de s'étendre dans les Balkans.

La Grande-Bretagne s'inquiétait de la puissance maritime allemande et se rapprochait de la France et de la Russie.

L'Allemagne, confrontée à l'hostilité de la France, à laquelle elle avait pris l'Alsace et la Moselle, avait tenté de s'appuyer sur la Russie, l'Autriche et l'Italie. Mais elle préférait l'Autriche, ce qui avait détaché d'elle la Russie et l'avait rendue favorable à la France. La vieille rivalité anglo-russe s'estompait L'Italie était mécontente de ce que la France eût occupé la Tunisie, mais elle voulait prendre Trente et Trieste à l'Autriche, alliée de l'Allemagne.

Toutes les conditions étaient réunies pour une terrible guerre vers laquelle l'Europe s'acheminait avec le risque pour l'empire ottoman de s'y laisser entraîner et de ne pas y survivre.

5. LES JEUNES-TURCS

Le mouvement Jeune-Turquie, dont Midhat pacha avait été un membre éminent, n'avait pas réussi à démocratiser la Turquie, mais il avait conservé des ramifications clandestines, dont le comité Union et Progrès bien implanté à Salonique où vivaient de nombreux israélites. Un jeune officier, Enver Pacha (1882-1922), dirigeait ce comité.

En juillet 1908, des régiments turcs qui n'avaient pas été payés se mutinèrent en Macédoine et se rallièrent à Enver.

Abd ul-Hamid II accepta de former un gouvernement constitutionnel confié au grand vizir Kiamil pacha (1832-1913), un ancien ministre, et organisa des élections.

L'Autriche-Hongrie annexa la Bosnie-Herzégovine, qu'elle occupait et administrait depuis 1878 ; la Bulgarie, qui n'était qu'autonome, proclama son indépendance.

La Russie protesta contre l'annexion de la Bosnie-Herzégovine par l'Autriche-Hongrie et soutint la Serbie qui s'y opposait. L'Autriche-Hongrie était hostile à la Serbie francophile et russophile, qui avait de l'influence sur les Croates et Slovènes slaves inclus dans l'empire austro-hongrois et désavantagés par rapport aux Autrichiens et Hongrois. L'Allemagne soutint l'Autriche en pensant que la France ne s'engagerait pas en faveur de la Russie et que cela distendrait l'alliance entre ces deux pays. Le gouvernement français fit en effet savoir à la Russie que son opinion publique n'approuverait pas une guerre livrée à cause de la Bosnie. La Russie, fragilisée par sa défaite de 1905 face au Japon et par ses troubles révolutionnaires de 1905-1906, n'était en outre économiquement et militairement pas de taille à affronter l'Allemagne et l'Autriche-Hongrie. Elle dut s'incliner et conseiller à la Serbie de faire de même. Mais elle en conçut de l'amertume ; aussi quand un incident éclata trois ans plus tard entre la France et l'Allemagne, qui s'opposait à la mainmise croissante de la France sur le Maroc, le gouvernement russe fit savoir que son opinion publique (dont il ne tenait pas toujours grand compte), n'approuverait pas une guerre livrée à cause du Maroc.

La Grande-Bretagne fit par contre comprendre à l'Allemagne qu'elle ne laisserait pas un État européen devenir trop puissant ni la supplanter en matière navale. Elle s'était opposée à Napoléon Ier, elle avait empêché la Russie d'accéder à la Méditerranée, et elle pouvait être une ennemie efficace. Si elle soutenait la France et que la Russie intervenait, l'Allemagne risquait de peiner sur terre et d'être bloquée sur mer. Son empereur Guillaume II ne poussa pas l'affrontement trop loin et cette affaire déboucha sur un compromis grâce auquel la France continua son implantation au Maroc.

En avril 1909, Abd ul-Hamid II tenta de reprendre le pouvoir absolu en s'appuyant sur des troupes de Constantinople.

Mais le général Mahmoud Chevket (1854-1913), qui commandait en Macédoine, était favorable aux Jeunes-Turcs. Il marcha donc sur Istanbul, destitua Abd ul-Hamid II et le remplaça par son frère Méhémed V (1844-1918). Hilmi pacha, un ancien ministre, forma un nouveau gouvernement mais se heurta aux Jeunes-Turcs et se retira à la fin de 1909. Hakki pacha (1863-1918), un autre ancien ministre, forma un gouvernement soutenu par les Jeunes-Turcs.

L'Italie voulait avoir un empire colonial. Elle débarqua des troupes sur la côte libyenne, entre la Tunisie contrôlée par la France et l'Égypte contrôlée par la Grande-Bretagne. Le colonel Enver fut mis à la tête des troupes turques de la région et fut renforcé par les Senoussi de l'intérieur. Il opposa une forte résistance aux Italiens. Il eut pour adjoint le commandant Mustafa Kemal (1881-1958) dont nous dirons quelques mots en raison du rôle déterminant qu'il joua par la suite pour la Turquie.

Le capitaine Armstrong, qui fut attaché militaire de Grande-Bretagne en Turquie, connut Mustafa Kemal et rédigea sa biographie, publiée en français par les Éditions Payot, à Paris, en 1933.

Mustafa Kemal naquit en 1881 à Salonique. Son père était un commerçant venu d'Albanie, et sa mère était fille d'un Albanais et d'une Macédonienne. C'était une blonde aux yeux bleus et Mustafa Kemal tint d'elle. Il n'était ethniquement pas turc, mais l'était sentimentalement. Il était encore enfant lorsque son père mourut.

Mustafa Kemal entra dans une école militaire et fut promu sous-lieutenant en 1901. Affecté à Constantinople, il eut des liaisons, manifesta un caractère difficile, but et joua. Il n'était pas attaché à la religion musulmane.

Il sympathisa avec des officiers qui voulaient renverser le sultan, libérer les femmes, ne plus leur imposer le port de voiles, réduire l'influence de l'islam, démocratiser la Turquie. Il était militairement compétent et fut promu rapidement capitaine. La police repéra ses activités clandestines et il fut muté en Syrie, où il combattit les Druzes fréquemment insurgés contre la domination turque.

Affecté à Salonique, il adhéra au comité Union et Progrès d'Enver, fut partisan du général Mahmoud Chevket qui renversa le sultan Abd ul-Hamid II en avril 1909.

Adjoint d'Enver en Libye, il ne sympathisa pas avec ce dernier. Tous deux parvinrent néanmoins à bloquer les Italiens sur la côte, mais non pas à les rejeter à la mer.

L'empereur d'Allemagne Guillaume II, qui recherchait l'alliance turque, désapprouva l'attaque italienne en Libye. L'Italie se détacha progressivement de l'alliance allemande.

Or, la situation de la Turquie se compliqua en 1912 dans les Balkans, où une alliance entre le Monténégro, la Serbie, la Grèce et la Bulgarie constitua une menace pour la Turquie. Cette dernière signa donc la paix avec l'Italie et lui céda la Libye, Rhodes et les îles du Dodécanèse.

*

*   *

La Serbie, la Grèce, la Bulgarie et le Monténégro lancèrent une offensive foudroyante contre la Turquie en octobre 1912 et écrasèrent ses troupes de Macédoine, d'Albanie et de Thrace. Les Grecs prirent le nord de la Thessalie, le sud de la Macédoine et Salonique. Les Bulgares encerclèrent Andrinople (Edirne) et approchèrent d'Istanbul.

Un jeune officier turc, le commandant Raouf, combattit vaillamment la flotte grecque avec un vieux croiseur, mais la Grèce prit la maîtrise de la mer.

L'Autriche-Hongrie fut mécontente de cette action slave et grecque mais fut prise de vitesse. La Russie approuva cette action ; c'était une période où elle se redressait politiquement et militairement.

La Turquie demanda l'armistice en novembre 1912. Kiamil pacha, revenu au pouvoir, souhaitait la paix. Mais, en janvier

1913, il fut renversé par des officiers jeunes-turcs, menés par Enver tandis que son ministre de la Guerre, Nazim, était tué.

Le général Mahmoud Chevket, favorable aux Jeunes-Turcs, devint grand vizir. La guerre recommença. Enver tenta de repousser les Bulgares en février, fut vaincu. Les Bulgares prirent Andrinople en mars. La Turquie redemanda l'armistice. Par le trait de Londres, en mai, elle abandonna toutes ses possessions d'Europe, sauf Istanbul. L'Albanie devint indépendante. L'Autriche-Hongrie espérait étendre son influence sur elle mais l'Italie s'y intéressait aussi, ce qui engendra une tension supplémentaire entre ces deux États.

La Serbie reçut le Kossovo et la plus grande partie de la Macédoine. La Grèce : le nord de la Thessalie, le sud de la Macédoine et Salonique. La Bulgarie reçut la Thrace. La Crète fut réunie à la Grèce.

En juin 1913, Mahmoud Chevket fut assassiné à Istanbul par des partisans de Nazim. Enver prit le pouvoir et fit pendre des opposants.

La Bulgarie s'estimait lésée en Macédoine. Elle attaqua la Serbie et la Grèce mais fut prise à revers par la Roumanie en juillet 1913. Enver exploita aussitôt cette situation et reprit Andrinople aux Bulgares. La Bulgarie dut s'incliner. Le traité de Bucarest, en août, restitua Andrinople à la Turquie.

Un triumvirat jeune-turc fut formé par Enver, Djemal (1872-1922) et Talaat (1872-1921).

La victoire des petits États balkaniques fut mise au crédit de la France qui avait formé beaucoup de leurs officiers, leur avait insufflé un esprit offensif, fourni des canons, appris à avoir une bonne intendance et des transports. Les Turcs, en grande partie formés et armés par l'Allemagne, avaient été surclassés. Enver pacha demanda néanmoins à l'Allemagne de réorganiser l'armée turque. Il reçut à la fin de 1913 plusieurs dizaines d'instructeurs allemands commandés par le général Liman von Sanders (1855-1929).

Mustafa Kemal, promu lieutenant-colonel après avoir combattu les Bulgares, protesta contre l'inféodation de la Turquie à l'Allemagne et fut envoyé à Sofia comme attaché militaire.

Le parti jeune-turc, initialement favorable à la démocratisation de la Turquie, à une certaine laïcisation, à l'émancipation des femmes, et à l'égalité entre musulmans et chrétiens, ne réalisa pas ce programme. L'islam conserva son influence, les femmes ne furent pas libérées, l'égalité ne fut pas accordée aux chrétiens et le régime resta dictatorial.

L'Albanie fut dirigée par Essad pacha (1856-1920), qui se rapprocha de la Serbie et du Monténégro, donc de la Russie et de la France.

6. LE BABISME ET LA BAHAÏSME

Nous avons vu dans le chapitre 1 que les derviches tourneurs, qui prirent naissance au XIIIe siècle en Turquie, s'y maintinrent bien que les Turcs fussent des sunnites convaincus et que les derviches tourneurs fussent peu appréciés par les sunnites les plus rigoristes, comme par exemple les wahhabites d'Arabie.

Deux autres courants venus de l'Iran chiite, que les Turcs n'aimaient pas, apparurent en Turquie pendant la seconde moitié du XIXe siècle et le début du XXe, le babisme et le bahaïsme.

Un mystique iranien, Mirza Ali Mohammed, né à Chiraz en 1820, s'adonna à la méditation et au mysticisme, à la manière des soufis que nous avons évoqués dans notre chapitre 1. Il alla en pèlerinage à La Mecque et devint un disciple de Hadj Saïd Kassim, de Recht, en Iran, un opposant au clergé chiite. Mirza se proclama en 1844 Bab, la Porte par laquelle on accédait à la forme de spiritualité qu'il prenait. Il critiqua l'intolérance de trop de musulmans et leur machisme, se prononça contre les voiles islamiques, la polygamie, et pour la tolérance.

Les autorités iraniennes et le clergé chiite le combattirent, ce qui déboucha sur une insurrection populaire iranienne, surtout dans le Mazandéran au sud de la mer Caspienne. Le Bab fut exécuté en 1850 à Tauris. Beaucoup de Babis se regroupèrent à Bagdad sous la direction de Mirza Yahia, né en 1830, disciple du Bab.

Les Turcs n'aimaient pas le chiisme, mais le babisme était combattu par les chiites et fut toléré en Turquie d'autant plus que la période du Tanzimat correspondait à un relatif effort de tolérance religieuse dans ce pays.

À la suite de réclamations du gouvernement iranien, les autorités ottomanes transférèrent les babis à Andrinople, en Turquie d'Europe, loin des frontières de l'Iran, en 1866.

Mirza Hussein Ali Nouri (1817-1892), frère du Bab, se proclama Baha Ullah, Splendeur de Dieu. Les babis qui se rallièrent à lui furent appelés bahaïstes. Le gouvernement turc transféra les babis à Chypre. Ils disparurent peu à peu.

Baha Ullah fut transféré à Saint-Jean-d'Acre, en Palestine, en 1868. Les Turcs refusèrent de l'extrader en Iran. Il écrivit à des chefs d'État pour les appeler à la paix universelle. Le bahaïsme, qui se voulait religion universelle, se diffusa dans une partie du monde, jusqu'en Amérique, sous l'impulsion d'Abbas effendi, fils et successeur de Baha Ullah. Puis il déclina en Turquie.

*
* *

Sur le plan culturel, la Turquie ne fut à l'époque pas négligeable, avec, notamment, le peintre Hamdy bey (1842-1912) et le poète Tewfik Fikret (1860-1915).

Carte 6. – **Mer de Marmara**

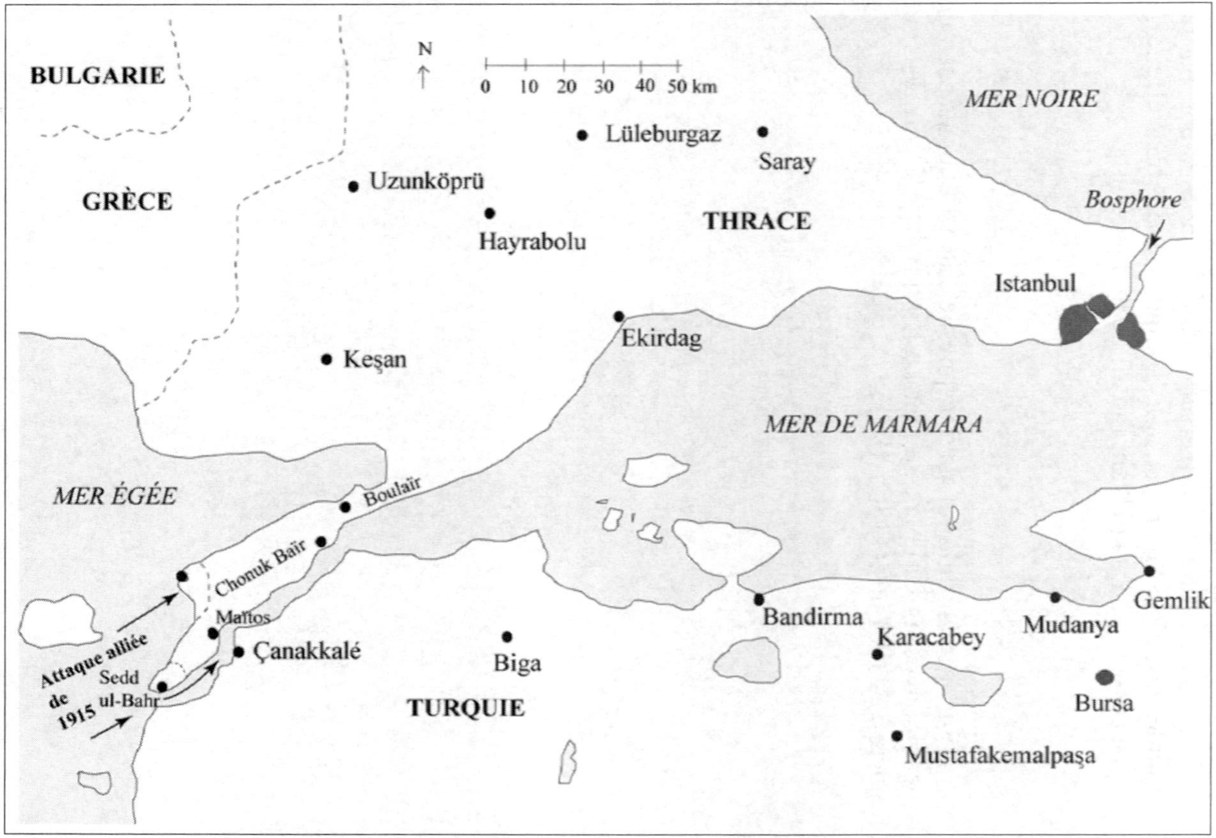

CHAPITRE 11

La Grande Guerre

1. 1914

1.1. Le déclenchement

Dans l'empire d'Autriche-Hongrie, une douzaine de millions d'Austro-Allemands et une dizaine de millions de Hongrois dominaient près de 30 millions de Slaves (Tchèques, Slovaques, Ruthènes, Slovènes, Croates, Bosno-Serbes) et de Roumains de Transylvanie et Bukovine (de lointaine origine partiellement latine, mais slavisés), ainsi que d'Italiens (Trente et Trieste).

La Bosnie-Herzégovine, annexée par l'Autriche-Hongrie, était peuplée de Serbo-Croates musulmans, de Croates catholiques et de Serbes orthodoxes. Ces derniers étaient sentimentalement proches de la Russie. Les Croates étaient plutôt proches de l'Autriche, avec laquelle ils avaient lutté contre les Turcs et qu'ils avaient aidée à réprimer la révolte hongroise de 1848-1849 car ils étaient hostiles à la Hongrie qui les avait dominés (et les dominait depuis l'accord de 1867 entre l'Autriche et la Hongrie). Ils ne tenaient pas à être intégrés dans la Serbie, moins évoluée qu'eux car plus longtemps sous domination turque. Les Bosniaques musulmans préféraient aussi l'Autriche à la Serbie car cette dernière conservait un très mauvais souvenir de la domination musulmane turque.

Les nationalistes serbes espéraient réunir les Croates et Slovènes en cas d'éclatement de l'empire austro-hongrois. Les Serbes de Bosnie leur étaient favorables. Ces nationalistes avaient mal accepté le recul du gouvernement serbe devant l'Autriche lorsque cette dernière avait annexé la Bosnie en 1908 et ils avaient constitué des mouvements clandestins qui bénéficiaient de l'appui d'une grande partie de l'opinion publique serbe.

Le gouvernement serbe ne pouvait donc pas combattre trop sévèrement ces mouvements, et il les tolérait.

Rodolphe de Habsbourg, fils de l'empereur d'Autriche-Hongrie François-Joseph, avait péri en 1889 dans des circonstances mal éclaircies, à Mayerling. L'archiduc François-Ferdinand, neveu de François-Joseph, héritier présomptif, souhaitait un régime fédéral qui donnerait aux Slaves de cet empire les mêmes droits qu'aux Autrichiens et aux Hongrois, ce qui consoliderait l'empire malgré l'opposition de la Hongrie à ce projet. Une partie des nationalistes serbes souhaitait la disparition de François-Ferdinand. Une autre partie l'estimait inutile car son neveu Charles de Habsbourg, qui deviendrait l'héritier présomptif, pensait de même.

Une visite de François-Ferdinand en Bosnie le mit à la portée de nationalistes serbes en juin 1914. Le gouvernement serbe de Nicolas Pachitch[1] déconseilla cette visite. Des confirmations sur une possibilité d'attentat arrivèrent par d'autres sources mais les autorités austro-hongroises de Bosnie ne les prirent pas suffisamment au sérieux. La protection de l'archiduc ne fut pas efficacement assurée lorsqu'il traversa la ville de Sarajevo en automobile. Un étudiant serbe de 19 ans, Gavrilo Princip, qui avait bénéficié d'un soutien logistique de la part de quelques officiers serbes, tua l'archiduc et son épouse. Il ne fut pas exécuté en raison de son jeune âge, et mourut quelques années plus tard en prison.

Le gouvernement autrichien pouvait difficilement accepter ce meurtre sans réagir, mais ne pouvait pas facilement l'imputer au gouvernement serbe. L'empereur François-Joseph se prononça pour la modération.

L'empereur d'Allemagne Guillaume II fut initialement de cet avis, puis estima que la Russie n'était pas en mesure de soutenir la Serbie et serait vaincue si elle intervenait. Il pensait que la Russie

1. Nicolas Pachitch (1846-1926), chef du parti radical serbe, à la tête du gouvernement serbe à plusieurs reprises, puis du gouvernement yougoslave après la Grande Guerre.

deviendrait de plus en plus puissante et que mieux valait l'affronter avant qu'elle ne le fût.

Le parti belliciste autrichien pensait qu'une guerre victorieuse consoliderait l'empire. Il aurait dû penser qu'une défaite lui serait fatale. François-Joseph fut débordé. Le gouvernement austro-hongrois, en dépit de réticences hongroises initiales, lança le 23 juillet 1914 un ultimatum sévère à la Serbie. Certains de ses membres espérèrent que la Serbie ne l'accepterait pas, ce qui permettrait de l'écraser. Le gouvernement serbe, incapable d'affronter la puissante Autriche-Hongrie accepta rapidement, le 25 juillet, à l'exception d'une clause sur l'entrée en Serbie d'enquêteurs austro-hongrois. Cette réserve lui permettait de limiter le mécontentement des nationalistes serbes. Le gouvernement austro-hongrois aurait dû s'en satisfaire mais refusa ce compromis.

Le gouvernement britannique du libéral Asquith proposa une conférence internationale pour régler pacifiquement cette affaire. L'Allemagne refusa, le 27 juillet. L'Autriche-Hongrie déclara la guerre à la Serbie le 28.

La Russie mobilisa pour inciter l'Autriche-Hongrie à la modération. L'Allemagne la somma le 31 juillet de démobiliser et somma la France de rester neutre. La Russie ne voulut pas reculer. La France ne pouvait pas se discréditer en reniant ses engagements, en facilitant la défaite russe et en se retrouvant ensuite seule face à l'Allemagne.

L'Allemagne voulait faire traverser la Belgique par ses troupes, si possible à l'amiable, pour déborder l'armée française par le nord. Le roi Albert de Belgique s'y refusait et réclamait l'appui de la Grande-Bretagne. Le gouvernement britannique n'était pas formellement engagé auprès de la Russie et de la France. Il gardait les mains libres, avait des difficultés en Irlande, ne souhaitait pas la guerre.

Il demanda à l'Allemagne, le 1er août, de respecter la neutralité belge. L'Allemagne déclara la guerre à la Russie le même jour et à la France le 3 août. Le problème qui se posa à elle fut de déterminer si elle maintenait la traversée de la Belgique.

Contrairement à l'opinion généralement répandue selon laquelle la Grande-Bretagne était hostile à l'Allemagne en raison de la croissance de la flotte allemande, l'amiral von Tirpitz (1849-1930), qui commandait cette flotte, soutenait le point de vue inverse. Selon lui, la Grande-Bretagne n'accepterait jamais l'émergence d'une puissance dominante en Europe, et l'avait montré face à Napoléon Ier qui ne disposait pas d'une bonne flotte. Tirpitz estimait donc que pour neutraliser la Grande-Bretagne, il fallait avoir une meilleure flotte qu'elle. Mais il n'avait pas atteint cet objectif car la Grande-Bretagne avait développé ses constructions navales pour ne pas être rattrapée par l'Allemagne. Elle n'avait pas une forte armée. Elle avait démontré face à Napoléon qu'elle pouvait en créer une, qui avait d'ailleurs contribué à la défaite de Napoléon dans la péninsule ibérique et à Waterloo. Mais il lui fallait du temps pour l'organiser.

Le commandement militaire allemand misait sur une guerre courte : écrasement de la France pendant que la Russie mobilisait lentement en raison de l'insuffisance de son réseau ferroviaire, puis retournement de toutes les forces allemandes contre la Russie. La traversée de la Belgique permettait de vaincre plus rapidement la France qu'une attaque frontale sur un terrain plus accidenté et fortement défendu par l'armée française. Il estima que la Grande-Bretagne n'interviendrait peut-être pas et que même si elle le faisait, elle n'empêcherait pas l'Allemagne de vaincre sur terre. Elle la bloquerait sur mer, comme elle l'avait fait pour Napoléon, mais l'Allemagne, devenue la plus grande puissance européenne, survivrait à ce blocus.

L'Allemagne envahit donc la Belgique le 4 août, La Grande-Bretagne lui déclara la guerre, suivie par le Japon.

Le gouvernement libéral italien d'Antonio Salandra était lié à l'Allemagne et à l'Autriche-Hongrie par un pacte défensif. Comme les premières déclarations de guerre provenaient de l'Autriche-Hongrie et de l'Allemagne, il demeura neutre et attendit de voir comment évoluerait la situation. En participant à une victoire austro-allemande, il pouvait reprendre à la France la Savoie, Nice et la Corse, et lui enlever la Tunisie. En participant à une victoire alliée, il pouvait prendre Trente et Trieste à l'Autriche. L'opinion publique italienne se montra favorable à la France et hostile à l'Autriche.

Le mouvement socialiste international était pacifiste. Mais dans chaque pays, il craignit de mettre ses compatriotes mobilisés en danger s'il sabotait l'effort de guerre sans que le même résultat fût atteint dans le camp d'en face.

La majorité des socialistes se résigna à cette guerre. Leur aile gauche, très minoritaire, demeura sur ses positions avec en Allemagne Liebknecht, qui fut interné, et pour la Russie, Lénine, réfugié en Suisse.

L'empire ottoman, qui avait jadis fait trembler l'Europe, ne fut même pas en mesure de jouer le moindre rôle dans cette crise à la suite de laquelle il allait sombrer, comme ceux d'Autriche-Hongrie et de Russie.

1.2. La guerre

L'Autriche-Hongrie et l'Allemagne se proposaient d'écraser rapidement la Serbie et la France pendant que la Russie concentrerait laborieusement ses troupes, puis de retourner toutes leurs forces contre la Russie, dont les chances de victoire seraient faibles.

Ce plan échoua complètement, en raison de la résistance de la Serbie et de la France, et du sacrifice de la Russie qui attaqua sans être prête pour sauver ses alliées.

L'Autriche-Hongrie se couvrit en Galicie face à la Russie et lança contre la Serbie l'armée du général Potiorek, très supérieure numériquement à l'armée serbe du voïvode Putnik. Les offensives autrichiennes furent repoussées et à la fin de décembre 1914, les Serbes résistaient toujours.

Les Russes attaquèrent dès septembre en Galicie et progressèrent jusqu'à Przemysl. Leur offensive obligea les Austro-Hongrois à se renforcer sur ce front, ce qui aida les Serbes.

Les Russes attaquèrent également en Prusse orientale pour perturber l'offensive allemande contre la France. Ils n'étaient pas prêts, manquaient de munitions, avaient une artillerie insuffisante et furent écrasés à la fin d'août 1914 à Tannenberg par le général allemand Hindenburg. Mais ils avaient atteint leur objectif en obligeant les Allemands à retirer de France des troupes qui furent envoyées en Prusse orientale et dont le départ de France contribua à l'échec allemand sur le front de l'ouest.

En France, le généralissime Joffre mobilisa très rapidement plus d'un million de Français et assura leur acheminement et leur logistique grâce à une bonne organisation. Partisan de l'offensive , il attaqua frontalement depuis la Lorraine.

La puissance de feu des mitrailleuses fut sous-estimée par les Français. Ils étaient surclassés par les Allemands pour les mitrailleuses et l'artillerie lourde. Leurs uniformes trop visibles en faisaient des cibles. Ils ne percèrent pas et subirent de lourdes pertes. Ils s'attendaient à être contournés par la Belgique mais ne renforcèrent pas suffisamment leur aile gauche et durent reculer vers Paris. En septembre, ils firent demi-tour et arrêtèrent l'avance allemande dans la région de la Marne. Leur réserve déborda l'aile droite allemande, qui dut reculer.

Le général allemand von Falkenhayn tenta de déborder l'aile gauche française mais fut arrêté en Flandre par les troupes belges et françaises. Le front se stabilisa, les troupes s'abritèrent dans des tranchées et une longue guerre de positions s'ensuivit. L'armée britannique fut fortement développée et put envoyer peu à peu des centaines de milliers de soldats en France. La France mobilisa des dizaines de milliers de Nord-Africains et de Noirs pour renforcer ses effectifs.

Les quelques possessions qu'avaient les Allemands en Afrique, dans l'océan Pacifique et en Chine furent prises par les alliés , malgré une forte résistance allemande.

La flotte britannique bloqua la flotte allemande dans ses ports de mer du Nord, et coula en août trois croiseurs allemands. Une quinzaine d'autres croiseurs allemands se trouvait en mer. Ils coulèrent des dizaines de navires marchands, surtout britanniques.

Plusieurs furent coulés par la flotte britannique ou se réfugièrent dans des ports neutres et y furent désarmés. D'autres, groupés sous les ordres de l'amiral von Spee, attaquèrent le 1er novembre quatre croiseurs britanniques près du Chili et en coulèrent deux. L'amiral Cradock et des centaines de marins britanniques périrent. L'escadre allemande passa dans l'océan Atlantique par le cap Horn.

Le 8 décembre 1914, elle se heurta près des îles Falkland (Malouines) à une escadre britannique plus puissante. Quatre croiseurs allemands furent coulés. L'amiral von Spee et des centaines de marins allemands périrent.

Deux croiseurs allemands, le *Goeben* et le *Breslau*, entrés en Méditerranée, effectuèrent une démonstration le long des côtes algériennes puis se réfugièrent en Turquie, où ils furent chaleureusement accueillis.

1.3. La Turquie

La Turquie était liée à l'Allemagne et n'avait aucun intérêt à se joindre aux alliés, qui n'avaient rien à lui offrir. En cas de victoire allemande, elle pouvait par contre espérer reprendre à la Russie le Caucase, la Crimée et le littoral ukrainien. L'accueil du *Goeben* et du *Breslau* par les Turcs mécontenta la Grande-Bretagne. Ils furent incorporés dans la marine turque.

L'échec des Austro-Hongrois en Serbie et Galicie, et des Allemands en France, fit supposer que les alliés pouvaient gagner la guerre.

Les deux camps tentaient de se rallier les neutres. La Roumanie pouvait prendre la Bessarabie à la Russie, ou la Transylvanie et la Bukovine à l'Autriche-Hongrie si elle optait pour le vainqueur qu'on ne connaissait pas encore.

Le roi de Grèce était favorable à l'Allemagne, mais un fort courant existait dans le peuple grec en faveur des alliés. La Bulgarie était hostile à la Serbie, mais hésitait. L'Albanie d'Essad pacha, bien que majoritairement musulmane, inclinait vers les alliés. Si l'Italie se prononçait contre l'Autriche, cette dernière devrait combattre sur trois fronts alors qu'elle était déjà en difficulté face aux Russes et aux Serbes. La Turquie avait intérêt à attendre l'évolution de la situation, mais Enver pacha se laissa forcer la main par l'Allemagne.

À la fin d'octobre 1914, le *Goeben*, le *Breslau*, un croiseur et deux torpilleurs turcs attaquèrent plusieurs ports russes de la mer Noire. La Russie, la Grande-Bretagne et la France entrèrent en guerre contre la Turquie.

Enver pacha prit le commandement de l'armée turque du Caucase. Il avait 32 ans, était fougueux mais peu réaliste. Avec une centaine de milliers de Turcs, il attaqua dans le Caucase en décembre par un froid terrible. Les troupes russes du Caucase le repoussèrent. Enver subit un désastre, qui s'acheva au début de 1915. Il ne ramena que quelques milliers de rescapés. Les autres furent tués ou capturés par les Russes, ou moururent de froid.

Une autre armée turque progressa en direction du canal de Suez. Le khédive d'Égypte Abbas Hilmi se prononça pour la Turquie et fut déposé par la Grande-Bretagne qui le remplaça par son oncle Husseïn-Kemal et concentra des troupes sur les bords du canal de Suez.

Un corps expéditionnaire britannique débarqua dans le sud de l'Irak, s'empara de Bassora en novembre 1914 et progressa vers Bagdad. Le pétrole n'était pas encore autant utilisé qu'il le fut par la suite, mais il prenait de l'importance et l'Irak en possédait. La Grande-Bretagne s'y intéressait et ne souhaitait pas être prise de vitesse par la Russie dans cette région. Elle s'était résignée à l'occupation d'Istanbul par la Russie en cas de victoire, mais ne voulait pas la laisser accéder au golfe Persique et à la mer d'Oman. Elle acceptait une influence russe dans le nord de l'Iran mais tenait à en contrôler le sud.

2. 1915

2.1. L'évolution de la guerre

Tandis que le front se stabilisait à l'ouest, les Russes continuèrent au début de 1915 leurs attaques contre l'Allemagne en Prusse orientale et contre l'Autriche en Galicie. Ils furent repoussés en Prusse orientale mais progressèrent en Galicie, prirent Przemysl en mars 1915 et y capturèrent des dizaines de milliers d'Austro-Hongrois qui s'ajoutèrent aux nombreux prisonniers qu'ils détenaient déjà.

L'Allemagne resta en défensive à l'ouest, ramena des troupes contre la Russie, chassa cette dernière de Lituanie et de Pologne centrale, l'obligea à évacuer la Galicie, lui infligea de très lourdes pertes, mais ne parvint pas à la vaincre.

Les Français attaquèrent à l'ouest et subirent aussi de très lourdes pertes, sans parvenir à faire reculer les armées allemandes. On a beaucoup reproché aux généraux français ces attaques sanglantes contre des positions allemandes très fortifiées, mais ils n'eurent pas le choix : s'ils étaient demeurés inactifs, les Allemands auraient retiré des troupes de France pour les envoyer en Russie et, ayant vaincu la Russie et ramené le gros de leurs forces en France, ils auraient infligé des pertes encore pires à cette dernière. Ils utilisèrent des gaz asphyxiants.

L'Italie déclara la guerre à l'Autriche-Hongrie en mai 1915 et attaqua dans les Alpes. Les Autrichiens, tenus en échec par les Serbes et fortement engagés contre les Russes, durent combattre sur un troisième front. Le relief montagneux facilita leur défensive dans les Alpes. Les Italiens progressèrent lentement et difficilement. Il y eut là aussi de fortes pertes de part et d'autre. L'ouverture de ce nouveau front empêcha l'Autriche de renforcer ses armées de l'est. Elle ne put pas aider suffisamment l'Allemagne, ce qui permit à la Russie de ne pas s'effondrer en 1915. Un courant austro-allemand toutefois minoritaire estima que ces deux puissances ne pourraient pas gagner la guerre. Le tsar Nicolas II de Russie, loyal envers ses alliés, refusait toute idée de paix séparée malgré la situation difficile de la Russie après ses défaites de 1915.

Dans les Balkans, la Serbie résista pendant plusieurs mois à l'Autriche-Hongrie qui avait dû axer ses efforts principaux contre l'Italie et la Russie.

Le roi Ferdinand de Bulgarie, favorable à l'Autriche, entra en guerre contre la Serbie en octobre 1915, bien que la victoire austro-allemande fut douteuse. Le peuple bulgare était dans l'ensemble russophile, mais hostile à la Serbie qui l'avait vaincu en 1913 et avait annexé la plus grande partie de la Macédoine malgré les revendications bulgares. Les Bulgares attaquèrent en Macédoine et prirent ainsi l'armée serbe à revers. Les Austro-Allemands attaquèrent frontalement, dans l'espoir d'abattre la Serbie et d'avoir un front de moins sur lequel combattre. La vaillante armée serbe ne put pas résister à cette double offensive mais réussit à se dégager. Elle se replia vers l'Albanie et la mer Adriatique, dans un terrain montagneux et par un froid très dur.

Sur ces entrefaites, un corps expéditionnaire franco-britannique débarqua dans le port grec de Salonique, bien que la Grèce fût neutre et que son roi Constantin fût favorable à l'Allemagne. Sous les ordres du général Sarrail, ce corps attaqua en Macédoine et progressa près du Vardar mais ne put pas opérer sa jonction avec les Serbes et se replia vers Salonique où il se retrancha fortement et fut renforcé.

Sur mer, une partie de la flotte allemande s'aventura en mer du Nord au début de 1915, se heurta à une escadre britannique et perdit un croiseur. La Grande-Bretagne avait une forte supériorité navale et l'empereur Guillaume II renonça à risquer sa flotte de guerre. Mais il disposait de sous-marins avec lesquels il tenta d'empêcher le ravitaillement de la Grande-Bretagne. Ses sous-marins coulèrent des navires marchands de pays neutres, qui protestèrent. Les États-Unis participèrent à ces protestations. Leurs immigrants d'origine britannique et italienne étaient favorables aux alliés, mais les immigrants d'origine allemande l'étaient à l'Allemagne. Les Irlandais étaient hostiles à l'Angleterre, et les Polonais à la Russie. Cette situation incitait le gouvernement des États-Unis à demeurer neutre. Pour ne pas l'indisposer et dans l'espoir que la minorité allemande l'entraînerait du côté de l'Allemagne, le gouvernement allemand ralentit momentanément la guerre sous-marine. Il n'avait d'ailleurs pas fait construire suffisamment de sous-marins et les alliés mettaient au point des techniques de lutte contre ces derniers.

L'amiral von Tirpitz, quant à lui, aurait préféré ne développer une offensive sous-marine que plus tard avec un grand nombre de submersibles, pour surprendre la Grande-Bretagne et lui asséner des coups décisifs sans lui laisser le temps d'y parer.

2.2. La Turquie

Pendant l'année 1915, la Turquie poursuivit la guerre sur les trois fronts de 1914, le Caucase, Suez et l'Irak, et sur un quatrième, la presqu'île de Gallipoli. Elle appuya également la révolte des Senoussi du désert de Libye contre l'Italie et leur offensive vers les territoires français voisins.

Dans le Caucase, l'année fut relativement calme. La Russie, confrontée à l'offensive austro-allemande en Pologne, ne put pas effectuer de grands efforts contre la Turquie, heureusement pour cette dernière puisqu'Enver pacha, en attaquant inconsidérément pendant l'hiver 1914-1915, avait perdu presque toute son armée. Il n'y avait plus beaucoup de Turcs face aux Russes an début de 1915, et les Russes auraient pu sérieusement progresser en Anatolie, ou vers Istanbul, s'ils en avaient eu les moyens. L'offensive austro-allemande sauva la Turquie.

Depuis le désert du Sinaï, Djemal pacha qui partageait le pouvoir en Turquie avec Enver et Talaat, fit attaquer le canal de Suez au début de 1915. Les troupes britanniques du général Maxwell parvinrent à tenir le canal, mais pas à refouler les Turcs vers la Palestine.

En Irak, le corps expéditionnaire britannique du général Townshend, depuis Bassora, progressa en direction de Bagdad. Il prit Nasrieh en juin, Kout el Amara en septembre, Ctésiphon en novembre. Une contre-offensive turque le rejeta vers Kout el Amara où il fut encerclé.

La principale bataille de 1915 se déroula dans la presqu'île de Gallipoli. La Grande-Bretagne et la France ravitaillaient difficilement la Russie, qui manquait d'armes et de munitions, car les ports du nord de la Russie, Mourmansk et Arkhangelsk, étaient difficilement accessibles, surtout en hiver, et Vladivostok, très éloigné, était dans le même cas. Les gouvernements britannique et français tentèrent de forcer le détroit des Dardanelles et d'abattre la Turquie par la même occasion, afin de s'ouvrir un passage vers la Russie.

Une puissante offensive navale anglo-française fut effectuée en mars 1915, principalement par des cuirassés. Les Turcs avaient miné le détroit et placé des batteries d'artillerie sur les côtes, de chaque côté. Les dragueurs de mines alliés firent ce qu'ils purent, mais l'escadre perdit deux cuirassés britanniques et un français.

Un corps expéditionnaire allié de près de 100 000 hommes débarqua en avril dans la presqu'île de Gallipoli. Les Turcs ne purent opposer que des effectifs numériquement inférieurs. Ils étaient commandés par le général allemand Liman von Sanders qui fut assisté par Mustafa Kemal, promu général à 34 ans.

Liman von Sanders avait une raideur poméranienne, et Mustafa Kemal, un caractère affirmé. Mustafa Kemal, qui n'aimait pas l'Allemagne, déclara qu'elle avait perdu la guerre. Mais les deux hommes étaient compétents, tenaces et ardents. Ils galvanisèrent les Turcs, qui repoussèrent les assauts des alliés. Ces derniers subirent de lourdes pertes, recomplétèrent leurs effectifs, les portèrent à 150 000 hommes. Mais ils ne parvinrent pas à forcer le passage et à progresser vers Istanbul. Des sous-marins allemands vinrent aider les Turcs et torpillèrent deux cuirassés britanniques. Des sous-marins britanniques et français furent pris dans les filets qui barraient le détroit.

Les alliés perdirent des dizaines de milliers de tués et blessés à Gallipoli. Les Turcs, qui combattirent avec un égal acharnement, eurent des pertes bien moindres. La victoire alliée devint impossible.

L'offensive austro-germano-bulgare contre la Serbie, en octobre 1915, incita les alliés à occuper Salonique pour tenter d'aider la Serbie. Leurs corps expéditionnaire de Gallipoli fut ramené à Salonique.

Les Turcs avaient sauvé leur capitale et conservé le contrôle du détroit des Dardanelles. L'aide franco-britannique à la Russie ne put pas être améliorée, ce qui contribua à l'effondrement russe de 1917 et aurait pu permettre à l'Allemagne de gagner la guerre. La Turquie, jugée négligeable en raison de ses échecs antérieurs, fit preuve d'une grande pugnacité pendant la Grande Guerre.

Mustafa Kemal. devint très populaire parmi ses compatriotes en raison de sa victoire et de son opposition à Enver pacha et à l'Allemagne.

Enver, qui avait entraîné son pays dans cette guerre meurtrière et incertaine, au risque de le conduire au plus grand désastre de son Histoire, devenait de plus en plus impopulaire.

*

* *

En cette année 1915, un effroyable massacre d'Arméniens fut opéré en Turquie. Depuis l'invasion de l'Arménie par les Turcs au XIIe siècle, les Arméniens avaient subi beaucoup de massacres, mais celui de 1915 fut le pire. L'origine en fut la défaite d'Enver pacha dans le Caucase pendant l'hiver 1914-1915. Plutôt que de reconnaître l'incompétence d'Enver, origine du désastre, il fut tentant de trouver des boucs émissaires, en l'occurrence les Arméniens chrétiens qui vivaient au sud du Caucase. Ils ne débordaient évidemment pas d'affection pour les Turcs qui les opprimaient et les discriminaient depuis des siècles, ils souhaitaient leur libération, comme tous les opprimés, donc la victoire de la Russie. Certains s'y étaient réfugiés et combattaient dans l'Armée russe. Mais les Arméniens de Turquie ne se révoltèrent pas contre elle. Ceux qui furent incorporés dans l'armée turque se montrèrent loyaux même si, au fond d'eux-mêmes, ils auraient préféré ne pas se battre pour la Turquie. Beaucoup furent utilisés dans des services auxiliaires, certains furent massacrés. Le massacre fut étendu à la population arménienne, taxée d'avoir facilité la défaite turque du Caucase alors qu'elle n'y était pour rien. Ce massacre s'étendit. Des consuls de pays neutres le signalèrent. Les gouvernements alliés mirent vainement en garde le gouvernement turc.

Une grande partie de la population arménienne fut déplacée vers l'Irak sous prétexte de l'éloigner du front du Caucase. Ce déplacement à pied, avec des provisions insuffisantes, provoqua beaucoup de décès, surtout parmi les plus faibles, vieillards, femmes et enfants. Beaucoup d'hommes furent massacrés pendant ce long déplacement dans des régions écartées, ce qui se vit moins qu'initialement en Arménie. L'arrivée dans une partie infertile de l'Irak fut tragique pour les survivants épuisés, affaiblis par la faim, la fatigue, les maladies. Le nombre des victimes arméniennes, en 1915 et 1916, fut évalué à 1 500 000. Il fut probablement bien pire.

Les Jeunes-Turcs, initialement favorables à l'égalité entre musulmans et non musulmans, débouchèrent paradoxalement sur un massacre de chrétiens bien plus élevé que ceux reprochés à Abd ul-Hamid II qu'ils avaient renversé.

Les autorités turques, peu enclines à la repentance, contestent l'étendue de ce drame et l'implication de la Turquie. La quantité et la qualité des témoignages sont pourtant incontestables. L'étendue de ces déportations et de ces morts peut difficilement être attribuée à des initiatives individuelles non coordonnées. Le gouvernement turc de l'époque a donc été mis en cause[1]. En ce qui concerne Mustafa Kemal, il ne fut pas mis en cause dans cette tragédie, et combattait d'ailleurs à l'époque à Gallipoli. Il était un

1. Nous renvoyons à ce sujet au livre de Pierre Lassieur, *L'arrivée de la Turquie,* éd. Grancher, Paris, 2007.

nationaliste turc, bien qu'ethniquement aryanisé, et un musulman plutôt tiède. Ce fut néanmoins pendant sa dictature, comme nous le verrons, que fut terminée la turquisation de la partie d'Arménie incluse dans la Turquie.

Les Arméniens rescapés furent amenés à se convertir à l'islam et à se turquiser, ou à s'exiler. L'Arménie subsista dans sa partie septentrionale sous protection russe.

*

* *

Les Turcs soutinrent par ailleurs en 1915 l'ouverture d'un nouveau front hors de leur pays, dans leur ancienne colonie de Libye conquise en 1912 par l'Italie.

Dès la fin de 1914, les Italiens avaient retiré des troupes de Libye. Une insurrection éclata contre l'Italie dans le sud de la Libye, à l'instigation de la confrérie musulmane des Senoussi[1]. Les rebelles prirent l'oasis de Mourzouk,

Les Italiens évacuèrent d'autres oasis, dont celle de Rhat, près du Sahara français. Les Senoussi s'y emparèrent d'un armement moderne important.

Désireux d'axer toutes leurs forces contre l'Autriche, les Italiens se retranchèrent sur une partie de la côte, restèrent sur la défensive et remirent à plus tard la reconquête de l'intérieur de la Libye, qui risquait de nécessiter d'importants effectifs et de durer plusieurs années.

La France ne pouvait pas évacuer l'Afrique du Nord, où elle avait implanté des centaines de milliers d'Européens. Elle s'efforçait de remettre sous l'autorité du sultan du Maroc les tribus berbères dissidentes dont celles du Maroc oriental qui attaquaient les confins de l'Algérie au début du XXe siècle.

À la suite de l'entrée en guerre de la France contre l'Allemagne, en août 1914, les troupes françaises du Maroc furent en partie transférées vers la France. Le général Lyautey maintint ses positions au Maroc avec les effectifs qui lui furent laissés.

L'Allemagne soutint les tribus marocaines en guerre contre la France avec l'espoir qu'elles chasseraient ce qui restait de troupes françaises au Maroc et recommenceraient à attaquer l'Oranie,

---

1. Les Senoussi : membres d'une confrérie musulmane fondée par un Algérien nommé Senoussi en Arabie en 1835. Ce dernier se rendit en Libye, à Benghazi, en 1843, eut beaucoup d'influence. Il mourut en 1859. Son fils et successeur El Mahdi résida un moment dans l'oasis de Koufra et mourut en 1901. Les Senoussi se heurtèrent aux Français de 1902 à 1913 au nord du lac Tchad.

province algérienne proche du Maroc et provoqueraient en Algérie un soulèvement semblable à celui de 1871 dans le Constantinois. À l'époque, la France avait eu besoin de 100 000 militaires pour rétablir sa situation. Un effort semblable pendant la Grande Guerre l'aurait affaiblie face à l'Allemagne et aurait pu entraîner sa défaite.

Mais les tribus marocaines opposées au sultan et à la France furent tenues en échec par le général Lyautey, soutenu par des milliers de goumiers marocains. Il n'y eut pas de soulèvement en Algérie. Non seulement la France ne fut pas obligée d'y envoyer 100 000 hommes, mais elle y mobilisa 170 000 musulmans algériens, dont plus de la moitié, volontaires, et les autres, conscrits, qui furent envoyés contre l'Allemagne et ses alliées, avec les Européens mobilisés en Afrique du Nord et des dizaines de milliers d'Africains noirs de Tunisiens, de Marocains.

Les Beraber et R'guibat de Mauritanie envahirent le Sahara mais furent repoussés par les méharistes de la France et les Touareg du Hoggar, favorables à la France. Des troubles au Sahara auraient coupé l'Afrique du Nord de la partie d'Afrique noire occupée par la France, et menacé l'Algérie par le sud.

Faute de réussir à l'ouest, l'Allemagne exploita la révolte libyenne pour attaquer à l'est avec l'aide de la Turquie.

Des officiers turcs et allemands furent débarqués en Libye pour conseiller et encadrer les Senoussi. Les généraux turcs Noun pacha et Ahman Fouad pacha assurèrent le commandement de cette mission.

L'autorité turque fut en partie rétablie sur la Libye, où des tribus n'avaient d'ailleurs pas accepté leur annexion par l'Italie en 1912.

Une tribu du sud de la Tunisie se révolta contre la France et fut renforcée par des Libyens. Des milliers de musulmans bien armés, commandés par leur chef Ben Asker qu'assistait un officier allemand, attaquèrent en septembre 1915 le poste frontalier français de Dehibat, qui repoussa tous leurs assauts, et fut débloqué en octobre par une colonne de secours.

Le poste d'Oum-Souigh, tenu par un capitaine français et 400 hommes, fut attaqué en octobre par 3 000 partisans de Ben Asker. Cette petite garnison perdit la moitié de son effectif mais parvint à tenir[1]. Ben Asker fut rejeté en Libye.

1. Cf. Georges Gorrée, *Sur les traces du père Charles de Foucault,* éd. De la plus grande France, Paris, 1936.

Mais le ralliement des Touareg Adjer aux Senoussi, sur les confins de la Libye et du Sahara tenu par la France, allait permettre d'étendre le conflit au Sahara

Alors que des millions de soldats s'affrontaient en Europe sur des espaces resserrés, de faibles effectifs se combattirent en Afrique sur d'énormes étendues.

3. 1916

3.1. L'évolution de la guerre

L'Allemagne et l'Autriche-Hongrie avaient tenté en 1914 de vaincre la France et la Serbie grâce à la lenteur de la mobilisation russe, et de retourner ensuite toutes leurs forces contre la Russie.

Elles avaient échoué parce que la Russie avait attaqué sans être prête, en Prusse orientale où elle avait subi un désastre, et en Galicie où elle avait sérieusement bousculé les Austro-Hongrois, et parce que la France et la Serbie avaient résisté avec une extraordinaire ténacité.

Ayant envahi la Belgique dans l'espoir, qui ne se réalisa pas, de vaincre plus rapidement la France, l'Allemagne s'était attirée une déclaration de guerre de la Grande-Bretagne. Elle avait perdu une partie de ses colonies, était en passe de perdre les autres, et avait également perdu une quinzaine de croiseurs sur diverses mers du monde.

En 1915, l'Allemagne avait inversé son plan de manœuvre. Restant en défensive face à la France, elle avait tenté de vaincre la Russie, lui avait porté de rudes coups et l'avait chassée de Pologne, mais ne l'avait pas vaincue. L'entrée en guerre de l'Italie contre l'Autriche avait immobilisé dans les Alpes une partie des force armées de cette dernière. L'entrée en guerre de la Bulgarie contre la Serbie avait permis d'occuper cette dernière, mais l'Armée serbe avait échappé à la destruction et atteint la mer Adriatique.

Les sous-marins allemands avaient porté de rudes coups à la marine marchande britannique mais en indisposant des puissances neutres, dont les États-Unis.

Le commandement allemand inversa de nouveau ses plans en 1916. Se remettant en défensive face à la Russie très ébranlée par ses défaites de 1914 et 1915, il tenta de nouveau d'écraser la France, cette fois en cherchant une percée dans la région de Verdun et en ramenant des troupes à l'ouest.

Le général Pétain (1856-1951), qui assura la défense de Verdun, avait été professeur à l'École de Guerre et avait attiré l'attention sur la puissance de feu des mitrailleuses. Face aux partisans de l'offensive à outrance, il avait préconisé une combinaison de l'offensive et de la défensive ménageant au maximum la vie des militaires.

Colonel en 1914, général d'armée deux ans plus tard, il repoussa les attaques allemandes grâce à la ténacité des soldats français, à la rotation des effectifs, à l'augmentation du nombre des camions, à l'organisation du ravitaillement et à la fabrication intensive de canons, obus et autres munitions par l'industrie française. Les pertes furent énormes de part et d'autre.

La Grande-Bretagne effectua un effort terrestre considérable en faveur de la France, où elle envoya des centaines de milliers de soldats.

Les Autrichiens imitèrent l'Allemagne. À la faveur de l'ébranlement subi par la Russie en 1915, ils tentèrent d'écraser l'Italie et attaquèrent en mai 1916 dans le Trentin où ils atteignirent Asiago lors de leur offensive vers Vicence.

La Russie se sacrifia de nouveau, comme elle l'avait fait en 1914 pour la France. Ses armées que l'on croyait en grande partie disloquées et acculées à la défensive effectuèrent un nouvel effort et repartirent à l'attaque sous les ordres du général Broussilov. Elles envahirent la Bukovine et la Galicie, enfoncèrent les troupes austro-hongroises demeurées en protection à l'est.

L'Autriche dut retirer d'Italie une partie de ses troupes afin d'arrêter Broussilov. L'Allemagne la renforça, ce qui soulagea également la France. L'offensive russe fut contrée. Mais le généralissime italien Cadorna exploita cette situation, attaqua en août vers l'Isonzo et prit Gorizia.

Le roi de Roumanie était un Hohenzollern, comme l'empereur Guillaume II d'Allemagne. Il avait résisté au désir de prendre la Bessarabie à la Russie en s'alliant avec l'Allemagne et l'Autriche, et espérait prendre la Bukovine et la Transylvanie à l'Autriche-Hongrie en s'alliant avec la Russie.

Mais il attaqua en août 1916, trop tard pour se coordonner avec Broussilov qui venait de subir un coup d'arrêt. Le tsar Nicolas II avait pris le commandement de l'armée, pour lequel il n'était pas fait, laissant la tsarine gouverner, ce pourquoi elle n'était pas faite. Elle était influencée par le moine Raspoutine, partisan de la paix, ce qui se comprenait, mais était dangereux pour les armées. Le président du gouvernement, Sturmer, un

Russe d'origine allemande, passait pour favorable à l'Allemagne et fut soupçonné de manquer d'efficacité dans le ravitaillement des troupes de Broussilov.

L'armée roumaine, forte de plusieurs centaines de milliers d'hommes, se montra extraordinairement valeureuse. Si elle avait attaqué en juin conjointement avec Broussilov, l'Autriche se serait peut-être effondrée.

En août, la Roumanie ne fut pas soutenue par les Russes. L'Autriche renonça à ses espoirs de vaincre l'Italie et s'efforça du moins de se débarrasser de la Roumanie, qu'elle attaqua conjointement avec la Bulgarie et en bénéficiant d'un soutien allemand. L'armée roumaine combattit avec beaucoup d'acharnement, subit des pertes énormes et se replia vers la Moldavie, à proximité de la Russie. Mais elle ne fut pas détruite.

En Russie, Sturmer démissionna et Raspoutine fut assassiné.

L'armée serbe, repliée en Albanie à la fin de 1915, fut embarquée par la marine britannique, emmenée à Corfou où elle se reconstitua, et transféré à Salonique où, forte d'une centaine de milliers d'hommes, elle renforça le corps expéditionnaire franco-britannique et attaqua avec lui en Macédoine, où Monastir fut atteint à l'automne.

À la fin de 1916, l'Allemagne et ses alliées n'avaient réussi à vaincre ni la France, ni l'Italie, ni la Russie, ni la Roumanie, et elles étaient tenues en échec par les alliés en Macédoine.

*

*   *

La flotte allemande effectua une sortie en mer du Nord à la fin de mai 1916, se heurta à la flotte britannique, lui coula trois croiseurs et se replia. L'empereur Guillaume II n'osa plus la risquer en haute mer.

Les sous-marins allemands continuèrent à torpiller beaucoup de navires marchands britanniques, sans parvenir à asphyxier économiquement la Grande-Bretagne qui construisait de nouveaux navires et comblait ses pertes.

3.2. La Turquie

La Turquie résista de son mieux sur tous les fronts pendant l'année 1916. Face aux Russes du Caucase, elle recompléta tant bien que mal les troupes qu'Enver avait perdues pendant l'hiver 1914-1915.

La Russie, qui avait difficilement résisté à l'offensive austro-allemande de 1915 et réattaqué en 1916 avait été obligée d'y axer son principal effort et n'avait pas pu disposer de troupes suffisantes pour attaquer sérieusement la Turquie. Les faibles troupes russes du Caucase parvinrent toutefois à progresser assez sensiblement en Arménie pendant l'année 1916. Elles prirent Van, Bitlis, Mouch, Erzeroum, Erzindjan, sauvèrent ainsi les Arméniens qui n'avaient pas encore été déportés et massacrés ou qui se cachaient dans les montagnes. Mais ces troupes russes n'eurent pas les moyens de marcher vers Constantinople. Les Turcs qui leur étaient opposés purent les ralentir et tenir jusqu'à l'hiver.

En Irak, les Turcs firent capituler, en avril 1916, le corps britannique du général Townshend, qu'ils encerclaient depuis décembre dans Kout el Amara, et que la Grande-Bretagne ne parvint pas à débloquer. Mais les Turcs ne parvinrent pas à reprendre Bassora, où une tête de pont britannique se maintint, avec possibilité de nouvelle offensive vers Bagdad.

Le général von der Goltz, qui aida les Turcs à tenir tête à la Grande-Bretagne, mourut cette année-là en Irak ; né en 1843, écrivain militaire allemand, il avait participé aux guerres de 1866 contre l'Autriche et de 1870 contre la France.

Dans le Sinaï, les troupes britanniques refoulèrent difficilement les Turcs afin de ne plus les laisser border le canal de Suez. Elles atteignirent El Arich à la fin de l'année.

Cette progression britannique fut facilitée par l'insurrection du chérif de La Mecque, Hussein, contre la Turquie, à l'instigation du colonel britannique Lawrence (1888-1935). Les Arabes prirent le contrôle du Hedjaz et progressèrent vers la Syrie.

Depuis la Libye, les Senoussi et les Touareg Adjer, conseillés par des officiers turcs et allemands, continuèrent leurs attaques vers la Tunisie et le Sahara. Les Senoussi attaquèrent en mai 1916 le fort de Dehibat, dans le sud de la Tunisie et le bombardèrent avec l'appui d'artilleurs allemands. Ils ne purent pas s'en emparer. Une colonne française tua 200 Tripolitains de Ben Asker en juin et rejeta les autres en Libye. Des avions français bombardèrent Nalout, base arrière des Tripolitains.

Au Sahara, plusieurs centaines de Senoussi commandés par Ahmoud sultan et munis d'un canon s'emparèrent en mars 1916 du poste de Djanet, défendu par deux gradés français et une quarantaine de Sahariens. 300 Senoussi attaquèrent en septembre un convoi français entre les forts Flatters et Polignac.

Carte 7. – **1914-1918 – Front méridional**

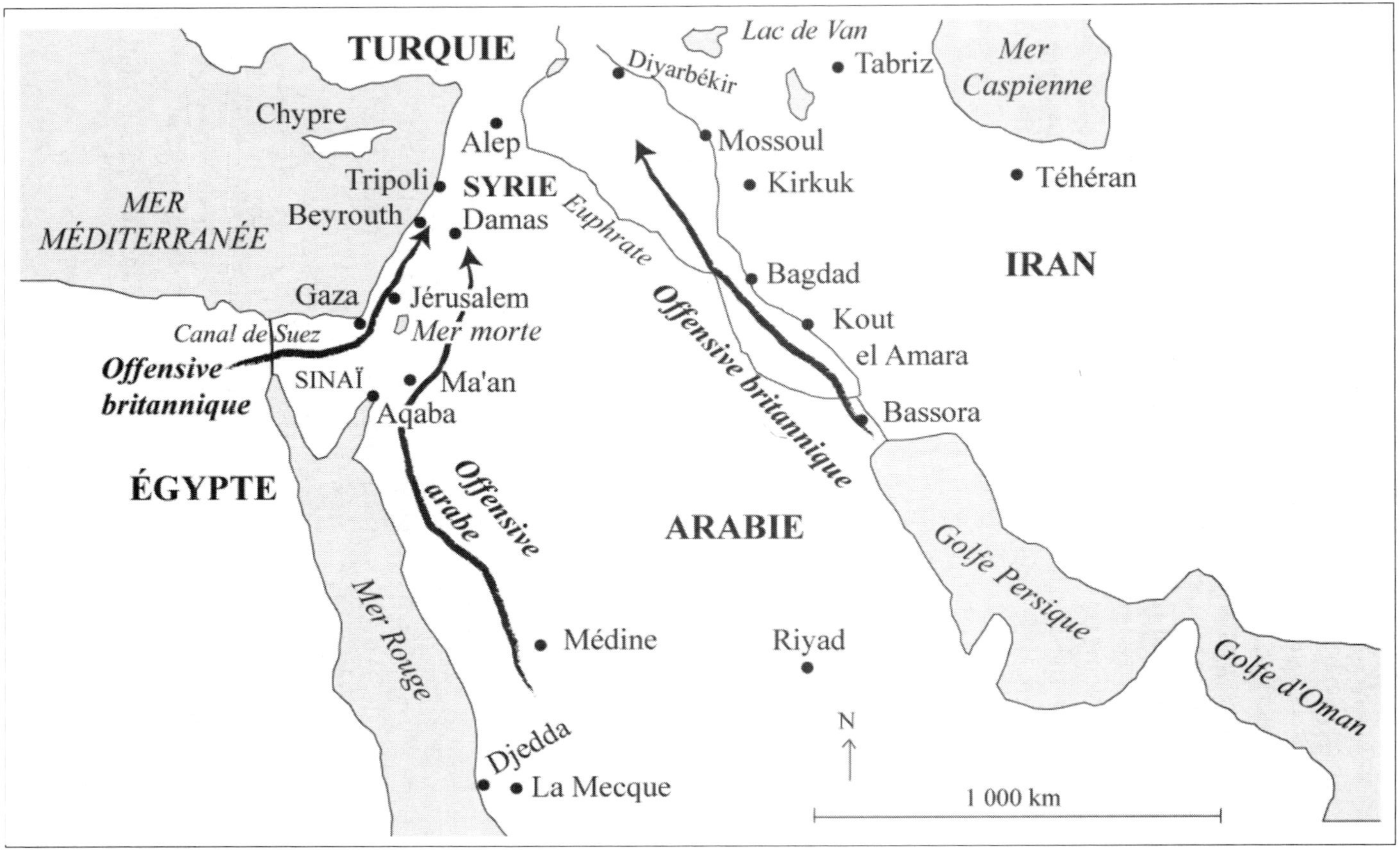

Au début de décembre, un rezzou d'une soixantaine de Senoussi commandés par Ebeuh ag Rhabelli atteignit Tamanrasset et y massacra le père Charles de Foucauld, un missionnaire français qui, depuis son ermitage, exerçait une forte influence sur les Touareg du Hoggar.

Des centaines de Senoussi menés par un Targui de l'Aïr, Khaoussen, prirent Agadès où le sultan Tegama se rallia à eux. Une garnison française résista dans le fort et fut assiégée.

Des troubles éclatèrent parmi les Chaouïa berbères des Aurès-Nementcha, dans le sud de la province algérienne du Constantinois. Des bandes armées se constituèrent mais cette insurrection demeura limitée et fut contenue par les autorités françaises.

4. 1917

4.1. L'évolution de la guerre

Une révolution éclata en mars 1917 à Petrograd. Les troupes de la garnison basculèrent du côté des révolutionnaires et le tsar Nicolas II abdiqua. Un gouvernement démocrate et socialiste se constitua et tenta de continuer la guerre. Le socialiste Kerenski en prit la direction au mois de juillet.

Les soldats russes désertaient massivement. Le parti bolchevik (qui prit l'année suivante le nom de communiste) renversa le gouvernement Kerenski en novembre 1917 avec l'aide de régiments russes de Petrograd et de marins de Kronstadt. Lénine, dirigeant du parti bolchevik, demanda l'armistice à l'Allemagne et à l'Autriche-Hongrie. Les élections qui suivirent en Russie désavouèrent Lénine : les socialistes obtinrent environ 50 % des voix, les bolcheviks, 30 %, et le reste se partagea entre démocrates et monarchistes.

Lénine ne tint pas compte de sa défaite électorale et conserva le pouvoir avec l'appui temporaire de l'aile gauche anarchiste du parti socialiste-révolutionnaire, bien implanté dans la paysannerie très majoritaire. Cette aile anarchiste se dressa contre Lénine quelques mois plus tard. Lénine renvoya au début de l'année suivante l'Assemblée légalement élue dans laquelle il était électoralement minoritaire.

*

* *

Sur le front français, le général Nivelle, qui avait remplacé le généralissime Joffre, tenta de percer le front allemand en Champagne et subit des pertes désastreuses. Des mutineries éclatèrent dans l'armée française. Le général Pétain, successeur de Nivelle, rétablit la situation.

La guerre évolua techniquement. L'Allemagne était entrée en guerre avec une forte supériorité en artillerie lourde et mitrailleuses, et avait mis au point des gaz asphyxiants en 1915. Mais en 1917, l'aviation jouait un rôle de plus en plus important et des chars d'assaut furent utilisés pour percer les lignes ennemies et écraser les nids de mitrailleuses grâce à leur blindage.

La Grande-Bretagne et la France prirent de l'avance sur l'Allemagne en matière de force aérienne et de blindés. Les États-Unis accentuèrent leur supériorité dans ces domaines. L'Allemagne commençait à être techniquement surclassée.

La Grande-Bretagne et la France n'avaient pas réussi à ravitailler suffisamment la Russie, en grande partie parce que la Turquie avait tenu aux Dardanelles, et les Russes subissaient des privations qui avaient contribué à leur effondrement.

La maîtrise de la mer par la Grande-Bretagne et la France gênait toutefois le ravitaillement de l'Allemagne et de l'Autriche-Hongrie par l'extérieur, et ces deux pays subissaient des restrictions. L'empereur François-Joseph était mort à la fin de 1916. Son petit-neveu et successeur Charles de Habsbourg, époux de Zita de Bourbon-Parme, souhaitait la paix. Mais pour obtenir l'entrée en guerre de l'Italie et de la Roumanie à ses côtés, la France leur avait promis des accroissements territoriaux au détriment de l'Autriche et de la Hongrie ; elle voulait reconstituer la Pologne, agrandir la Serbie, et elle encourageait les indépendantistes tchécoslovaques. Les dirigeants autrichiens refusaient de trop grandes concessions territoriales et ceux de la Hongrie ne voulaient pas relâcher leur domination sur beaucoup de Slaves. Or c'était la Hongrie qui assurait une partie de l'approvisionnement agricole de l'Autriche. Charles Ier ne parvint pas à accorder l'égalité aux Slaves de son empire par le biais d'un système fédéral se substituant au dualisme austro-hongrois qui avait été une erreur de François-Joseph en 1867.

Les dirigeants allemands ne voulaient pas rendre l'Alsace et la Moselle à la France, et cette dernière n'y renonçait pas.

Le général von Falkenhayn, qui doutait de la victoire allemande, avait été supplanté par Hindenburg et Ludendorf, persuadés de pouvoir l'emporter. Les tentatives de négociation échouèrent.

Il y eut des désertions massives dans l'armée russe, des mutineries dans celle de la France, des redditions importantes dans les armées de l'Autriche-Hongrie et de l'Italie. Des troubles éclatèrent parmi les équipages d'une douzaine de cuirassés allemands en 1917.

*
* *

À la faveur de l'effondrement russe, l'Autriche-Hongrie put retirer une partie de ses troupes du front de l'est et les ramener contre l'Italie, qu'elle espéra abattre en 1917 avec des renforts allemands.

L'Italie subit un désastre dans la région de l'Isonzo, à Caporetto, en octobre 1917. Ses troupes reculèrent jusqu'à la Piave, mais des renforts franco-britanniques les aidèrent à se rétablir.

Les alliés poussèrent le roi Constantin de Grèce à abdiquer en faveur de son fils Alexandre, qui se laissa persuader de déclarer la guerre à l'Allemagne et à ses alliées. Les alliés étendirent le front de Macédoine jusqu'à l'Adriatique, avec des contingents français, britanniques, serbes, italiens et grecs.

*
* *

Malgré la défaite de la Russie, l'année 1917 fut décevante pour l'Allemagne et ses alliées. Le haut commandement allemand estima pouvoir abattre la Grande-Bretagne en intensifiant la guerre sous-marine à partir de février 1917.

Cette gêne apportée au commerce mondial pouvait pousser les États-Unis à entrer en guerre contre l'Allemagne. Les dirigeants allemands sous-estimèrent la détermination de ce pays et ses capacités économiques, maritimes et militaires. Ils crurent ruiner la Grande-Bretagne en six mois, avant que l'intervention américaine, si elle se produisait, pût avoir des effets.

Mais l'Allemagne n'avait pas assez de sous-marins et ne put pas en fabriquer de supplémentaires en nombre suffisant. L'extension de la guerre sous-marine, comme celle de l'aviation, n'avait pas été prévue avant l'entrée en guerre, et le retard ne fut pas rattrapé. Avec 130 sous-marins environ, l'Allemagne infligea des pertes énormes à la marine marchande britannique. Si elle en avait eu deux ou trois fois plus dès 1915, elle aurait pu gagner la guerre ; la Grande-Bretagne escorta ses convois, fabriqua plus de navires qu'elle en perdit, coula beaucoup de sous-marins allemands.

L'Allemagne s'efforça de combler ses pertes mais ne parvint pas à fabriquer suffisamment de submersibles pour augmenter sensiblement leur nombre. Elle perdit la guerre sous les mers,

Les États-Unis, ne pouvant plus exporter vers l'Europe, furent menacés de crise économique. Ils déclarèrent la guerre à l'Allemagne en avril 1917. Leur flotte, qui n'était pas négligeable, se joignit à celles de la Grande-Bretagne et de la France, contribua à contrer les sous-marins allemands, permit la reprise des exportations. Les alliés continuèrent à recevoir du ravitaillement extérieur, tandis que l'Allemagne et l'Autriche-Hongrie souffraient de fortes restrictions.

Les États-Unis mobilisèrent des millions d'hommes et commencèrent à les envoyer vers la France.

Si l'Allemagne n'avait pas intensifié la guerre sous-marine, les États-Unis ne seraient peut-être pas entrés en guerre. L'effondrement russe aurait permis à l'Allemagne de ramener beaucoup de troupes en France, et les Franco-Britanniques, sans appoint américain, auraient eu beaucoup de mal à tenir. L'issue de cette guerre fut longtemps incertaine et se détermina de justesse. L'Allemagne aurait pu gagner en 1914, 1915 et 1916 sans la ténacité et la solidarité des alliés, en 1917 si elle avait eu plus de sous-marins, et encore en 1918, comme nous le verrons, si les États-Unis étaient restés neutres.

4.2. La Turquie

La Turquie, considérée comme « l'homme malade de l'Europe », continua de résister sur tous les fronts en 1917. Sauvée en Arménie grâce à l'effondrement russe, elle recula devant les Britanniques en Irak et en Palestine, ainsi qu'en Arabie face aux Arabes, mais sans s'écrouler. Elle reprit même une partie du terrain perdu en Arménie, grâce à la dislocation des armées russes,

En Irak, les Britanniques avaient été vaincus à Kout el Amara par les Turcs en 1916 mais avaient pu conserver Bassora. Ils repartirent à l'attaque au début de 1917, reprirent Kout el Amara puis entrèrent dans Bagdad mais furent arrêtés par les Turcs au nord de cette ville.

Les Turcs évacuèrent le désert de Sinaï et se regroupèrent sur la frontière de la Palestine. Le colonel Lawrence et les Arabes atteignirent la Jordanie.

Le général Allenby, mis à la tête de l'armée britannique d'Égypte, envahit la Palestine en novembre 1917, prit Gaza, Ramala, Jaffa, et en décembre Jérusalem. Les Turcs retraitèrent sans être mis en déroute.

L'année 1917 ne leur avait pas été favorable en Irak, Arabie, Jordanie et Palestine, mais ils avaient du moins limité leurs revers.

En Libye, ils continuèrent de soutenir les Senoussi et les Touareg Adjer. Le général Laperrine, conquérant du Sahara où il avait exercé une forte influence sur les Touareg du Hoggar, combattait en France. Il fut remis au début de 1917 à la tête des troupes françaises du Sahara et se rallia les Touareg du Hoggar, commandés par Moussa ag Amastane, qui avaient semblé ébranlés par les succès des Senoussi.

En février 1917, Brahim ag Abakada et environ 150 Touareg Adjer attaquèrent le poste d'Aïn el Hadjadj et tuèrent une douzaine de militaires français, dont le docteur Vermale qui défendit ses blessés du mieux qu'il put[1].

En mars, plusieurs centaines de tirailleurs soudanais venus de Zinder débloquèrent le poste d'Agadès, assiégé depuis près de trois mois par les Senoussi.

Eh avril, Ebeuh ag Rhabelli, l'assassin du père de Foucauld, mit une vingtaine de militaires français hors de combat dans le centre du Sahara.

En juin, le chef senoussi Ahmoud sultan attaqua la compagnie saharienne de Tunisie et lui mit une centaine d'hommes hors de combat. Le même mois, 200 Touareg attaquèrent à Iniker un détachement français d'une vingtaine d'hommes commandés par un sous-officier, Piétri, qui fut capturé, refusa de se convertir à l'islam, et fut massacré[2].

En juillet, le chef targui de l'Aïr, Khaoussen, qui avait assiégé Agadès, fut rejoint par une colonne française et perdit plusieurs dizaines de morts, son canon et 200 obus. En août, il attaqua un détachement français et lui tua un officier et un sous-officier. L'autorité turque se maintenait sur la plus grande partie de la Libye.

1. Cf. Georges Gorrée et Michel Thiout, *Laperrine,* éd. Arthaud, Grenoble, 1948.
2. *Ibid.*

Carte 8. – **Libye-Sahara**

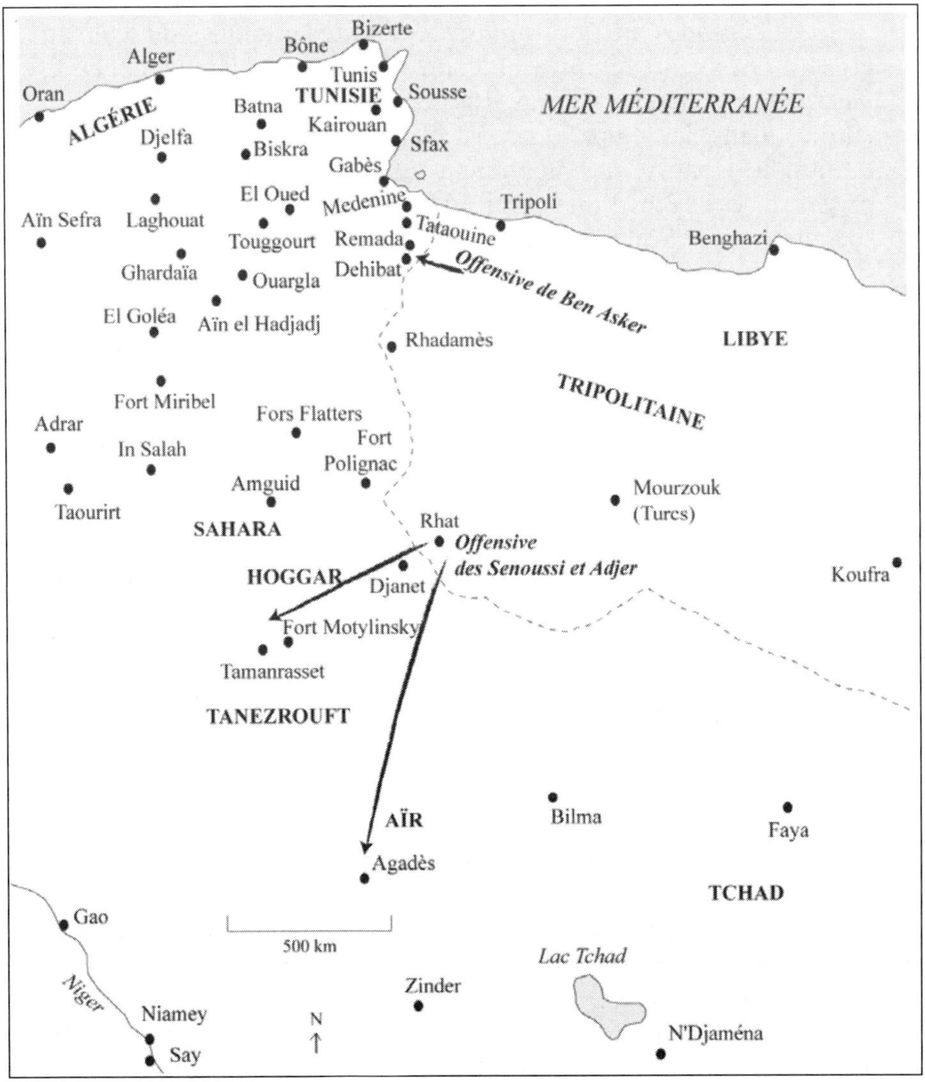

5. **1918**

5.1. L'évolution de la guerre

Le gouvernement communiste russe de Lénine signa la paix avec l'Allemagne en mars 1918 et renonça à la Pologne, aux États baltes, à l'Ukraine. Il libéra des centaines de milliers de prisonniers allemands et austro-hongrois ; une partie de ces soldats resta en Russie et s'enrôla dans l'Armée rouge que fonda Lénine.

Les cosaques du Don, suivis par d'autres cosaques du Kouban et de l'Oural, se révoltèrent contre Lénine. La Finlande et la Géorgie se séparèrent de la Russie. Les Tchèques et Slovaques enrôlés dans la légion tchécoslovaque formée pour combattre l'Autriche-Hongrie se heurtèrent aux communistes russes et prirent le contrôle d'une partie de la Sibérie. Un gouvernement socialiste opposé aux communistes fut formé en Sibérie,

Le tsar Nicolas II, son épouse et leurs enfants, que le gouvernement britannique avait refusé d'accueillir, furent massacrés par les communistes. L'amiral tsariste Koltchak renversa le gouvernement socialiste de Sibérie et y prit le pouvoir. Une révolte musulmane anticommuniste éclata dans le Turkestan russe.

Lénine contrôlait la plus grande partie de la Russie, région la plus peuplée et la plus industrialisée de l'ancien empire des tsars. Avec Trotski, il développa l'Armée rouge et tint en échec ses opposants de Sibérie et du Caucase. Toutefois, les anarchistes se séparèrent de son gouvernement.

La défaite de la Russie entraîna celle de la Roumanie, qui dut signer la paix à son tour. L'Allemagne dut laisser une armée d'occupation assez importante en Pologne, en Ukraine et dans les États baltes, mais put tout de même retirer une partie de ses troupes de l'est pour les ramener en France. Avec les centaines de milliers de prisonniers allemands qui furent libérés par Lénine, elle bénéficia de la supériorité numérique à l'ouest sur les troupes françaises, britanniques et belges, auxquelles s'ajouta un corps portugais.

Mais les États-Unis envoyaient des centaines de milliers de soldats vers la France, et les sous-marins allemands ne purent pas empêcher leur arrivée.

L'Allemagne fut confrontée à une course contre la montre : il lui fallait vaincre les alliés avant que l'intervention des États-Unis eût donné à ces derniers la supériorité numérique et matérielle.

De mars à juillet 1918, les Allemands attaquèrent en France mais ne parvinrent pas à enfoncer le front allié et perdirent leur supériorité numérique en raison de l'afflux massif et ininterrompu de troupes américaines.

La contre-attaque alliée se produisit en août 1918, avec une forte supériorité blindée et aérienne. L'armée allemande recula. Une partie de la flotte se mutina au début de novembre 1918. Des troubles révolutionnaires éclatèrent dans plusieurs villes, L'empereur Guillaume II abdiqua, la République fut proclamée, un gouvernement socialiste demanda l'armistice aux alliés et tint tête aux spartakistes allemands, proches des communistes russes.

L'Autriche-Hongrie exploita aussi la défaite russe pour tenter d'en finir avec l'Italie au moyen d'une offensive sur la Piave en juin 1918. Le généralissime Diaz (1861-1928), qui avait succédé à Cadorna après la défaite de Caporetto, repoussa cette offensive. Colonel en 1913, il avait été blessé en Libye où il avait combattu les Turcs. Il perça les lignes autrichiennes en octobre 1918, progressa vers le Tagliamento, remporta la victoire de Vittorio Veneto. L'armée austro-hongroise se décomposa, comme l'armée russe l'année précédente.

Dans les Balkans, le général Franchet d'Esperey, mis à la tête des forces alliées, vainquit l'armée bulgare en septembre 1918 à la bataille de Dobropolje. Le roi Ferdinand abdiqua en faveur de son fils Boris, la Bulgarie demanda l'armistice, les alliés progressèrent en Serbie et l'Autriche-Hongrie demanda l'armistice.

Cet empire se disloqua. La Hongrie se sépara de l'Autriche et se donna un gouvernement démocrate, supplanté en 1919 par la dictature communiste de Bela Kun, qui fut renversée par la Roumanie. L'amiral Horthy prit le pouvoir en Hongrie.

Des représentants de la Croatie et de la Slovénie se prononcèrent pour une union avec la Serbie et le Monténégro, ce qui donna naissance à la Yougoslavie.

Un gouvernement socialiste fut élu en Autriche. La Tchécoslovaquie se sépara de l'ancien empire austro-hongrois. La Pologne fut reconstituée. La Roumanie reçut la Transylvanie, la Bukovine et la Bessarabie. L'empereur Charles de Habsbourg se retira.

5.2. La Turquie

Au début de 1918, la Turquie poursuivit la reconquête d'une partie de l'Arménie, jusqu'à Kars. Sur les fronts de Mésopotamie et de Palestine, elle enraya la progression britannique au nord de Bagdad et de Jérusalem.

Le général allemand von Falkenhayn contribua à la consolidation du front turc en Palestine, face à la poussée du général britannique Allenby. Puis il repartit.

Le sultan Méhémed V mourut pendant l'été. Son frère Méhémed VI, âgé et effacé, lui succéda. Enver, Talaat et Djemal conservèrent le pouvoir, Mustafa Kemal, très populaire depuis sa victoire de Gallipoli, préconisa une paix séparée. Il n'avait pas été favorable à l'Allemagne et avait douté de sa victoire. Mais il ne fut pas écouté. Il fut envoyé en Palestine.

Les troupes alliées attaquèrent en septembre 1918. Les Turcs lâchèrent pied et perdirent la Palestine, puis la Syrie en octobre. La population de Damas acclama les Britanniques.

En Irak, les Britanniques prirent Mossoul. Le gouvernement jeune-turc d'Enver, Talaat et Djemal se retira. Méhémed VI demanda l'armistice, qui fut signé en octobre 1918 à Moudros.

En Libye, les Turcs maintinrent depuis Mourzouk leur autorité sur la plus grande partie de cette région. Quelques attaques furent effectuées contre le Sahara français par des Senoussi et des Touareg Adjer, entre autres par Ebeuh ag Rhabelli, l'assassin du père de Foucauld.

CHAPITRE 12

Mustafa Kemal

1. LE CONTEXTE INTERNATIONAL

La Grande Guerre avait provoqué des pertes humaines et matérielles énormes, et déboucha sur une cascade de bouleversements, même parmi les vainqueurs, ce qui permit à Mustafa Kemal d'empêcher le démembrement de la Turquie.

La guerre civile russe s'intensifia en 1919. Le gouvernement communiste de Lénine repoussa les attaques menées contre lui par le général Ioudenitch depuis la Baltique, par le général Denikine depuis le Caucase et par l'amiral Koltchak depuis la Sibérie. La contre-attaque communiste vainquit Ioudenitch et Denikine, et aboutit en 1920 à la reconquête d'une grande partie de la Sibérie et du Turkestan. L'amiral Koltchak fut capturé et fusillé.

Des troupes alliées avaient débarqué dans plusieurs ports russes, dont Odessa au sud, Mourmansk et Arkhangelsk au nord. Elles durent s'en retirer. Les Britanniques avaient pénétré en Azerbaïdjan et durent aussi s'en retirer. Une guerre entre la Pologne et la Russie se termina en 1920 par une victoire polonaise sur une armée russe qui s'était approchée de Varsovie. Le général Wrangel, opposant de Lénine, fut vaincu en Crimée.

Les communistes occupèrent en 1921 la Géorgie, qui s'était séparée de la Russie. Ils reprirent le port extrême-oriental de Vladivostok où des troupes japonaises avaient tenté de se maintenir. L'ancien empire russe fut réorganisé en une Union des Républiques socialistes soviétiques, URSS, à direction communiste. La guerre civile avait provoqué des pertes et destructions très lourdes.

Des centaines de milliers d'opposants au communisme avaient été exécutés. Environ deux millions s'étaient exilés. Lénine toléra le petit commerce et la paysannerie moyenne pour pouvoir ravitailler les villes. Après sa mort, survenue en 1924, un de ses lieutenants, Staline, accéda au pouvoir en quelques années, exila son rival Trotski, destitua les dirigeants communistes qui ne lui étaient pas favorables, collectivisa l'agriculture, déporta massivement les paysans moyens, déclencha une nouvelle vague de terreur à partir de 1936. Des millions de Soviétiques furent internés dans des camps à forte mortalité. L'industrialisation de l'URSS s'accéléra.

L'Allemagne fut frappée par une crise financière très dure dont elle parvint difficilement à sortir, et elle subit ensuite la crise économique de 1929 à la faveur de laquelle le parti nazi d'Adolf Hitler parvint au pouvoir en 1933, institua sa dictature, interna 300 000 opposants dans ses bagnes politiques, persécuta les israélites.

La Grande-Bretagne et la France conservèrent leurs institutions démocratiques, et la Grande-Bretagne maintint sa puissance navale. La France ne se remit pas de ses 1 300 000 morts de la Grande Guerre,

Le Portugal et l'Espagne devinrent des dictatures, cette dernière après une terrible guerre civile livrée de 1936 à 1939.

Des troubles révolutionnaires éclatèrent en Italie après la Grande Guerre. Le parti nationaliste fasciste de Mussolini, un ancien dirigeant socialiste, prit le pouvoir en 1922 et institua sa dictature.

L'Autriche, réduite à quelques millions d'habitants, fut absorbée par l'Allemagne en 1938. La Tchécoslovaquie groupait des Tchèques et Slovaques qui s'entendaient mal, et englobait des Allemands, Hongrois, Polonais et Ruthènes. Elle dut accepter en 1938 la réunion à l'Allemagne des Sudètes allemands, et se disloqua en 1939.

La Slovaquie devint indépendante et s'allia avec l'Allemagne, qui imposa son protectorat à la Tchéquie.

La Roumanie englobait des minorités hongroises et ukrainiennes, et devint une dictature dirigée par le général Antonesco.

En Yougoslavie, les Bosniaques musulmans et les Croates et Slovènes catholiques s'entendirent plus ou moins avec les Serbes orthodoxes,

La Hongrie avait été amputée de beaucoup de territoires, et de fortes minorités hongroises furent incorporées dans la Roumanie, la Yougoslavie et la Slovaquie.

Après la chute de la dictature communiste de Bela Kun, en 1919, l'amiral Horthy institua un régime autoritaire.

En Bulgarie, les élections de 1919 furent favorables au parti paysan de Stamboulisky et aux communistes. Stamboulisky forma un gouvernement qui fut renversé par l'armée en 1923. Stamboulisky fut assassiné. Le roi Boris retrouva son autorité et fit face à une agitation communiste.

Le roi Constantin de Grèce, favorable à l'Allemagne, avait été contraint d'abdiquer en juin 1917 en faveur de son deuxième fils Alexandre, qui entra en guerre contre l'Allemagne et mourut en 1920. Constantin revint à la fin de l'année et reprit le pouvoir.

En Albanie, Ahmed Zogou, fils d'un pacha turc, constitua un gouvernement en 1922. Il avait été officier dans l'armée autrichienne pendant la Grande Guerre et il épousa une comtesse hongroise.

Il fut couronné roi d'Albanie en 1928, modernisa son pays et fut renversé en 1939 par le dictateur italien Mussolini, qui fit occuper l'Albanie.

Les Turcs établis à Mourzouk maintinrent leur autorité sur la Libye en 1919. Boubekeur ag Alleloui, caïmakan de Rat et aménokal des Touareg Adjer, se déclarait toujours soumis au gouvernement turc en mars 1919 mais son lieutenant Brahim ag Abakada se soumit à la France en avril 1919.

En septembre 1919, 250 Libyens favorables aux Turcs parcoururent encore les confins de la Tunisie et du Sahara.

Les Turcs se retirèrent ensuite de Libye où les Italiens reprirent pied mais ne purent prendre l'oasis de Koufra aux Senoussi qu'en 1931.

Un mouvement nationaliste se développa en Égypte où le roi Fouad secoua la tutelle britannique. La Grande-Bretagne maintint toutefois des troupes en Égypte. Fouad mourut en 1936 et eut pour successeur son fils Farouk.

En Arabie, Ibn Saoud, maître du Nedjed, s'appuya sur les wahhabites, des sunnites très rigoureux, et vainquit en 1925 le chérif Husseïn, maître du Hedjaz, qui s'était allié à la Grande-Bretagne et révolté contre la Turquie pendant la Grande Guerre.

Ibn Saoud occupa La Mecque et étendit son autorité sur une grande partie de l'Arabie.

La Grande-Bretagne exerça son influence sur la Palestine, la Jordanie et l'Irak. Abdullah, un des fils de Husseïn, devint émir de Jordanie. Son frère Faïçal devint roi d'Irak.

La France devint puissance mandataire en Syrie et au Liban, à charge pour elle de guider ces deux pays vers l'indépendance. Ses troupes pénétrèrent en Cilicie. Faïçal, établi à Damas, se heurta en 1920 à la France et dut quitter la Syrie.

La Grande-Bretagne s'efforça de prendre le contrôle de l'Iran en 1919. À la suite de la pression exercée par l'armée iranienne, son chef Réza Khan fut porté au pouvoir et se proclama chah quelques années plus tard. Il s'efforça de moderniser son pays.

Après la Grande Guerre, les États-Unis se désintéressèrent partiellement, sous l'influence d'un courant isolationniste, de ce qui se passait dans le reste du monde. Ils furent en outre sévèrement frappés à partir de 1929 par une grande crise financière.

2. MUSTAFA KEMAL

Le triumvirat jeune-turc qui, par son alliance avec l'Allemagne, avait conduit la Turquie au désastre, s'exila. Talaat pacha fut assassiné en Allemagne en 1921. Enver pacha fut tué en 1922 au Turkestan soviétique où il combattit contre l'Armée rouge. Djemal pacha fut assassiné la même année en Géorgie.

Le sultan Méhémed VI, débarrassé d'eux, s'appuya sur Tewfik pacha (1845-1936) qui avait été officier, ambassadeur et ministre, pour renouer les liens traditionnels de la Turquie avec la France et la Grande-Bretagne. Ils furent déçus.

La France s'était appuyée dans le passé sur la Turquie contre l'Autriche et la Russie, mais n'avait plus besoin d'elle car il n'y avait plus d'empire d'Autriche, ni d'empire ottoman, et l'URSS était en triste état pendant les années qui suivirent la Grande Guerre. L'alliance turco-allemande, la sanglante bataille de Gallipoli, et surtout, le massacre des Arméniens, avait indigné la France.

La Grande-Bretagne avait soutenu la Turquie pour empêcher la Russie de s'emparer d'Istanbul. L'URSS n'était momentanément pas en mesure d'atteindre cet objectif, et la Grande-Bretagne souhaitait exercer une forme de contrôle sur les détroits, par exemple en soutenant les revendications de la Grèce qui souhaitait reprendre Istanbul et la côte anatolienne peuplées par les Grecs bien des siècles avant l'arrivée des Turcs.

Non seulement la Turquie avait perdu ses possessions du Proche-Orient, mais elle risquait d'être démembrée car l'Italie voulait occuper une partie de l'Anatolie et la France était favorable à l'indépendance de l'Arménie.

Des troupes alliées occupèrent Istanbul, où les Britanniques prirent une influence prépondérante. Des troupes grecques débarquèrent à Smyrne en mai 1919. Des troupes italiennes débarquèrent à Adalia.

La Turquie semblait en voie de démembrement lorsque Mustafa Kemal intervint. Le rôle des grands hommes ou prétendus tels est souvent surévalué. Mais il arrive aussi que lorsqu'une situation est en équilibre, l'action d'un homme très déterminé puisse faire basculer une situation dans un sens ou dans l'autre. Tel avait déjà été le cas à Gallipoli, où les alliés auraient pu l'emporter s'ils avaient eu en face d'eux un autre général que Mustafa Kemal. Il avait tenu et contre-attaqué alors que la situation était indécise, et l'Histoire du monde avait pris une autre direction. Une victoire alliée aurait permis de ravitailler la Russie par les Dardanelles et le Bosphore dès 1915, et peut-être évité l'effondrement militaire russe et la révolution de 1917.

Mustafa Kemal joua de nouveau un rôle décisif en 1919 bien qu'il fût un homme politiquement assez isolé. Il y avait alors plusieurs courants en Turquie.

Les partisans du sultan, qu'on pouvait qualifier de Vieux-Turcs, s'accommodaient relativement d'une influence européenne sur la Turquie dans les domaines économique et politique, comme c'était le cas avant la Grande Guerre, d'abord en faveur de la France et de la Grande-Bretagne, puis de l'Allemagne.

Le courant très musulman soutenait aussi le sultan, qui était également calife, mais il était hostile aux Européens. Les démocrates souhaitaient des réformes mais n'étaient pas très influents, et les nationalistes, dont certains demeuraient favorables à Enver pacha, voulaient résister aux Européens.

Mustafa Kemal était dans une position mal définie, car il avait fait partie du courant jeune-turc d'Enver pacha, tout en s'opposant à ce dernier et à l'alliance avec l'Allemagne. Il s'était rapproché de Méhémed VI avec l'espoir d'être mis au pouvoir par ce dernier. On le savait ambitieux et autoritaire. Les Vieux-Turcs et les démocrates se méfiaient de lui. Il était peu favorable à l'islam, et des musulmans le croyaient athée. Les Jeunes-Turcs ne l'aimaient pas, mais il était estimé par des militaires qui connaissaient sa compétence et son énergie. Les alliés le jugeaient capable de maintenir dans l'obéissance des nationalistes prêts à les combattre en désobéissant au sultan, mais il était susceptible de prendre leur tête.

Il aurait pu être appréhendé par les alliés, et le destin de la Turquie aurait pris le chemin du démembrement. Mais la chance le servit et il sut l'exploiter.

Il partit à Samsun, sur les bords de la mer Noire, en représentant du sultan chargé de maintenir dans l'obéissance les troupes turques non encore démobilisées. Il se présenta ensuite comme chargé par le sultan de résister aux Grecs et aux Britanniques, et d'éviter la sécession de l'Arménie et du Kurdistan.

Il réunit des congrès à Erzeroum et Sivas. Le sultan le destitua. Mustafa Kemal expliqua que cette mesure était prise sous la pression étrangère . Mais beaucoup de militaires turcs hésitaient à désobéir au sultan tandis que beaucoup de paysans étaient las de la guerre.

Depuis la Syrie, des troupes françaises, parmi lesquelles des tirailleurs sénégalais, pénétrèrent pendant l'automne en Cilicie, où des Arméniens avaient survécu aux massacres de 1915, et y occupèrent plusieurs villes.

Mustafa Kemal contre-attaqua au début de 1920 et assiégea des postes tenus par l'armée française. La garnison française de Marach se replia en février avec les Arméniens de la ville, dans des conditions climatiques difficiles.

En mars, les Britanniques occupèrent des bâtiments publics d'Istanbul, appréhendèrent des députés nationalistes turcs et les envoyèrent dans l'île de Malte. D'autres députés rejoignirent Mustafa Kemal à Ankara, se mirent sous ses ordres en avril. Il y eut des affrontements entre les partisans du sultan et ceux de Mustafa Kemal. Les Grecs progressèrent en Thrace et en Anatolie,

Le 10 août 1920, les alliés imposèrent à la Turquie le traité de Sèvres, par lequel elle perdait l'Arabie, la Palestine, l'Irak, la Syrie et le Liban. La Thrace était cédée à la Grèce avec Andrinople. La Turquie conservait Istanbul mais cédait Smyrne à la Grèce. L'indépendance de l'Arménie et l'autonomie du Kurdistan furent envisagées.

Les partisans de Mustafa Kemal se renforcèrent, firent reculer les Français en Cilicie, consolidèrent leurs positions en Arménie et au Kurdistan.

Le roi Alexandre de Grèce mourut et son père Constantin redevint roi à la fin de l'année. Ses troupes furent repoussées en Anatolie par celles de Mustafa Kemal, l'Italie se découragea. Le gouvernement communiste russe soutint Mustafa Kemal contre les alliés.

En février 1921, les Français reprirent du terrain en Cilicie. Les Grecs attaquèrent en juillet dans la région d'Eski-chéhir. Musafa Kemal dut reculer vers la rivière Sakaria, où il opposa en août une résistance acharnée, comme à Gallipoli. L'offensive grecque fut brisée. Mustafa Kemal mobilisa des milliers de Turcs, malgré leur lassitude. Il les fit sévèrement encadrer. Les Grecs conservaient leur combativité mais la France et la Grande-Bretagne ne voulaient plus se lancer dans des guerres difficiles. Sans ce contexte favorable sur le plan international, Mustafa Kemal n'aurait pas pu vaincre. Mais sans lui, personne en Turquie n'aurait probablement eu assez d'énergie et de pugnacité pour empêcher le démembrement de ce pays.

En octobre 1921, la France signa la paix avec lui à Ankara et lui rendit la Cilicie, Mustafa Kemal vainquit les partisans du sultan et absorba leurs rescapés dans ses troupes. En août 1922, il lança une grande offensive contre les Grecs, leur infligea un désastre, les poursuivit jusqu'à la côte.

En septembre, il reprit Smyrne. Un armistice fut conclu à Moudania, près de Brousse, en octobre 1922. La Grèce évacua la Thrace, que Mustafa Kemal fit réoccuper. La Grande-Bretagne ne s'y opposa pas. Elle aurait soutenu la Grèce si la France et l'Italie étaient restées à ses côtés, mais ces deux puissances ne voulaient pas affronter Mustafa Kemal.

Le sultan Méhémed VI, considéré comme inféodé à la Grande-Bretagne, était très impopulaire. Mustafa Kemal proposa de le déposer et d'abolir le sultanat. L'Assemblée nationale réunie à Ankara était d'accord pour déposer Méhémed VI, mais en majorité favorable au maintien du sultanat et du califat. Mustafa Kemal lui imposa ses vues, Ses partisans prirent le contrôle d'Istanbul en novembre 1922. Méhémed VI s'enfuit avec l'aide des Britanniques. Son cousin germain Abd ul-Medjid II, fils du défunt sultan Abd ul-Aziz, fut proclamé calife.

En Grèce, le roi Constantin abdiqua pour la seconde fois, en faveur de son fils aîné Georges. Mais la République fut proclamée en 1923, et Georges ne put redevenir roi qu'en 1935.

Environ 1 500 000 Grecs quittèrent la Turquie et s'établirent en Grèce. Des centaines de milliers de Turcs quittèrent la Grèce pour s'établir en Turquie.

Le traité de Lausanne, en juillet 1923, entérina le retour de la Thrace et de Smyrne à la Turquie. Sans Mustafa Kemal, la Thrace, Istanbul et la côte anatolienne auraient été rendues à la Grèce, l'Arménie serait devenue indépendante, et le Kurdistan, autonome. La défaite européenne de 1453 aurait été réparée. Mais l'obstination de Mustafa Kemal l'emporta sur celle de la Grèce et de la Grande-Bretagne. La Grande-Bretagne retira ses troupes d'Istanbul. Le démembrement de la Turquie avait échoué. La Grande-Bretagne tenta de maintenir son influence en Arabie, Irak et Iran, où il y avait du pétrole. Mais son influence y décrut progressivement.

Mustafa Kemal était relativement isolé. Les islamiques et les démocrates ne lui étaient pas favorables. Une majorité de députés ne voulait pas le laisser accéder à la dictature. Beaucoup de ces députés étaient nationalistes, et heureux qu'il eût empêché la dislocation de la Turquie. Ils étaient dans l'ensemble favorables à une monarchie constitutionnelle, avec maintien du sultanat, institutions démocratiques, et laïcité modérée.

Mustafa Kemal voulait aller plus loin. Il s'efforça de convaincre les députés, mais utilisa aussi la pression, l'intimidation, les menaces, et dissimula ses objectifs réels. Plusieurs généraux de premier plan étaient réservés à son égard. Il se trouva à peu près dans la situation de Napoléon Bonaparte en 1799, avec une opposition parlementaire, une partie des généraux plutôt réticente, et un plus grand soutien parmi les cadres subalternes et la troupe. Le peuple demeurait très islamique. Mustafa Kemal était populaire dans la mesure où il avait vaincu les Grecs, tenu tête à la Grande-Bretagne, à la France et à l'Italie, empêché l'indépendance de la partie de l'Arménie annexée par les Turcs, et conservé la Cilicie et la Thrace. Mais il était craint et admiré plus que véritablement aimé. Les Kurdes, qui représentaient environ le quart de la population anatolienne, ne lui étaient pas favorables, alors que la majorité des Turcs ne tenait pas à l'autonomie des Kurdes.

Mustafa Kemal organisa un parti du peuple pour avoir un appui face à l'Assemblée, mais il ne lui exposa qu'une partie de ses objectifs car il n'était pas sûr d'être suivi. Il n'était pas sûr non plus des sentiments de l'Armée. Un général lui fut indéfectiblement fidèle, Ismet, de trois ans son cadet. Ce n'était pas un homme qui faisait beaucoup d'impression, comme l'avait été Enver pacha, mais il était tenace, consciencieux, méthodique et solide.

Sur le plan personnel, Mustafa Kemal épousa, à l'époque, une jeune Turque moderne, Latifa. Mais il n'était pas fait pour le mariage, et cette union dura peu. Il revint à l'abus de l'alcool et du tabac, et à de brèves liaisons avec des femmes faciles. L'alcool et les femmes avaient tenu de la place parmi un certain nombre de dirigeants turcs, et le peuple turc ne s'en était pas trop indigné, mais les mœurs de Mustafa Kemal, son peu de sympathie pour l'islam, son attirance pour l'Occident et son caractère autoritaire suscitèrent beaucoup de réserves.

On ne peut comprendre la Turquie actuelle que si on prend en compte le manque d'adhésion de beaucoup de Turcs envers les idées de Mustafa Kemal. Les réformes qu'il imposa ne correspondaient pas aux convictions d'une grande partie de la population. Elles furent spectaculairement réalisées en apparence, par la force, mais demeurèrent néanmoins superficielles. Comme Pierre le Grand, Staline et beaucoup de dictateurs, Mustafa Kemal imposa des modifications considérables, mais elles furent plus ou moins remises en question après eux faute de changement en profondeur.

Mustafa Kemal avait réussi à renverser le sultan en novembre 1922 et à empêcher son remplacement, mais il mit plusieurs mois à triompher de l'opposition, y compris parlementaire, à laquelle il se heurtait.

En octobre 1923, il parvint à faire proclamer la République et à en être élu président. Il détint alors le pouvoir, consolida de plus en plus son autorité, exerça la dictature, vainquit ses opposants et imposa ses conceptions, qui ne concordaient pas avec celles de beaucoup de Turcs.

Il imposa Ankara comme capitale car Istanbul occupait une position moins centrale et était assez cosmopolite. Il y encouragea les Turques à se dévoiler, à se vêtir à l'occidentale et à pratiquer des danses occidentales. Ce fut paradoxal car Ankara était au cœur de l'Anatolie conservatrice et musulmane, alors qu'Istanbul subissait davantage une influence occidentale.

À l'instar de Pierre le Grand qui avait voulu créer Saint-Petersbourg, Mustafa Kemal développa Ankara. Il raisonna par contre comme Lénine qui avait préféré avoir pour capitale Moscou, dont la position était plus centrale, que Saint-Petersbourg qui était excentrée et plus vulnérable en cas de guerre.

La population d'Istanbul, en principe plus proche des idées modernes de Mustafa Kemal que celle d'Ankara, fut assez déçue de se voir préférer Ankara. Les opposants religieux et démocrates de Mustafa Kemal s'y regroupèrent et se retrouvèrent paradoxalement unis contre Mustafa Kemal et favorables au calife Abd ul-Hamid II, bien que leurs buts et convictions fussent différents. Pour les religieux, le calife était un chef naturel. Pour les démocrates, opposés à la dictature de Mustafa Kemal et favorables à une monarchie constitutionnelle, Abd ul-Hamid II constituait une solution acceptable, car il était pacifique et conciliant.

Il ne semblait pas très attiré par le pouvoir temporel, ni désireux d'affronter Mustafa Kemal, mais il fut perçu comme l'homme qui pouvait rassembler les opposants divers. Il bénéficiait de sympathies musulmanes hors de Turquie, y compris de la part de l'aga-khan, qui était chiite et conciliant envers l'Occident.

Les partisans de Mustafa Kemal présentèrent le calife comme soutenu par la Grande-Bretagne qui était perçue comme ennemie de la Turquie, intéressée par le pétrole de Mossoul et favorable aux Kurdes. Mustafa Kemal fit voter l'abolition du califat en mars 1924 et expulser le calife. Il sépara l'État de la religion, supprima les tribunaux religieux, interdit les écoles coraniques. Des opposants furent assassinés

Une révolte éclata en 1925 parmi les Kurdes. Descendants des Mèdes, les Kurdes habitaient dans cette région depuis l'Antiquité, alors que les Turcs étaient des envahisseurs, des conquérants et des colonisateurs venus du fond de l'Asie au Moyen Âge. Les Kurdes s'étaient souvent bien entendus avec les sultans ottomans, avaient participé à des massacres de chrétiens arméniens et assyro-chaldéens. Le nationalisme turc de Mustafa Kemal leur parut plus menaçant pour le maintien de leur identité nationale que ne l'avaient été les sultans. Mustafa Kemal écrasa leur soulèvement, fit procéder à des exécutions. Des opposants s'exilèrent.

Des complots furent ourdis contre Mustafa Kemal en 1926 ; des opposants furent jugés, condamnés à mort et pendus, et il accentua les réformes. Le port du fez fut interdit. Les vêtements occidentaux furent recommandés. Les confréries religieuses furent interdites, leurs couvents furent saisis. Le calendrier musulman fut remplacé par le calendrier chrétien. Le code civil suisse fut adopté. La Turquie s'inspira du code pénal italien et du code commercial allemand. La polygamie fut interdite. Les femmes furent invitées à ne plus se voiler, encouragées à porter des robes occidentales. Elles reçurent un statut d'égalité avec les hommes.

La langue turque fut épurée de beaucoup de mots iraniens et arabes qui s'y étaient introduits. La fréquentation des mosquées diminua. Les prières furent dites en turc. Un système protectionniste favorisa les manufactures et l'artisanat turcs.

*

* *

Les caractères arabes convenaient mal à la langue turque, et beaucoup de Turcs étaient analphabètes. En 1928, Mustafa Kemal imposa l'alphabet latin à la place des caractères arabes, et l'adapta.

Le « e » turc se prononce : « é » ;
ı sans point : eu ;
ö : eu ;
u : ou ;
ü : u
ay : aï ;
c : dj ;
ç : tch ;
ş : ch.

Les Turcs durent apprendre à lire et à écrire en alphabet latin. L'analphabétisme recula. Le système décimal et les poids et mesures des Occidentaux furent adoptés. Les peintres et sculpteurs furent invités à représenter des humains, ce qu'interdisait l'islam. La musique et les danses occidentales furent mises en pratique.

Les femmes accédèrent à des responsabilités et à diverses professions, dont celles de juge, avocate, médecin, aviatrice, etc.

En 1930, Mustafa Kemal voulut instaurer le bipartisme en Turquie et encouragea la fondation d'un parti libéral qui fut autorisé à critiquer le gouvernement. Le mécontentement jusque-là jugulé en Turquie explosa. Les communistes organisèrent des grèves, les derviches provoquèrent des émeutes, les Kurdes se révoltèrent, les Arméniens survivants s'agitèrent, toutes les classes sociales présentèrent leurs critiques et revendications.

Mustafa Kemal en conclut que les Turcs n'étaient pas mûrs pour le bipartisme et il reprit durement la situation en main. Le parti libéral fut dissous, la censure fut rétablie, les critiques contre le gouvernement furent interdites, les grèves et les émeutes furent réprimées, des communistes et des derviches furent pendus.

Les Kurdes furent de nouveau écrasés. Beaucoup d'Arméniens survivants durent non seulement se convertir à l'islam mais turquiser leurs noms, parler turc et s'habiller comme des Turcs, ou s'exiler. Les Arméniens se maintinrent dans la partie de leur pays qui était englobée dans l'URSS. Les Kurdes de Turquie, plus nombreux, s'efforcèrent de ne pas être turquisés. Les autorités reconnurent qu'il n'y avait pas que des Turcs en Turquie.

Mustafa Kemal distendit ses relations avec l'URSS et ne voulut pas s'unir à elle contre l'Europe.

En 1934, les femmes turques reçurent le droit de vote, onze ans avant les Françaises. Les Turcs furent invités à se donner des noms de famille, ce qui simplifia l'état-civil. Kemal n'était pas un nom mais un surnom car il y avait beaucoup de Mustafa. Il prit comme nom Atatürk, Père des Turcs. Ismet prit le nom d'Inönü, en souvenir d'une de ses victoires sur les Grecs.

Une des grandes idées de Mustafa Kemal fut que les Turcs et l'islam n'étaient pas indissociables, ce qui n'était historiquement pas sans fondement. La religion initiale des Turco-Mongols était le chamanisme, un polythéisme évoluant vers un monothéisme relatif, avec foi en un dieu du ciel et en des esprits que l'on pouvait comparer aux anges des trois religions monothéistes. Ils croyaient aussi en une déesse de la terre qui, toutes proportions gardées, se rapprochait de sainte Marie, vénérée par les chrétiens et les musulmans qui ne la considéraient toutefois pas comme une déesse. Beaucoup de Turcs (Bulgares, Khazars, Qarlouq, Ouigour, Petchénègues, Polovtses, Oengüt) s'étaient convertis au christianisme, certains, au bouddhisme, et des Khazars, au judaïsme. Il y avait eu une résistance turque à l'islam en Asie centrale au VIIIe siècle. Même les Seldjoukides semblaient avoir reçu des influences judéo-chrétiennes au Xe siècle. Les Kirghiz et Kazakh ne s'étaient convertis à l'islam qu'au XVIIIe siècle. L'islam avait eu une brillante civilisation au Moyen Âge quand il était ouvert sur le monde. Il s'était ensuite sclérosé et avait contribué à l'effondrement de l'empire ottoman face à une Europe dynamique.

Mustafa Kemal était un nationaliste turc, assez paradoxalement puisqu'il n'était plus ethniquement turc, mais aryanisé, comme les Turcs de Turquie. La divergence entre Turcs de Turquie et Aryens arméniens, grecs et kurdes était plus linguistique qu'ethnique. Mustafa Kemal n'avait pas réussi à turquiser les Kurdes, mais il avait expulsé les Grecs et ce qui restait d'Arméniens. Le résultat en était qu'il avait islamisé la Turquie, lui qui n'appréciait pas l'islam.

Avant 1914, il y avait en Turquie une douzaine de millions d'habitants dont près d'une moitié d'Aryens arméniens, grecs et kurdes. Environ 30 % des habitants, les Arméniens et Grecs, étaient chrétiens. Vingt ans plus tard, 1 500 000 Arméniens avaient péri pendant la Grande Guerre, des centaines de milliers avaient été turquisés par Mustafa Kemal ou chassés, 1 500 000 Grecs avaient été chassés, et la proportion de chrétiens était tombée à environ 1 %. Beaucoup de Turcs approuvèrent cette action de Mustafa Kemal, qui fut qualifié de « ghazi », vainqueur de chrétiens, tout en étant peu musulman.

Il fut sentimentalement proche des Turcs Ouzbek, Turkmènes, Kazakh et Kirghiz englobés dans l'URSS, et Ouigour du Xinjiang chinois, tout en sachant qu'il n'était pas en mesure de les libérer. Mais c'étaient des Jaunes alors que lui-même et les Turcs de Turquie étaient devenus des Blancs. Son attachement pour eux fut plutôt d'ordre linguistique, alors que c'était surtout l'Europe qui l'attirait en raison de son mode de vie. Il s'intéressait aux sciences et aux civilisations française et allemande.

Sa politique extérieure fut pacifique, contrairement à celle de beaucoup de dictateurs. Il n'eut jamais le désir de reconquérir la Syrie et l'Irak, ce qui l'aurait d'ailleurs obligé à affronter la France et la Grande-Bretagne, et il ne le souhaitait pas. Il entretint de bonnes relations avec le chah d'Iran Reza Pahlevi, qui voulait lui aussi moderniser son pays et y diminuer l'influence islamique.

La Turquie sunnite et l'Iran chiite qui s'étaient si souvent combattus se réconcilièrent ainsi. Mustafa Kemal se réconcilia également avec la Grèce, la Grande-Bretagne et la France, qui avaient renoncé à le combattre.

Il n'entretint pas des relations étroites avec les dictatures qui s'établirent en Europe. Le nationalisme de Mustafa Kemal se rapprochait de celui de Mussolini, mais ce dernier était expansionniste, alors que Mustafa Kemal ne l'était pas.

Hitler reconstitua la puissance allemande, mais Mustafa Kemal n'avait pas été favorable à l'alliance allemande. Ce fut finalement de la France et de la Grande-Bretagne qu'il se montra proche.

Il avait été dans sa jeunesse assez favorable à la franc-maçonnerie, relativement implantée dans le mouvement jeune-turc, mais il s'en détacha.

Il avait été soutenu par l'URSS en 1920 mais s'en détacha aussi.

Il réclama en 1936 l'autorisation de remilitariser les détroits du Bosphore et des Dardanelles, ce que la paix de Lausanne lui interdisait. La Grande-Bretagne consentit à un compromis sur ce problème. La Turquie remilitarisa les détroits et devint libre d'interdire le passage des navires belligérants en cas de guerre.

En 1937, Mustafa Kemal réclama à la France le Sandjak d'Alexandrette, région d'Antioche dans le nord-ouest de la Syrie. La France accepta, malgré les protestations de la Syrie,

Un traité d'amitié fut signé en 1938 entre la Turquie et la France, ce qui renoua avec les excellentes relations turco-françaises du passé.

Mustafa Kemal mourut en 1938, à cinquante-sept ans. Sa consommation d'alcool y fut pour quelque chose. Il avait imprimé sa marque à l'Histoire de la Turquie, de façon d'ailleurs plus spectaculaire que réellement profonde. Il avait voulu turquiser l'Anatolie, avait échoué avec les Kurdes, et aurait reconnu leur indépendance s'il avait été logique avec lui même. Mais il s'y était refusé, laissant en Anatolie trois quarts de Turcs et un quart de Kurdes qui ne voulaient pas se turquiser, ce qui laissait subsister ce problème.

Il fut probablement stimulé par la réussite de l'empereur Mutsu Hito qui avait occidentalisé le Japon, au moins techniquement, pour lui permettre de résister à l'Occident.

Mais Mutsu Hito avait plus durablement influencé les Japonais que Mustafa Kemal les Turcs, et il avait réussi à donner un système parlementaire au Japon alors que la tentative de Mustafa Kemal en Turquie n'avait pas complètement abouti.

*

*   *

La mise en valeur du la langue turque et l'influence occidentale stimulèrent la littérature et la musique turque. Nous citerons Riza-Nour, de quatre ans plus âgé que Mustafa Kemal, qui fut historien, diplomate et homme politique, se prononça pour la séparation de la religion et de l'État, et pour l'abolition du sultanat.

Nazim Hikmet (1902-1963) fut un poète célèbre qui se rallia au communisme et s'exila de Turquie.

Carte 9. – **Istanbul**

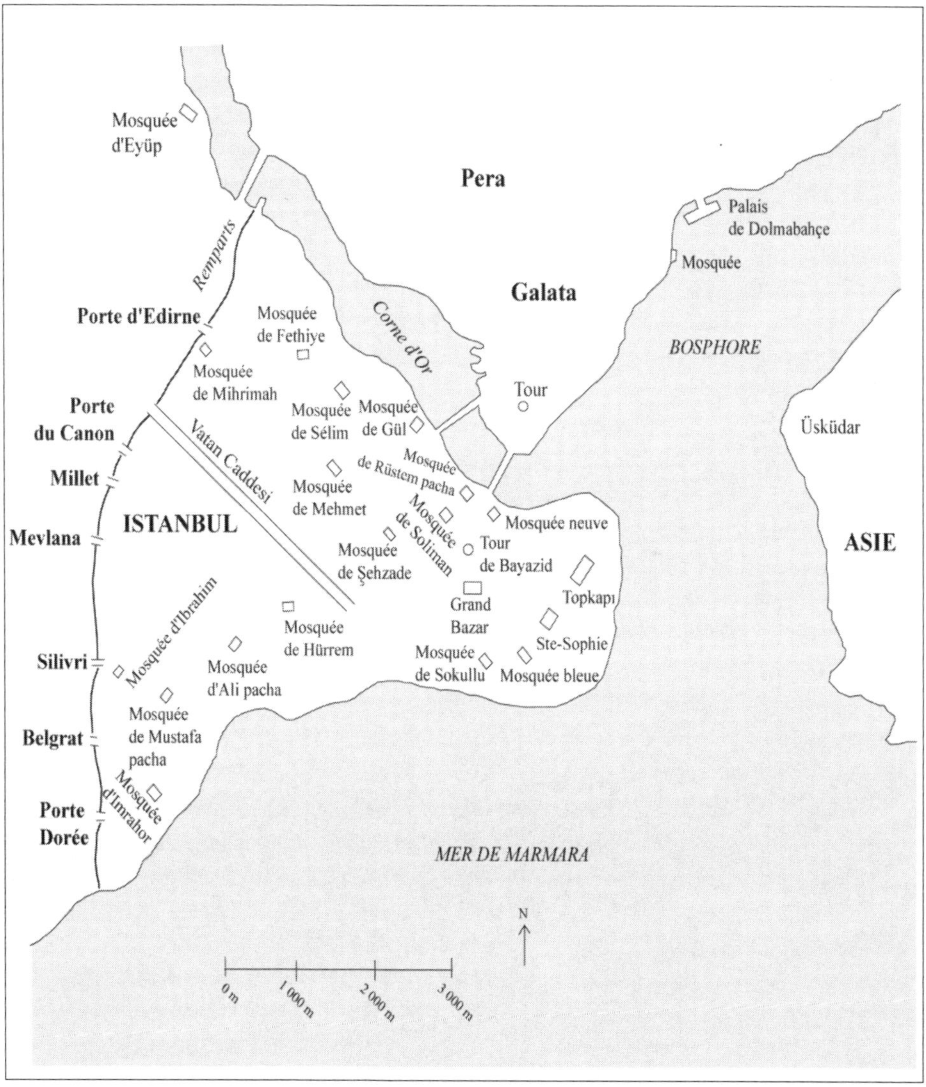

CHAPITRE 13

La Turquie après Mustafa Kemal

1. ISMET INÖNÜ

Ismet Inönü succéda à Mustafa Kemal avec l'appui de l'armée. Il avait été très fidèle à Mustafa Kemal tout en ayant parfois des discussions avec lui. Il avait été l'objet de critiques, taxé d'autoritarisme, entêtement, incompétence économique.

Il fit néanmoins preuve de pragmatisme et de prudence pendant la Seconde Guerre mondiale dans laquelle, comme le général Franco et contrairement au dictateur italien Mussolini, il refusa de se laisser entraîner prématurément, même quand il sembla y avoir intérêt. Son analyse de la situation se révéla toujours pertinente.

Malgré la montée en puissance de Hitler, il avait retiré de la Grande Guerre l'impression que les alliés étaient à la longue plus forts que l'Allemagne, ce qui se révéla finalement exact, même si on avait pu en douter par moments. Il se souvint également du peu d'enthousiasme de Mustafa Kemal à l'égard de l'alliance allemande.

Il signa en mai 1939 avec la Grande-Bretagne un pacte d'assistance mutuelle en cas d'agression provoquant une guerre dans la région. En juin, il signa le même avec la France.

La situation s'étant tendue entre l'Allemagne et la Pologne que soutenaient la France et la Grande-Bretagne, Staline signa en août 1939 un pacte de non agression avec Hitler, ce qui encouragea ce dernier à envahir la Pologne.

L'URSS attaqua aussi la Pologne, qui fut rapidement vaincue et partagée entre l'Allemagne et l'URSS.

L'URSS devenait inquiétante et le gouvernement turc tenta de sonder ses intentions, sans beaucoup de succès. La défaite de la Pologne n'impliquait pas celle de la France, et le gouvernement turc transforma en traité tripartite, en octobre 1939, ses pactes défensifs avec la Grande-Bretagne et la France.

Après la défaite de la Pologne, l'URSS occupa les États baltes, enleva la Bessarabie à la Roumanie et la Carélie à la Finlande. L'Allemagne occupa le Danemark, la Norvège, la Hollande, la Belgique et vainquit la France en juin 1940. L'Italie se joignit à elle.

La Grande-Bretagne continua la guerre, tint tête à l'aviation allemande. Elle malmena la flotte italienne, vainquit les troupes italiennes d'Éthiopie et affronta celles de Libye. Les États-Unis ne voulaient pas entrer en guerre et la Grande-Bretagne semblait perdue. La Turquie aurait pu être tentée de lui reprendre l'Irak, la Syrie, le Liban et l'Égypte, mais elle resta neutre, aussi défavorable que fût la position britannique. Mustafa Kemal avait renoncé à l'empire colonial ottoman et à la domination du monde arabe, et Ismet n'était pas convaincu de la victoire finale de l'Allemagne. Il se demandait par contre si l'URSS ne voulait pas, à la faveur de son rapprochement avec l'Allemagne, revenir à la politique des tsars et annexer l'Arménie turque et Istanbul à l'occasion. Il espéra que l'Allemagne ne l'accepterait pas et signa un traité d'amitié avec elle en juin 1941, car la Grande-Bretagne n'était pas en mesure d'apporter une aide très efficace à la Turquie en cas d'agression soviétique.

Sur ces entrefaites, Hitler envahit l'URSS. L'armée allemande remporta de grandes victoires et approcha de Moscou mais fut arrêtée par un sursaut soviétique et par l'hiver.

En décembre 1941, le Japon attaqua par surprise l'escadre américaine du Pacifique, remporta de grands succès sur la Grande-Bretagne, les États-Unis et la Hollande, occupa Hong Kong, la Malaisie, les Philippines et des îles du Pacifique, et résista de son mieux à la contre-attaque alliée à partir du printemps de 1942.

L'Allemagne tenta de l'emporter en Russie et en Égypte, Elle pouvait encore vaincre l'URSS et l'armée britannique d'Égypte.

Le gouvernement turc déclara, en août 1942, que l'alliance anglo-turque était fondamentale mais que la Turquie respecterait aussi son pacte d'amitié avec l'Allemagne. En cas de victoire allemande sur l'URSS, la Turquie pouvait espérer la libération et peut-être la réunion des Turkmènes, Ouzbek, Kazakh et Kirghiz du Turkestan, et Azéris du Caucase.

L'offensive allemande contre l'Égypte échoua en octobre 1942 et les troupes germano-italiennes de Libye refluèrent vers la Tunisie. En novembre, une armée anglo-américaine débarqua au Maroc et en Algérie. Les troupes françaises d'Afrique du Nord se joignirent à elle. L'Allemagne et l'Italie occupèrent la moitié méridionale de la France, préservée par l'armistice de 1940, et la Tunisie.

L'armée soviétique contre-attaqua à Stalingrad. Hitler refusa un repli allemand, ce qui entraîna l'encerclement d'une de ses armées.

À la fin de janvier 1943, des entretiens eurent lieu entre les gouvernements de la Turquie et de la Grande-Bretagne.

En février 1943, l'armée allemande encerclée à Stalingrad capitula. Les troupes soviétiques progressèrent inexorablement vers l'Allemagne.

En mai, les alliés capturèrent l'armée germano-italienne de Tunisie. En juillet, ils débarquèrent en Sicile. Mussolini fut mis en minorité. Le maréchal Badoglio forma un gouvernement et demanda l'armistice en septembre. L'Allemagne occupa une partie de l'Italie. Mussolini reconstitua un gouvernement fasciste dans le nord. Les alliés occupèrent le sud de l'Italie et le gouvernement Badoglio déclara la guerre à l'Allemagne.

Le gouvernement turc resserra ses liens avec la Grande-Bretagne et les États-Unis, tout en maintenant des liens commerciaux avec l'Allemagne. Mais il lui devint de plus en plus difficile de rester ami des deux camps, ce qui impatientait les alliés, dont la position était de plus en plus forte. Une entrée en guerre de la Turquie à leurs côtés aurait eu l'inconvénient de laisser la Turquie reprendre pied dans les Balkans, et l'avantage d'ouvrir un nouveau front contre l'Allemagne et d'empêcher l'URSS d'occuper tous les Balkans au terme de sa victoire sur l'Allemagne.

Ismet Inönü n'était pas entré en guerre aux côtés de l'Allemagne quand elle semblait devoir l'emporter. Mais elle avait été l'alliée de la Turquie pendant la Grande Guerre et Ismet ne tenait pas à la combattre.

En mars-avril 1944, la Grande-Bretagne et les États-Unis interrompirent leurs livraisons à la Turquie et sommèrent cette dernière de ne plus livrer à l'Allemagne des marchandises qui prolongeaient la résistance de cette dernière. Le gouvernement turc céda.

En juin, les alliés débarquèrent en France et les Allemands ne purent ni les en empêcher, ni les rejeter à la mer. La Grande-Bretagne protesta contre le passage de navires allemands dans les détroits, la Turquie céda de nouveau, et rompit ses relations avec l'Allemagne en août.

Les troupes soviétiques pénétrèrent en Pologne, Roumanie, Bulgarie, opérèrent leur jonction avec les partisans communistes yougoslaves. Les Britanniques débarquèrent en Grèce. Les Allemands évacuèrent la France.

La Turquie déclara la guerre à l'Allemagne en février 1945. L'Allemagne capitula en mai, et le Japon, en août 1945, après avoir reçu deux bombes atomiques américaines. L'URSS occupait les États baltes, la Pologne, l'Allemagne de l'Est, la Tchécoslovaquie, la Hongrie, la Roumanie et la Bulgarie, où elle imposa des régimes communistes. Des régimes communistes furent aussi instaurés en Yougoslavie et en Albanie. Les partis communistes français et italien devinrent puissants.

L'URSS disposait d'une formidable armée qui représentait une menace pour l'Europe occidentale et la Turquie. Depuis la Bulgarie inféodée à l'URSS, Istanbul était à la portée de Staline.

Si les États-Unis étaient redevenus isolationnistes, l'Europe occidentale et la Turquie seraient probablement tombées à leur tour sous influence soviétique. Mais les États-Unis s'y opposèrent et disposaient de bombes atomiques. L'URSS en eut aussi à partir de 1949 mais eut la sagesse de ne pas vouloir risquer une guerre de cette nature, et tenta de progresser en Asie par des guerres conventionnelles et subversives. Le communisme l'emporta en Chine et dans le Nord-Vietnam, mais la Corée du Nord communiste ne parvint pas à occuper celle du Sud.

La Turquie fut une fidèle alliée des États-Unis, qui la protégeaient de l'URSS. Elle en retira une aide économique et militaire qui lui fut précieuse. Elle fut membre des Nations Unies. Une brigade turque combattit brillamment en 1950 contre les communistes nord-coréens et chinois, aux côtés des États-Unis et de leurs alliés.

Ismet Inönü tint compte des conceptions libérales des USA, renonça au parti unique et accorda des élections libres qu'il perdit en 1950. Des gouvernements démocrates lui succédèrent.

Il y avait près de 21 millions d'habitants en Turquie à l'époque, dont environ 5 millions de Kurdes. La Turquie s'intéressait au sort des Turcs sous domination soviétique, sans pouvoir faire grand chose pour eux. Elle accueillit des Kazakh qui, insurgés contre l'URSS et la Chine, avaient pu rejoindre le Pakistan.

Les Kurdes étaient partagés entre la Turquie, l'Iran et l'Irak. Ceux d'Iran et d'Irak se soulevèrent après la guerre, avec l'aide de l'URSS, mais furent vaincus, Il n'y eut pas d'extension de cette révolte en Turquie.

Pendant les années qui suivirent la Seconde Guerre mondiale, l'environnement de la Turquie se modifia. La France dut se retirer de Syrie et du Liban dès 1945.

L'influence exercée par la Grande-Bretagne sur l'Égypte, la Jordanie, l'Irak et l'Iran se réduisit. L'Arabie saoudite resserra ses liens avec les États-Unis.

La Grande-Bretagne se retira de la Palestine, qui fut partagée entre Juifs et Arabes. L'État d'Israël repoussa une attaque des États arabes environnant et se consolida.

Les communistes grecs s'efforcèrent de prendre le pouvoir mais furent vaincus par les monarchistes, que soutinrent les États-Unis, après une guerre civile qui dura plusieurs années.

2. GOUVERNEMENTS DÉMOCRATES, INTERVENTIONS DE L'ARMÉE TURQUE ET ISLAMISME

La situation de la Turquie après la présidence d'Ismet Inönü fut caractérisée par un contexte international qui demeura tendu et pesa sur la politique intérieure. Cette dernière fut un compromis entre la continuité et une relative détente qui favorisa un rétablissement progressif de l'influence islamique.

Ismet Inönü, parfois présenté comme entêté et peu nuancé, sut préparer une transition après la dictature de Mustafa Kemal auquel il était difficile de succéder en raison de sa puissante personnalité et de l'autorité que lui avaient apportée ses victoires. Ismet se comporta subtilement pendant la Seconde Guerre mondiale, se retrouva dans le camp vainqueur, s'accrocha aux États-Unis pour être protégé des visées soviétiques, et favorisa une évolution vers la démocratie pour conserver l'appui américain. Mustafa Kemal avait d'ailleurs tenté une expérience en ce sens, la Turquie avait un Parlement, et Ismet accentua ce processus. Mustafa Kemal avait fait reculer l'influence de l'islam par la contrainte, et il était évident qu'une réduction de cette pression favoriserait une remontée de l'islam en Turquie. Ismet le comprit et admit une détente dans ce domaine.

Les gouvernements démocrates qui lui succédèrent allèrent dans ce sens. Les confréries religieuses et les écoles coraniques bénéficièrent d'une certaine tolérance. Il y eut en Turquie un courant communiste et un courant d'extrême-gauche, mais ils eurent une influence réduite. Les courants religieux, nationaliste et démocrate furent d'accord pour ne pas vouloir tomber sous l'influence soviétique, donc pour rester alliés des États-Unis et de l'Europe occidentale. La Turquie adhéra à l'OTAN, organisation du traité de l'Atlantique Nord, qui constituait une alliance militaire occidentale face à l'URSS.

La Turquie conserva un très fort budget militaire et une puissante armée qui demeura fidèle aux idées de Mustafa Kemal. Elle laissa gouverner les parlementaires tant qu'ils lui parurent dominer la situation, tout en se préparant à intervenir, comme Mustafa Kemal l'avait fait, si la doctrine kemaliste paraissait menacée soit par le désordre intérieur, soit par un excès d'influence islamique.

Staline mourut en 1953 et la lutte pour sa succession déboucha sur la victoire de Khroutchev, qui ne voulait pas de guerre avec les États-Unis et atténua certains aspects de la dictature communiste tout en écrasant les révoltes qui se manifestèrent contre elle, par exemple en Hongrie en 1956.

En Égypte, le roi Farouk fut renversé en 1952 et remplacé par une dictature militaire dont le colonel Nasser prit la direction. Nasser se rapprocha de l'URSS en matière de politique extérieure, tout en combattant le communisme à l'intérieur. Il nationalisa le canal de Suez et s'attira en 1956 une intervention militaire franco-britannique et israélienne. Il subit un désastre et fut sauvé par les protestations de l'URSS et l'absence de soutien des États-Unis envers cette intervention.

Le Liban, déstabilisé par l'immigration de centaines de milliers de Palestiniens en majorité musulmans, fut sauvé en 1958 par une intervention américaine.

Le roi d'Irak fut renversé et tué en 1958, et l'Irak devint une dictature militaire. La Turquie ne se mêla pas des affaires des États arabes et entretint des relations avec Israël.

À l'intérieur, son régime parlementaire se heurta à beaucoup de difficultés. Une certaine corruption, héritée de l'époque des derniers sultans et réprimée sous la rude poigne de Mustafa Kemal, reprit de l'essor. L'armée turque procéda en 1960 à un coup d'État sans laisser la situation se dégrader davantage, procéda à des pendaisons, remit de l'ordre puis rendit le pouvoir aux civils.

Israël vainquit de nouveau l'Égypte et ses alliées en 1967. La Tchécoslovaquie tenta de se dégager de l'emprise soviétique en 1968 mais échoua. Un courant islamique prit de l'importance en Turquie à partir de 1969. L'armée turque effectua un nouveau coup d'État en 1971, puis remit le pouvoir aux civils.

Anouar el-Sadat, successeur de Nasser à la tête de l'Égypte, mit Israël en difficulté en 1973, puis négocia. L'enchérissement du pétrole plongea l'Occident dans une longue crise économique.

L'île de Chypre, initialement peuplée de Grecs, était passée sous l'autorité de Venise au XVe siècle, avait été conquise par les Turcs au XVIe et cédée à la Grande-Bretagne en 1878. Une minorité turque s'y était installée. L'indépendance de l'île fut proclamée en 1959. Les relations entre les Grecs, qui constituaient environ 80 % de la population de Chypre, et les Turcs, se tendirent. Un mouvement se manifesta parmi les Grecs pour un rattachement à la Grèce. La Turquie intervint militairement en 1974, occupa la partie septentrionale de l'île à majorité turque et empiéta sur la partie grecque. Des dizaines de milliers de Grecs se replièrent vers le sud. Des immigrés turcs renforcèrent le nombre de leurs compatriotes de Chypre.

L'île fut partagée entre les deux communautés. La partie grecque atteignit une prospérité supérieure à celle de la partie turque.

La population de la Turquie augmentait rapidement. De 21 millions de personnes en 1950, elle passa à 38 millions en 1975 et 45,5 millions en 1980 (19e rang mondial pour la population, 26e pour le produit national brut).

De 1975 à 1980, il y eut des attentats en Turquie, dont beaucoup effectués par des gauchistes.

Le contexte international demeurait agité : une guerre civile principalement livrée entre musulmans et chrétiens ravagea le Liban, ce qui favorisa une implantation syrienne dans ce pays.

Le chah d'Iran fut renversé en 1979 et un régime islamiste chiite fut instauré dans ce pays. Une agitation syndicale se manifesta en Pologne contre le régime communiste en 1980.

Toujours en 1980, l'armée turque intervint de nouveau pour lutter contre le terrorisme et remédier au désordre parlementaire. Elle remit ensuite le pouvoir aux civils. Une certaine tension se manifesta entre la gauche turque et les islamiques. En mai 1981, à Rome, un jeune Turc, Ali Agca, tenta d'assassiner le pape Jean-Paul II et le blessa grièvement. Il était proche d'une organisation nationaliste turque et fut soupçonné d'avoir été actionné par des services secrets communistes de Bulgarie.

Le président égyptien Sadate fut assassiné par des islamistes mais son successeur Mubarak conserva des liens avec les États-Unis. L'environnement international proche fut très troublé, avec une guerre acharnée entre l'Irak, gouverné par le dictateur Saddam Husseïn, et l'Iran islamiste. Aucun des deux camps ne l'emporta. Israël intervint en 1982 au Liban pour en chasser les Palestiniens armés.

La population de la Turquie continuait d'augmenter : plus de 46 millions en 1983, 53 millions en 1988, dont une dizaine de millions de Kurdes. La situation se tendit au Kurdistan et déboucha sur une révolte kurde avec des attentats, des groupes armés, des embuscades, une forme de guérilla, et une répression turque.

*

*   *

La dislocation de l'URSS, entre 1989 et 1991, ouvrit une nouvelle page dans l'Histoire du monde. La menace qui pesait depuis 1945 sur l'Europe occidentale et sur la Turquie s'estompa.

La partie de l'Azerbaïdjan turc et chiite englobée dans l'URSS retrouva son indépendance et entra en conflit avec l'Arménie chrétienne.

Les républiques turques d'Asie centrale, Turkménistan, Ouzbékistan, Kirghizstan et Kazakhstan, reprirent leur indépendance, maintinrent des liens avec la Russie, en établirent avec les États-Unis, commercèrent avec la Chine tout en se méfiant de l'immigration chinoise. Les Turcs Ouigour du Xinjiang s'agitèrent contre la Chine qui s'implantait par son immigration.

La Turquie considérait les Turcs d'Asie centrale comme des frères. Elle s'inquiéta de la situation créée pour les musulmans bosniaques par la dislocation de la Yougoslavie. Les Serbes de Bosnie, désireux d'être réunis à la Serbie, affrontèrent les musulmans bosniaques, que l'ONU protégea médiocrement. Ce conflit aboutit à une partition de fait. Un autre conflit naquit au Kosovo où les immigrés musulmans albanais devinrent plus nombreux que la population serbe.

Une intervention internationale obligea en 1991 le dictateur irakien Saddam Husseïn à évacuer le Koweit qu'il avait occupé.

En construisant un gros barrage sur l'Euphrate, la Turquie marqua des points pour le contrôle de l'eau dans la région, ce qui lui permettait des pressions sur la Syrie et l'Irak. Malgré la disparition de la menace soviétique, elle conservait une armée de près de 700 000 hommes, 4 000 chars d'assaut, 400 avions.

Une femme, Tansu Ciller, devint Premier ministre de Turquie en 1993. Le pays connut des difficultés économiques, se rapprocha de l'Europe en matière douanière et manifesta le désir d'adhérer à l'Union européenne.

L'islamisme turc progressa avec Necmettin Erbakan, né en 1926, ancien ingénieur, soutenu par plus de 20 % des Turcs. Ce dernier devint Premier ministre d'un gouvernement de coalition. Il se heurta à l'opposition de l'Armée, dirigée par le général Hakki Karadayi, né en 1932. Des islamistes tentèrent de devenir élèves officiers, ce qui aurait débouché à terme sur le noyautage de l'armée. Cette dernière s'efforça d'empêcher ce processus et intervint en 1997. Le parti d'Erbakan fut interdit.

Il y avait 63 millions d'habitants en Turquie, dont une douzaine de millions de Kurdes, La guerilla continuait au Kurdistan où il y avait eu une trentaine de milliers de morts, dont une vingtaine de milliers de Kurdes et une dizaine de milliers de Turcs. Abdullah Ocalan, chef du parti des Travailleurs kurdes, le PKK, fut capturé par les Turcs. L'Europe demanda qu'il ne fût pas exécuté.

Une intervention de l'OTAN eut lieu en 1999 contre la Serbie qui combattait les guerillas albanaises du Kosovo. Le Kosovo était une province serbe, alors que le Kurdistan était le pays des Kurdes et que les Turcs étaient des immigrants colonisateurs et conquérants venus d'Asie centrale.

Les élections turques de 1999 furent marquées par un succès nationaliste, Necdet Sezer fut élu président de la République en 2000.

À l'orée du IIIe millénaire, la Turquie était confrontée à divers problèmes. Sa croissance démographique était forte, sur un sol en grande partie rocailleux et aride qui avait nourri une dizaine de millions d'habitants pendant des siècles mais assurait moins facilement la subsistance d'une population six à sept fois supérieure.

La Turquie manquait de matières premières, comme le Japon, mais n'avait pas une industrie aussi performante. Le chômage y sévissait.

Des centaines de milliers de Turcs travaillaient à l'étranger, surtout en Allemagne et en France.

L'inflation et la dette étaient fortes.

Une partie de la population souhaitait adhérer à l'Union européenne. Les gouvernements européens ne refusaient pas, bien que leur opinion publique fût plutôt défavorable, mais posaient des conditions économiques et politiques.

Malgré le massacre de beaucoup d'Arméniens et le départ de beaucoup de Grecs, la Turquie n'était pas homogène. L'importante minorité kurde, musulmane sunnite, ne posait pas de problème religieux aux Turcs mais souhaitait plus d'autonomie.

La proportion de chrétiens était devenue très faible, mais des millions d'alevis souhaitaient un islam tolérant et n'étaient pas appréciés par les islamistes et les sunnites les plus rigoureux. Les islamistes, en progression, n'étaient pas favorables à l'armée, aux démocrates et aux partisans de l'occidentalisation. Un courant gauchiste se maintenait par ailleurs en Turquie.

*

* *

L'année 2001 constitua un nouveau tournant dans la situation internationale et celle de la Turquie. Le riche Saoudien Oussama ben Laden organisa un mouvement terroriste sunnite, al-Qaïda, qui bénéficia du soutien de talibans sunnites pachtoun d'Afghanistan, procéda à des attentats aériens aux USA et tua près de 3 000 Américains, ce qui équivalait au nombre d'Américains morts lors de l'attaque japonaise contre Pearl Harbor en 1941.

Les talibans ne constituaient pas la totalité des Pachtoun d'Afghanistan qui eux-mêmes ne formaient qu'environ 40 % de la population afghane. Les États-Unis renversèrent le pouvoir taliban, sans parvenir à triompher totalement de la guerilla talibane. Ils intervinrent en 2003 contre le dictateur irakien Saddam Husseïn, accusé de disposer d'armes de destruction massive.

Il s'appuyait sur environ 15 % d'Arabes sunnites du centre de l'Irak pour dominer 60 % d'Arabes chiites du sud de l'Irak, et les Kurdes sunnites du nord. Il était hostile aux islamistes sunnites. Les États-Unis le vainquirent facilement mais s'enlisèrent ensuite. Le pétrole irakien se trouvait au sud et au nord du pays. Des

Arabes sunnites se rapprochèrent d'al-Qaïda et combattirent les chiites qui voulaient dominer l'Irak au nom de la démocratie puisqu'ils y étaient majoritaires. Les Kurdes du nord de l'Irak se prononcèrent pour plus d'autonomie. De sanglants attentats frappèrent l'Irak. Les chrétiens irakiens subirent des agressions.

Pendant que se déroulaient ces événements, la Turquie fut frappée en 2001 et 2002 par une sévère crise économique. La monnaie turque perdit une grande partie de sa valeur, l'inflation, le chômage, l'endettement et la paupérisation augmentèrent. Le produit intérieur brut diminua.

Pour faciliter son entrée dans l'Union européenne, la Turquie adoucit son code pénal et se montra plus libérale envers les Kurdes.

Le parti islamiste d'Erbakan avait été interdit mais cela ne gêna pas les islamistes dont le parti se maintint sous un autre nom, AKP, parti de la justice et du développement, sous la direction de Recep Tayyip Erdogan, et obtint 34 % des voix aux élections de novembre 2002. Disposant d'une majorité relative électorale, il devint prépondérant au Parlement. Erdogan devint Premier ministre en 2005. Erbakan n'avait pas manifesté une grande sympathie pour l'Europe, alors que l'AKP se montra dans l'ensemble favorable à l'entrée de la Turquie dans l'Union européenne. Ce parti fut qualifié d'islamiste modéré, ce qui constituait une appellation contradictoire : il y a des musulmans modérés, mais les islamistes ne sont en principe pas modérés. Cette appellation ne les séduisit d'ailleurs pas puisqu'un de leurs dirigeants déclara qu'il n'y a pas d'islam modéré ou immodéré, mais un islam.

L'islamisme turc différa toutefois de l'islamisme iranien, saoudien et maghrébin pour diverses raisons. Les Turcs n'étaient pas des Iraniens ni des Arabes, et Mustafa Kemal, sans parvenir à les détacher complètement de l'islam, avait imposé une relative laïcité qui était entrée dans les mœurs d'une partie des Turcs, L'AKP ne rassemblait que le tiers des électeurs, face à une armée qui demeurait vigilante.

L'adhésion à l'Union européenne nécessitait l'acceptation d'un certain nombre de règles, et l'islamisme turc étendait son influence de façon graduée pour éviter une réaction militaire turque et un rejet européen.

L'alliance avec les États-Unis demeurait en vigueur, d'autant plus que la Russie, ébranlée et affaiblie lors de la chute du communisme, reprenait une certaine puissance. Elle ne représentait pas une menace à moyen terme pour la Turquie, mais c'était une voisine qui avait un certain poids et qui avait historiquement eu beaucoup de démêlés avec la Turquie.

Le gouvernement turc n'aida pas les États-Unis contre l'Irak, malgré le soutien financier que cela aurait pu lui rapporter, et se préoccupa de l'autonomie obtenue par les Kurdes d'Irak, susceptibles de servir de base arrière aux Kurdes de Turquie.

Des attentats terroristes eurent lieu en 2003 à Istanbul.

Une étude de 2004 sur la situation de la Turquie lui attribua près de 69 millions d'habitants, dont plus de 10 millions de Kurdes. Le taux de chômage avoisinait 12 %, soit plus de 2 millions de chômeurs, le déficit budgétaire, la dette et les dépenses militaires étaient considérables.

Les négociations pour l'adhésion à l'Union européenne donnèrent lieu à diverses remarques de cette dernière : religion sunnite avantagée par rapport aux autres religions, restrictions à la liberté d'expression, influence militaire, prisonniers politiques, occupation du nord de Chypre, non reconnaissance de la République grecque de Chypre et corruption (dont l'Europe n'est d'ailleurs pas exempte).

La Turquie était, en outre, peu favorable à l'évocation des massacres d'Arméniens qui avaient particulièrement eu lieu en 1915. L'écrivain Orhan Pamuk, qui en parla, fut poursuivi en 2005, mais les poursuites judiciaires furent abandonnées en 2006 et il reçut le prix Nobel de littérature. Le terme de génocide fut refusé par la Turquie. Le génocide implique la destruction d'un groupe humain, ou la volonté de le détruire même si la destruction n'est pas totale. La proportion de rescapés à partir de laquelle on peut considérer que le génocide n'a pas été réalisé n'est pas définie. Il est admis que les nazis ont procédé à un génocide contre les israélites car ils ont tenté de les exterminer systématiquement, même s'il y a eu une proportion de rescapés variable selon les pays occupés par eux.

Dans le cas des Arméniens de 1915, la position turque est que leur gouvernement d'alors voulait les déplacer à distance de la frontière russe, qu'il y a eu des survivants, et qu'une communauté arménienne a subsisté en Turquie, même si elle est bien peu importante par rapport à ce qu'elle a été. À quoi on peut répondre que les conditions et la destination de ce déplacement, et les massacres qui l'ont accompagné, ont débouché sur une énorme proportion de morts. Ce problème refroidit, en 2006, les relations franco-turques, la France étant historiquement favorable aux Arméniens, dont elle a accueilli une partie des rescapés.

L'affaire des caricatures de Mahomet, au Danemark, suscita des remous en Turquie où un prêtre italien fut assassiné en 2006.

Les indépendantistes kurdes se manifestèrent de nouveau. Des attentats qui eurent lieu entre autres à Istanbul et Diyarbékir leur furent attribués.

Le pape Benoît XVI effectua une visite à Istanbul en novembre 2006 et y fut bien accueilli.

Au début de 2007, un journaliste d'origine arménienne, Hrant Dink, fut assassiné. L'islamiste Abdullah Gül fut élu président de la République en août. C'était un économiste assez proche de l'Arabie saoudite qui, tout en pratiquant un islam rigoureux, maintenait ses liens avec les États-Unis. Il était favorable à l'entrée de la Turquie dans l'Union européenne.

Des guérilleros kurdes de Turquie utilisèrent le Kurdistan irakien comme base arrière à la faveur du chaos irakien. Leur activité ne plut pas nécessairement à tous les Kurdes d'Irak, qui craignirent des réactions turques. Les Kurdes de Turquie, d'Irak et d'Iran étaient d'ailleurs depuis si longtemps séparés qu'ils avaient eu des évolutions différentes.

L'armée turque opéra effectivement dans le Kurdistan irakien en décembre 2007 et mars 2008, avec des résultats d'ailleurs mitigés.

3. LA TURQUIE ACTUELLE

Elle n'est pas du tout monolithique, contrairement à ce qu'on croit parfois. Sur environ 73 millions d'habitants (dont une douzaine de millions à Istanbul), il y a une quinzaine de millions de Kurdes, des Aryens de religion musulmane sunnite qui n'ont pas de contentieux religieux avec les Turcs en grande majorité sunnites eux aussi. Le contentieux n'est pas ethnique non plus puisque les Turcs Ottomans ne sont plus des Asiates et diffèrent peu des Kurdes sur le plan physique. La barrière est d'ordre sentimental et linguistique. Les Kurdes parlent une langue aryenne et descendent des anciens Mèdes, avec la conscience d'appartenir à un vieux peuple au long passé historique. Les Ottomans parlent turc et se considèrent psychologiquement comme des Turcs bien qu'ils soient devenus en réalité plus ou moins des Européens.

D'autres minorités vivent en Turquie, comme les Lazes, des Géorgiens islamisés de la région de Trébizonde, ainsi que des

Tcherkesses, des Assyro-Chaldéens, des Arméniens, des Tsiganes et des Juifs.

Il n'y a pas non plus de monolithisme religieux. L'islam sunnite est très majoritaire mais il y a en Turquie une dizaine de millions d'alevis, des hérétiques de l'islam dont les positions rappellent celles des babis et des bahaïstes de la seconde moitié du XIXe siècle. Leur analyse du Coran tient compte de l'influence humaine exercée par Mahomet sur ce texte. Comme les chiites, ils contestent la succession des califes sunnites. Ils sont favorables à la tolérance religieuse et à l'égalité de la condition féminine, et défavorables au port des voiles islamiques. Les islamistes n'éprouvent pas une sympathie débordante à leur égard.

Il y a aussi en Turquie des centaines de milliers de chiites, des dizaines de milliers de chrétiens, et environ 30 000 israélites.

Une partie des Turcs est plus ou moins occidentalisée, avec des tensions entre eux et les islamistes, par exemple au sujet des voiles islamiques. Le désir d'adhérer à l'Union européenne diminue parmi eux en raison de la déception que leur causent les réticences européennes.

La Turquie se situe à la limite de l'Orient islamique et de l'Occident. Cette limite passe même à l'intérieur d'elle-même, en raison des divergences qu'on y voit sur ce problème. Les Turcs, même islamistes, se sentent peu proches des Arabes, même islamistes. Ils ne sont pas proches non plus des islamistes chiites iraniens, irakiens et libanais. Ceux qui ne sont pas islamistes ont probablement, consciemment ou non, plus d'affinités avec les Occidentaux qu'avec le monde arabe.

L'économie turque s'est relativement développée avec des exportations vers l'Europe facilitées par les rémunérations plus modiques des travailleurs turcs, et des délocalisations européennes vers la Turquie pour la même raison.

Le tourisme constitue une ressource importante pour la Turquie, un beau pays dont la population se montre accueillante. On y a noté le passage annuel d'une vingtaine de millions de touristes apportant une quinzaine de milliards de dollars de recettes.

L'inflation a pu être limitée à 10 % en 2005. Des barrages ont été construits, surtout dans le sud-est de la Turquie. Le chômage et l'endettement demeurent importants. Le taux d'analphabètes a été évalué à plus de 20 %.

Le français qui a tenu une grande place en Turquie, continue d'être enseigné, mais est supplanté par l'anglais. Les chaînes de télévision, stations de radio et journaux sont nombreux, avec un large éventail d'opinions. Des poursuites contre des journalistes ont entraîné des protestations populaires.

La culture turque moderne est illustrée, parmi bien d'autres, par les écrivains Aziz Nesin[1], Yaşar Kemal, Orhan Pamuk (prix Nobel de littérature en 2006), Nalan Türkeli, le peintre Abidine Dino[2], le cinéaste Ylmaz Güney[3], la compositrice et chanteuse Sezen Aksu, le pianiste Fazil Say, etc.

1. Mort en 1995.
2. Mort en 1993.
3. Mort en 1984.

CONCLUSION

Originaires de la Sibérie du nord-est, les ancêtres des Turcs ont effectué une vaste progression en direction de la Mongolie, de l'Asie centrale, de la Chine et de l'Europe. Les Huns ont atteint les abords de Constantinople, Paris et Rome au Ve siècle.

Pendant le Moyen Âge, des peuplades turques ont successivement traversé l'Ukraine en direction de la Hongrie et des Balkans. Beaucoup de Turcs ont été chrétiens. Leur islamisation, commencée au VIIIe siècle, n'a été à peu près complète qu'environ un millénaire plus tard.

Des Turcs ont envahi l'Iran, l'Afghanistan et l'Inde.

Une de leurs peuplades, celle des Seldjoukides, a atteint au XIe siècle l'Irak, l'Arménie, le Kurdistan, l'Anatolie, la Syrie et la Palestine, tenu tête pendant deux siècles aux croisés européens, qu'elle a repoussés.

Les Turcs ottomans, arrivés au XIIIe siècle en Anatolie, ont absorbé les Seldjoukides, conquis l'Arménie, le Kurdistan, la Syrie, le Liban, la Palestine, l'Irak, l'Arabie, la Grèce, Constantinople, la Bulgarie, la Roumanie, la Serbie, l'Albanie, le Monténégro, la Hongrie, l'Égypte, la Libye, la Tunisie, l'Algérie, une partie du Maroc, pratiqué la piraterie navale en Méditerranée et l'esclavage. Ils n'ont dans l'ensemble pas laissé un très bon souvenir dans les régions qu'ils ont occupées.

Si les Français doivent absolument se repentir de ce que leurs ancêtres ont effectué une expansion coloniale, combien plus encore devraient se repentir entre autres les Arabes, Turcs et Chinois sur ce point.

Les Ottomans ont peu à peu perdu leurs possessions, se sont maintenus en Anatolie, et ont conservé après la Grande Guerre l'Arménie méridionale et une partie du Kurdistan. Mustafa Kemal a partiellement occidentalisé la Turquie et réduit l'influence de l'islam.

Après la Seconde Guerre mondiale, la Turquie a évolué vers plus de démocratie et entretenu des liens avec les États-Unis et l'Europe occidentale.

Les islamistes turcs ont obtenu le tiers des voix aux élections de 2002 et accédé au pouvoir, tout en maintenant la demande d'adhésion de la Turquie à l'union européenne, ce qui entraîne des divergences au sein de cette dernière.

Les partisans européens de l'adhésion turque estiment en général que la Turquie est un État laïc et qu'il vaut mieux l'avoir dans l'Europe que dehors.

Les adversaires de cette adhésion ne contestent généralement pas que la majorité des Turcs n'est pas islamiste et qu'il y a parmi eux un courant favorable à l'Europe.

Une réflexion semble néanmoins nécessaire à ce sujet sur un certain nombre de points qui concernent la géographie, l'économie et l'islam.

En matière géographique, la Turquie se trouve manifestement en Asie, à l'exception de la Thrace qu'elle a conquise en Europe et qui représente environ 3 % de son territoire. Si l'Europe englobe des régions situées hors d'Europe, elle devra logiquement accepter aussi l'adhésion de l'Égypte, de la Tunisie, de l'Algérie et du Maroc. Mais elle n'aura alors plus de limites et pourra se voir taxée de néocolonialisme dans un premier temps. Dans un second temps, sa population européenne frappée par la dénatalité pèsera de moins en moins face aux adhérents non européens à démographie galopante.

En matière économique, il convient de peser ce qu'apporterait à l'Europe l'entrée de la Turquie dépourvue de ressources énergétiques et de matières premières, et frappée par le chômage. L'Europe occidentale, qui a eu la chance de ne pas être occupée par l'URSS, a consenti des efforts pour les États moyennement ou faiblement peuplés d'Europe de l'Est qui ont souffert de la domination soviétique. Il y a eu là une solidarité historique normale. L'Europe est-elle en mesure de prendre en charge un État non européen de plusieurs dizaines de millions d'habitants en pleine expansion démographique avec lequel elle n'a pas des liens aussi étroits qu'avec l'Europe de l'Est ? Les ressources de l'Europe, frappée par la crise économique et financière, le chômage, les importations produites à faibles coûts par des pays à bas salaires et médiocre protection sociale, ne sont pas illimitées.

La philanthropie est certes une grande qualité, mais le réalisme a aussi de l'importance. En réalité c'est à l'adhésion de la Russie que l'Europe a intérêt puisque la Russie, qui est européenne, apporterait des ressources énergétiques précieuses.

Le troisième point concerne l'islam, religion dominante de la Turquie. Quand des partisans de la laïcité demandent si l'islam est compatible avec les institutions et mœurs occidentales, ils courent le risque d'être traités de racistes, alors que les religions ne sont pas un problème racial puisqu'elles regroupent des fidèles de races différentes, comme beaucoup d'États, d'ailleurs. L'appartenance à une communauté ne dépend pas de la race, mais du désir d'en faire partie, donc de la juger globalement positive même si elle a des défauts.

Des Noirs et des Jaunes sont citoyens des États-Unis ou de l'Union européenne.

Réfléchir aux points communs et divergences qu'il peut y avoir entre l'islam et l'Occident ne peut pas être considéré comme une préoccupation raciale, ni comme de l'islamophobie. Le christianisme est souvent attaqué au nom de la liberté de pensée et d'expression. S'il est islamophobe de réfléchir à l'islam, objectivement et sans agressivité, il y aurait là deux poids et deux mesures, et une atteinte à la liberté de pensée et d'expression.

J'ai vécu depuis ma jeunesse parmi des musulmans, y compris des Turcs pendant assez longtemps. Si quelqu'un avait l'idée de me demander mon opinion sur la compatibilité du Coran avec la civilisation occidentale, je serais très tenté de répondre non et oui, ce qui n'est évidemment pas une réponse satisfaisante. Mais la vérité n'est pas toujours forcément satisfaisante, et on ne peut pas lui demander d'être simple. La seule chose qu'on puisse raisonnablement en attendre, c'est qu'elle soit véridique.

L'islam repose sur le Coran, auquel s'ajoutent des hadith définis comme des précisions complémentaires. Si le Coran est jugé intangible, il ne devrait pas avoir besoin de complément. Comme beaucoup de hadith sont soupçonnés d'être apocryphes, et qu'ils ne doivent pas contredire le Coran, nous nous en tiendrons à ce dernier pour simplifier le problème. Il contient des oppositions dont nous signalerons quelques-unes dans la traduction et numérotation Masson, avec des recoupements.

> « Pas de pression en matière religieuse. » (Sourate 2, verset 256.)
>
> « Que celui qui veut croie et que celui qui veut ne croie pas. » (18, 29.)

« Laisse ceux qui se détournent. » (4, 80.) Etc.

Ces versets sont compatibles avec le principe de laïcité qui implique la tolérance religieuse.

Mais d'autres versets coraniques ne disent pas la même chose.

« Les compagnons du prophète sont violents envers les impies. » (48, 29.)

« Ne faites pas la paix quand vous êtes les plus forts. » (47, 35.)

« Tuez partout ceux qui se détournent. » (4, 89.)

« Combattez ceux du Livre qui ne pratiquent pas la vraie religion jusqu'à ce qu'ils soient soumis et paient le tribut. » (9, 29.) Etc.

Les deux comportements sont conformes au Coran. Le choix incombe aux musulmans.

En reformulant la question précédente pour demander si des musulmans veulent faire partie de la société occidentale, la réponse serait : oui pour certains, non pour d'autres, en fonction de la partie du Coran qu'ils veulent appliquer, donc de la partie qu'ils écartent.

Le Coran contient par ailleurs une partie législative :

« Coupez les mains du voleur et de la voleuse. » (5,38)

« L'esclavage est admis. » (24, 32.)

« Les captives de guerre peuvent être contraintes à avoir des rapports avec leurs propriétaires. » (4, 3.)

« Le butin est admis. » (8, 1.)

« On peut épouser deux, trois ou quatre femmes. » (4, 3.)

« Le garçon reçoit une part d'héritage égale à celle de deux filles. » (4, 11.)

« Frappez le débauché et la débauchée de cent coups de fouet chacun. » (24, 2.) Etc.

Ces dispositions sont-elles compatibles avec les lois européennes ? Manifestement non. Tous les musulmans veulent-ils les appliquer ? Non. Mais quand certains réclament l'application de la charia, cela implique en principe les dispositions législatives incluses dans le Coran.

Beaucoup de musulmans déplorent que leur religion soit perçue négativement par beaucoup d'Occidentaux. Faut-il s'étonner de ce qu'une partie du Coran ne soit pas jugée rassurante par les non musulmans ? Il appartient aux musulmans de rendre leur religion plus rassurante, en procédant à une exégèse qui explique les contradictions coraniques. Cette exégèse est évidente, et les musulmans qui n'appliquent pas les passages durs du Coran la font implicitement.

Muhammad, prédicateur de l'islam, a d'abord été uniquement un prédicateur. De cette époque datent certainement les versets de tolérance du Coran. Devenu ensuite un chef de guerre et un législateur à une époque dure, il a repris des passages bibliques adoucis par Jésus-Christ, et des dispositions influencées par les mœurs du VIIe siècle, qui se sont heureusement améliorées depuis.

La version officielle du Coran que nous connaissons, unifiée avec suppression des versions antérieures, mêle les versets de tolérance et ceux de combat. Mais il est facile de les reconnaître. Si Muhammad était demeuré uniquement prédicateur, les versets de combat et la législation de l'époque n'auraient pas eu de raison d'être. Ils sont donc secondaires par rapport au message divin, et la législation en vigueur dans l'Arabie du VIIe siècle ne peut pas servir de modèle à un monde qui a fort heureusement évolué depuis.

Une telle exégèse n'est malheureusement pas réalisée officiellement de façon explicite. Bien que beaucoup de musulmans n'appliquent pas les versets intolérants et cruels, l'islam s'est montré conquérant depuis le VIIe siècle. Même de nos jours, les non musulmans ne sont pas traités aussi bien dans beaucoup d'États musulmans que les musulmans dans l'Union européenne. Dans beaucoup de régions où les musulmans sont devenus majoritaires, les non musulmans ont été ou sont encore contraints de se convertir ou de s'exiler. Avec la montée de l'islamisme, l'islam fait peur à beaucoup de non musulmans. Bien que le Coran prescrive le pardon (7, 199) et interdise la haine et le meurtre (5, 2), des musulmans se font sauter au milieu d'innocents, ce qui ne produit pas une bonne impression.

Beaucoup de musulmans ont immigré vers l'Europe. Comme on ne quitte pas son pays natal avec plaisir, on peut supposer qu'ils l'ont fait pour des raisons économiques ou politiques, en partie imputables à la manière dont une partie d'entre eux pratique un islam pesant en matière économique et politique. Malgré les immenses ressources dont dispose le monde musulman, la situation économique n'y est pas bonne dans l'ensemble et la démocratie n'y est pas extrêmement répandue. Un courant musulman désireux de devenir mondialement majoritaire encourage la natalité, le ventre des femmes étant parfois présenté comme un des moyens de la victoire. Le résultat en est que des régions comme la Turquie, l'Égypte et le Maghreb, qui nourrissaient chacune une dizaine de millions d'habitants, peinent pour en nourrir des dizaines de millions, l'Europe étant supposée accueillir leur surplus de population.

Une partie des musulmans immigrés en Europe s'y est bien intégrée. Des musulmans algériens se sont révélés plus Français que des Français de métropole.

Mais d'autres musulmans réclament l'établissement en Europe de mesures auxquelles ils ont échappé en s'expatriant.

C'est ainsi qu'on note des réclamations en faveur du voile islamique, de la non mixité dans les écoles et piscines, de programmes scolaires aménagés pour les filles, etc.

Les Européens ne réagissent pas très fermement à cette situation, ce qui freine l'intégration de musulmans qui s'intègreraient dans l'Europe s'ils n'étaient pas en butte aux pressions de coreligionnaires contre lesquelles ils sont peu protégés par les autorités européennes.

Si ce type de problème existe alors que les musulmans ne sont pas encore très nombreux en Europe, on peut se demander ce qui se passerait s'ils étaient majoritaires ou s'ils formaient une minorité de plus en plus importante, ce vers quoi va l'Europe en raison de l'immigration qu'elle ne contrôle pas et de la forte natalité de ladite immigration face à la dénatalité européenne.

L'adhésion de la Turquie signifierait l'entrée de près de 80 millions de musulmans supplémentaires parmi près de 500 millions d'Européens. Nous avons vu que beaucoup de Turcs ne sont pas islamistes. Mais l'Europe veut démocratiser la Turquie et y réduire l'influence militaire qui freine l'islamisme, ce qui peut la rendre moins démocratique quand il n'y aura plus ce frein.

Si la Turquie asiatique entre dans l'Union européenne, sous quel prétexte refuserait-on la Syrie, l'Égypte, la Libye et le Maghreb ? L'Allemagne de l'Ouest a eu beaucoup de mal à prendre économiquement en charge l'Allemagne de l'Est. Comment l'Union européenne, dans la crise économique qui la plombe, pourrait-elle absorber des dizaines de millions de nouveaux arrivants en encore moins bonne situation économique.

Si l'islam ne procède pas à une exégèse officielle, si les islamistes y deviennent de plus en plus influents et de plus en plus opposés au monde occidental, s'ils considèrent que la troisième guerre mondiale est commencée entre eux et l'Occident, les adversaires de l'adhésion turque auront beau jeu de dire qu'en cas de siège d'un continent, il vaut peut-être mieux avoir les assiégeants à l'extérieur que dedans, en attendant que la situation se soit un peu clarifiée.

L'Ancien Testament contient lui aussi des passages très durs, perçus comme la description de mœurs dépassées et améliorées grâce à une révélation divine ascendante qui exclut leur application actuelle.

Le même raisonnement vaut pour le Coran dans lequel on retrouve certains de ces passages. Si on estime que le Coran est intangible et que Muhammad n'y a apporté aucune considération influencée par son époque et par lui-même, on ne peut logiquement pas en retrancher des versets non explicitement déclarés abrogés par d'autres versets coraniques. Il paraît difficile de penser que Dieu, après avoir donné des prescriptions spirituellement très élevées, les aurait abrogées au profit de prescriptions dont certaines sont violentes et cruelles.

Il y a là une éventualité de scission entre musulmans selon la position adoptée à ce sujet.

À moyen terme, l'islamisme semble en progression. À plus long terme, cette situation peut s'inverser.

Dans l'intervalle, il ne faut peut-être pas trop s'étonner si tout un courant européen opte prudemment pour le principe de précaution symbolisé par la célèbre maxime britannique « Attendre et voir ».

ANNEXE 1

Équivoque d'une repentance nationale

La repentance demandée à la France au sujet de la colonisation est surprenante. Chacun est responsable de ses fautes personnelles, mais pas de celles d'autrui, fussent-ils ses ancêtres. Nous devrions nous repentir de nos fautes et erreurs actuelles, et il y aurait de quoi faire, mais c'est évidemment moins confortable que s'en prendre à des ancêtres qui n'ont pas été forcément pires que nous. Les Arabes et les Turcs ont colonisé l'Algérie plus longtemps et plus durement que la France, mais on ne demande pas à l'Arabie et à la Turquie de s'en repentir. La Grande-Bretagne a beaucoup colonisé, et réprimé sans tendresse la révolte des cipayes, aux Indes, mais on ne lui demande pas de s'en repentir. Les descendants des colons des États-Unis, d'Australie et de Nouvelle-Zélande ne se lamentent pas à longueur de journée du sort des autochtones de ces pays dont le nombre a fortement diminué, pendant qu'augmentait celui des Algériens colonisés par la France.

Les Romains passent pour avoir tué un million de Gaulois et en avoir réduit un million d'autres en esclavage, sur six millions, mais aucun Français n'aurait l'idée de demander une repentance à l'Italie actuelle, qui n'y est pour rien.

Les ethnies africaines qui pratiquaient l'esclavage au détriment d'autres ethnies (et de la leur) et ont tant vendu d'esclaves aux négriers blancs ne se repentent pas. Si des Algériens veulent que la France se repente de l'avoir colonisée, l'Algérie peut donner l'exemple en se repentant de ce que des Algériens aient participé pendant des siècles à la colonisation de l'Espagne et du Portugal, ainsi que de l'Aquitaine, du Languedoc et de la Provence. Elle pourrait également se repentir de la piraterie d'Alger qui a réduit tant de chrétiens en esclavage. Il ne peut y avoir de repentance équitable si elle est à sens unique.

Pour en terminer avec ce sujet, la population algérienne de 1830 est parfois évaluée à 10 millions de personnes (7 millions en 1844 selon Amar Naroun, ouvrage cité), alors que le recensement de 1870 en dénombra 2 300 000. Les Français sont supposés avoir tué les trois quarts de la population algérienne entre 1830 et 1870. C'est strictement impossible. Pour réduire des trois quarts la population de Chine du Nord et du sultanat du Khwarezm, Gengis Khan fit procéder à une extermination systématique, décrite dans les chroniques de l'époque. Rien de ce genre n'eut lieu en Algérie, ainsi qu'on peut le constater en étudiant les archives, journaux, récits de voyages et souvenirs de cette époque. Par contre, il y eut des razzias de troupeaux pour soumettre des tribus, et des destructions d'arbres fruitiers et récoltes, surtout dans l'Ouarsenis en 1843. Des tribus se trouvèrent ainsi affamées, et leur taux de mortalité s'accrut incontestablement, mais pas au point de tuer les trois quarts des Algériens. Les Hilal arabes avaient considérablement pillé l'Algérie au Moyen Âge, et les Turcs, appuyés sur les tribus Maghzen, avaient razzié pendant trois siècles les tribus révoltées contre eux, ce qui avait, avec les épidémies, stabilisé la population algérienne sans la réduire des trois quarts, car ce n'est possible que par une extermination systématique. Des descriptions montrent qu'une partie du bétail razzié échappait souvent aux razzieurs et retournait aux razziés.

Selon Pierre Montagnon[1], les autorités françaises estimèrent la population algérienne à 2 600 000 personnes en 1849 et 2 300 000 en 1856, ce qui représente effectivement une diminution par rapport au recensement de 1870, effectué après la famine meurtrière de 1868. La fin des guerres tribales, le développement des ressources, l'élévation du niveau d'hygiène permirent ensuite un essor démographique algérien bien supérieur à celui de la France pendant la période 1870-1962 : 4 millions d'Algériens arabo-berbères en 1900, 5 millions en 1914, 8 700 000 en 1954, 10 millions en 1962, ce qui démontre d'ailleurs que la France n'a pas tué un million d'Algériens entre 1954 et 1962 puisque leur nombre a augmenté de 15 % pendant cette guerre au lieu de diminuer.

1. Pierre Montagnon, *La guerre d'Algérie,* Pygmalion, Paris, 1984.

INDEX

D

T

U

V

TABLE DES CARTES

TABLEAUX GÉNÉALOGIQUES

TABLE DES MATIÈRES

Campagnes & Stratégies

LE JUTLAND (1916). *La plus formidable bataille navale de tous les temps*, François-Emmanuel Brézet.

YORKTOWN (1781). *La France offre l'indépendance à l'Amérique*, Raymond Bourgerie, Pierre Lesouef.

CONTRE-GUERILLA EN ESPAGNE (1808-1814). *Suchet pacifie l'Aragon*, Jean-Louis Reynaud.

LA BATAILLE D'ANGLETERRE (1940). *La bataille aérienne décisive de l'Histoire*, Patrick Facon.

DENAIN (1712). *Louis XIV sauve sa mise*, Gérard Lesage.

L'AMIRAL DE RUYTER AU COMBAT (1607-1676). *Le Zélandais qui fit trembler l'Angleterre*, Hubert Granier.

BULGNEVILLE (1431). *L'Etat bourguignon prend pied en Lorraine*, Bertrand Schnerb.

BEVEZIERS (1690). *La France prend la maîtrise de la Manche*, Jean Meyer.

LA CAMPAGNE DE BIRMANIE (1942-1945). *L'armée des Indes défait les Japonais*, Pierre Lesouef.

LA NOCHE TRISTE (1520). *La dernière victoire du Peuple du Soleil*, Paul Hosotte.

LE SIÈGE DE MEXICO (1521). *La mort du Cinquième Soleil*, Paul Hosotte.

MAGENTA ET SOLFERINO (1859). *Napoléon III et le rêve italien*, Raymond Bourgerie.

LA GUERRE DE VENDÉE (1793-1796), Yves Gras.

MERS EL-KEBIR (1940). *La rupture franco-britannique*, Hervé Coutau-Bégarie, Claude Huan.

PALIKAO (1860). *Le sac du Palais d'Eté et la prise de Pékin*, Raymond Bourgerie, Pierre Lesouef.

VENISE ET LA PORTE OTTOMANE (1453-1566). *Un siècle de relations vénéto-ottomanes de la prise de Constantinople à la mort de Soliman*, Marie F. Viallon.

LA BATAILLE DE L'ATLANTIQUE (1939-1945). *La victoire logistique, clé du succès des armes*, Guy Malbosc.

FONTENOY (1745). *Louis XV, arbitre de l'Europe*, Jean-Pierre Bois.

LA CAMPAGNE DU MEXIQUE (1862-1867). *La fin de l'hégémonie européenne en Amérique du Nord*, Jean Avenel.

LA BATAILLE DE GETTYSBURG (1864). *Le tournant de la guerre de Sécession*, Lee Kennett.

LA BATAILLE DE MALPLAQUET (1709). *L'effondrement de la France évité,*

André Corvisier.

L'ARMÉE DE L'AIR DANS LA TOURMENTE. *La bataille de France (1939-1940)*, 2e réimp., Patrick Facon.

LA GUERRE DES BOXERS (1900-1901). *Tseu-Hi évite le pire*, Raymond Bourgerie, Perre Lesouef.

L'ARME BLINDÉE FRANÇAISE. *Tome 1 : Mai-juin 1940 ! Les blindés français dans la tourmente – Tome 2 : 1940-1945 ! Dans le fracas des batailles*, Gérard Saint-Martin.

L'AFFAIRE DU RIO DE LA PLATA (1838-1852), Jean-David Avenel.

L'ARMÉE DE L'AIR DES ANNÉES NOIRES. *Vichy 1940-1944*, Claude d'Abzac-Epezy.

LA BATAILLE D'ABOUKIR (1798). *Nelson contrarie la stratégie de Bonaparte*, Michèle Battesti.

SUFFREN DANS L'OCÉAN INDIEN (1781-1783). *L'empire des Indes à la portée du roi de France*, Claude des Presles.

LA GUERRE ISRAÉLO-ARABE D'OCTOBRE 1973. *Une nouvelle donne militaire au Proche-Orient*, Pierre Razoux.

NASAN (1952-1953). *La victoire oubliée*, Jacques Favreau, Nicolas Dufour.

LES FLOTTILLES CÔTIÈRES DE PIERRE LE GRAND À NAPOLÉON. *De la Baltique à la Manche*. Maurice Dupont.

LA FIN D'UN EMPIRE. *Les derniers jours de l'Isle de France et de l'Isle Bonaparte*, Roger Lepelley.

EN MAI 1940, FALLAIT-IL ENTRER EN BELGIQUE ?, 2e éd., Bruno Chaix.

INTERVENTIONS ALLIÉES PENDANT LA GUERRE CIVILE RUSSE (1918-1920), Jean-David Avenel.

LA BATAILLE NAVALE DES « CARDINAUX » (20 NOVEMBRE 1759), Guy Le Moing.

DE GENGIS KHAN À QOUBILAÏ KHAN. *La grande chevauchée mongole*, 2e éd., Dominique Farale.

LA BATAILLE DE LÉPANTE (1571), Henri Pigaillem.

LES ERREURS STRATÉGIQUES DU IIIe REICH PENDANT LA DEUXIÈME GUERRE MONDIALE, 3e éd., Bernard Schnetzler.

LES ERREURS STRATÉGIQUES PENDANT LA PREMIÈRE GUERRE MONDIALE, 2e éd., Bernard Schnetzler.

SALAMINE ET LES GUERRES MÉDIQUES (480 avant Jésus-Christ), Henri Pigaillem.

L'INDÉPENDANCE DES PAYS DE LA BALTIQUE (1918-1920), Jean-David Avenel et Pierre Giudicelli.

LA GUERRE DES SIX JOURS (5-10 JUIN 1967). *Du mythe à la réalité*, 2e éd., Pierre Razoux.

LA BATAILLE DES MONTS NEMENTCHA (ALGÉRIE 1954-1962). *Un cas concret de guerre subversive et contre-subversive*, Dominique Farale.

DAKAR 1940. *La bataille fratricide*, Hervé Coutau-Bégarie et Claude Huan.

BLENHEIM 1704. *Le prince Eugène et Marlborough contre la France*, Henri Pigaillem.

1914. *Une Europe se joue sur la Marne*, Patrick Garreau.

ANTIETAM. *Le jour le plus sanglant de la guerre de Sécession*, Frédéric Naulet.

LA PREMIÈRE GUERRE AÉRIENNE, 1914-1918, Lee Kennett.

HOA BINH (NOVEMBRE 1951-FÉVRIER 1952). *De Lattre attaque en Indochine*, Philippe Fouquet-Lapar.

LOUIS XIV À LA CONQUÊTE DES PAYS-BAS ESPAGNOLS. *La guerre oubliée (1678-1684)*, Bertrand Jeanmougin.

L'ARMÉE DE L'AIR DE LA VICTOIRE (1942-1945), Patrick Facon.

LA CONFÉDÉRATION SUDISTE, 1861-1865. *Mythes et réalités*, Serge Noirsain.

LA BÉRÉZINA. *Une victoire militaire*, Fernand Beaucour, Jean Tabeur, Lidia Ivtchenko.

JEANNE D'ARC. *La politique par d'autres moyens*, Jean Cluzel.

LES ERREURS STRATÉGIQUES DES GAULOIS FACE À CÉSAR, Philippe Richardot.

LA GUERRE HISPANO-AMÉRICAINE DE 1898. *La naissance de l'impérialisme américain*, Jean-David Avenel.

LES PLAINES D'ABRAHAM. *Québec 1759-1760. L'adieu à la Nouvelle-France ?*, Gérard Saint-Martin.

LA DÉFAITE FRANÇAISE : UN DÉSASTRE ÉVITABLE. *TOME 1 : Le 16 mai 1940, il fallait rester en Belgique – Tome 2 : Le 16 juin 1940, Non à l'Armistice !*, Jacques Belle.

HISTOIRE DES LUTTES ENTRE LA RUSSIE ET LES TURCO-MONGOLS, Dominique Farale.

EYLAU *(8 février 1807). La campagne de Pologne, des boues du Pultusk aux neiges d'Eylau*, Frédéric Naulet.

FRIEDLAND *(14 juin 1807). La campagne de Pologne, de Danzig aux rives du Niémen*, Frédéric Naulet.

LA GUERRE RUSSO-TURQUE (1768-1774) ET LA DÉFENSE DES DARDANELLES. *L'extraordinaire mission du baron de Tott*, Ferenc Toth.

KOURSK, LES QUARANTE JOURS QUI ONT RUINÉ LA WEHRMACHT (5 juillet-20 août 1943), Jean Lopez.

LES TURCS FACE À L'OCCIDENT. *Des origines aux Seldjoukides*, Dominique Farale.

L'INDÉPENDANCE DES PROVINCES UNIES. *Cent ans de sièges et de guerres (1559-1659)*, Kees Schulten.

La conquête musulmane de l'Egypte. *(639-646)*, Louis Chagnon.

Stalingrad. *La bataille au bord du gouffre*, Jean Lopez.

Défenses et sièges de Paris (1814-1914), Marie-France Sardain.

Paris contre la province ! *Les guerres de l'Ouest, 1792-1796*, Jean Tabeur.

La Turquie ottomane et l'Europe. *Du XIVe siècle à nos jours*, Dominique Farale.

Morat (1476). *L'indépendance des cantons suisses*, Pierre Streit.

Rommel et la stratégie de l'Axe en Méditerranée *(février 1941-mai 1943)*, Vincent Arbarétier.

Les batailles décisives de l'Histoire de France, Gérard Blier.

Achevé d'imprimer en France en avril 2009
dans les ateliers de Normandie Roto Impression s.a.s.
à Lonrai (Orne)
N° d'impression : 091503
Dépôt légal : avril 2009